일에 관한 9가지 거짓말

일에 관한 LIES 9가지 거짓말

마커스 버킹엄, 애슐리 구달 지음 | 이영래 옮김

현실 조직에 몸담은 사람이라면
반드시 알아야 할 일과 사람의 진실

쌤앤파커스

"당신이 언제 불타오르는지,

언제 모두가 당신에게 의지하는지 알고 있다면,

세상에 어떤 흔적을 남겨야 하는지 알고 있다면,

회사는 이런 것을 못 보거나

심지어 보고 있으면서도 신경 쓰지 않는 듯 느껴진다면,

이 정도로 충분하다고 믿고 싶지 않다면,

이 책은 바로 당신을 위한 것이다."

차례

시작하며 _ 일을 망치는 거짓말들 ·13

1장

첫 번째 거짓말　　　**사람들은 어떤 회사에서 일하는지에 신경 쓴다**

'가장 일하기 좋은 직장' 목록이 보여주는 것 ·29 애플의 이미지와 애플에서 일하는 것은 엄연히 다르다·31 최고 성과자를 가장 명확히 구분해내는 질문·35 '우리' 경험과 '나' 경험의 균형·40 우리 회사 최고의 팀은 어디?·45 깃털과 몸통 구분하기·47 짖지 않는 개 ·51

2장

두 번째 거짓말　　　**최고의 계획은 곧 성공이다**

매년 되풀이되는, 지키지 못할 계획 세우기·59 9월에 세운 계획은 11월이면 뒤처진다·62 요격률을 100% 끌어올린 전력 승수 ·66 계획이 아니라 정보를 주어라·70 단 2가지 질문이면 충분하다·74 계획과 지시 시스템은 백전백패·79

3장

세 번째 거짓말   **최고의 기업은 위에서 아래로 목표를 전달한다**

비오는 날 뉴욕에서 택시 잡기가 어려운 진짜 이유·86 목표는 성과 예측을 위한 것일 뿐 성과 창출을 이끌지는 못한다·89 억지로 끼워 맞추기·92 '목표'가 아니라 '의미'를 전달하라·96 의미는 끊임없이 실험하면서 계속해서 만들어가는 것·101 하버드 입학보다 어려운 칙필레 가맹 계약 ·106 가치, 의식적인 절차, 스토리 ·109

4장

네 번째 거짓말   **최고의 인재는 다재다능한 사람이다**

극도로 비정상적인 메시의 왼발 재능·119 당신이 가장 잘할 수 있는 일은 언제나 즐겁게 할 수 있는 일·122 측정 불가능한 '역량'을 측정하려는 헛된 노력·126 다재다능한 고성과자는 이론 세계에만 존재한다·131 탁월함은 개별적이다·135 빨리 실패하면 빨리 능숙해진다는 거짓말·139 결과 비즈니스에 집중하라·143 조정 가능한 좌석을 만들라·146

5장

다섯 번째 거짓말   **사람들은 피드백을 필요로 한다**

피드백에 중독된 조직·155 왜 이렇게 필사적으로 피드백을 원하는 걸까?·159 피드백 경제가 아니라 관심 경제·163 붉은 뺨의 야수들·166 부정적인 피드백을 하면 안 되는가?·170 사람은 고쳐 쓰는 거 아니라는데·174 지금 그가 서 있는 곳을 알려주면 된다·179 '충고'란 내게만 효과가 있는 일련의 기법 열거하기·182 '왜'가 아니라 '무엇'을 물어라·186

6장

여섯 번째 거짓말 **사람들에게는 타인을 정확히 평가하는 능력이 있다**

인재를 심사하기 위한 오만 가지 시스템 ·193 우리는 어떤 면에서도 타인을 정확히 평가할 수 없다 ·197 평가받는 사람과 전혀 관계가 없는 평가 결과 ·201 '사정에 밝은' 집단이 지혜로울 수는 있지만 ·205 신호에 소음이 더해질 때 ·208 믿을 수 없는 데이터가 폭발하는 시대 ·214 리더에게 꼭 필요한 4가지 질문 ·218 누구도 단지 하나의 숫자일 수는 없다 ·223

7장

일곱 번째 거짓말 **사람들에게는 잠재력이 있다**

'잠재력'이라는 대단히 이상한 개념 ·234 우리의 미래를 결정하는 최악의 데이터 ·237 중요한 것은 잠재력이 아니라 추진력 ·241 에너지를 끌어내는 가장 적절한 방법 ·246

8장

여덟 번째 거짓말 **일과 생활의 균형이 무엇보다 중요하다**

워크는 나쁘고 라이프는 좋은 것? ·256 달성하기 어려워서 더 매력적인 '균형' ·258 건강하게 발전하고 있다는 증거 ·261 당신이 하는 일에서 사랑을 발견하는 기술 ·266 나만의 붉은 실을 찾고 매일 하는 일에 짜넣기 ·271 실패한 느낌이 들수록 붉은 실에 매달려라 ·275 일로 사람을 완성할 수 있다면 ·279

9장
아홉 번째 거짓말
리더십은 중요한 것이다

리더십은 추상도 평균도 아닌 현실 ·291 무엇이 그를 따르게 만드는가? ·296 어떤 종류의 극단주의자가 될 것인가? ·300 '당신은 누구인가?'에서 리더십은 시작된다 ·305 "하지만 저는 거기서 멈출 수 없습니다!" ·309

일에 관한 9가지 진실 ·321

부록 A. ADPRI의 세계 업무 몰입도 연구 ·325

부록 B. 시스코에서 우리가 확실히 알아야 할 7가지 ·339

주석 ·354

감사의 말 ·359

지은이, 옮긴이 소개 ·362

NINE LIES
ABOUT WORK

일을 망치는
거짓말들

사람들이 곤경에 처하는 이유는 모르는 일 때문이 아니다. 그보다는 확실히 안다고
생각하지만 실은 그렇지 않은 일로 인해 곤란을 겪는다.

– 마크 트웨인*Mark Twain**

---

* 이 인용구는 흔히 마크 트웨인이 한 말로 알고 있으나 사실 누가 했는지 확실히 아는 사람은 없다. 아
이러니하게도 이것은 우리가 확실히 안다고 생각하지만 실은 그렇지 않다는 것을 보여주는 사례다. 이런
식으로 이 말은 부적절한 확실성에 따르는 위험을 이중으로 일깨워준다.

저자를 궁금해 하는 사람들을 위해 우리부터 소개하겠다.

영국에서 태어난 마커스는 데이터광으로 성격, 성과, 관계처럼 우리가 헤아리지 못하는 것을 '어떻게 측정할지' 알아내는 걸 좋아한다. 그는 직장생활을 하는 동안 많은 시간을 갤럽Gallup Organization에서 이런 일을 하며 보냈다. 그 후 사람들이 최고 성과를 올리도록 돕는 코칭·소프트웨어 회사를 차린 그는 현재 사람과 성과의 모든 것을 다루는 ADP 연구소ADP Research Institute에서 조사 분야를 이끌고 있다.

애슐리는 경력 초반에는 공연장 음향시설을 설계했으나 이후 딜로이트Deloitte, 시스코Cisco 같은 대기업이 직원들에게 최대 성과를 끌어내도록 돕는 일에 전념했다. 그는 직업 세계의 혼란스런 현실 속에서 모든 혁신 아이디어를 시험해보는 것을 좋아하는 실천가다. 그 역시 영국 출신으로 현재 그는 전 세계에 있는 시스코의 14만 정규직과 계약직 직원을 대상으로 이런 일을 하고 있다.

당연히 진실이라고 여겼던 생각들

몇 년 전 〈하버드비즈니스리뷰Harvard Business Review〉는 우리에게 흥미로운 요청을 했다. 마커스의 신뢰할 만한 데이터 관점과 애슐리의 현실 세계 리더 관점을 결합해 사람들이 하나같이 싫어하는 절차, 즉 업무 평가의 가장 효과적이고 믿을 만한 방식을 주제로 논문을 써달라는 것이었다. 그 논문에서 우리는 기존 관행에 엄청난 혹평을 쏟아냈고 결과적으로 관련 분야에 커다란 반향을 불러일으켰다. 그 영향이 어찌나 컸던지 〈하버드비즈니스리뷰〉가 우리를 다시 찾아와 이처럼 철저하게 현실적인 접근을 직업 세계 전체에 적용할 수 있는지 물을 정도였다. 우리는 '예스'라고 대답했고 당신이 손에 들고 있는 이 책이 바로 그 결과물이다.

이 책은 하나의 사실에 담긴 모순에서 출발한다. 일의 세계에서 당연히 진실이라고 여기는 아이디어와 관행은 실제로 도움을 주어야 할 사람들에게 왜 그토록 인기가 없고 또 그들에게 왜 그렇게 깊은 불만을 안겨주는 것일까? 예를 들어 일선에서 일하는 사람들은 연간 목표 설정 과정을 실제 업무와 거의 관련이 없는 무의미하고 번거로운 일로 여긴다. 이런 상황에서 하향식 목표 전달이 업무를 일관성 있게 추진하고 평가하는 데 가장 좋은 방법이라는 것은 과연 진실일까? 현실에서는 대다수가 피드백에서 벗어나고 싶어 하고 피드백을 받기보다 주고 싶어 하는데 어째서 비판적인 피드백이 필요하다는 것일까? 실제로는 팀 내에서 완벽하게 객관적인 리더를 만난 적이 없는데 어째서 팀 리더가 당신의 성과를 정확히 평가할 수 있다는 것일까? 일상에서는 사람들이 원하는 자질을 갖춘 리더를 만나본 적이 없는데 어째서 모든 최고의 리더가 그런 속성을 갖추고 있다는 것이 진실로 굳게 자리 잡은 것일까?

이러한 역설이 이 책의 핵심 아이디어다. 현재의 직업 세계에는 큰 결함이 있고 일상 업무에 개개인 고유의 개성 표현을 억누르는 시스템, 절차, 도구, 가정이 넘쳐난다. 업무 현장에서 나온 데이터는 우리의 이 생각에 힘을 실어주고 있다. 전 세계 노동자의 업무 몰입도는 무척 낮으며 '일에 몰두하고 있다'고 응답한 노동자는 전체의 20%에도 미치지 못한다(부록 A 참조).

1970년대 중반 이후 생산성 하락의 원인을 연구해온 경제학자들은 "과거에 생산성 향상을 위한 기술 발전과 관리 전략은 커다란 성과를 냈다. 그러나 이제는 더 이상 생산성 향상에 기여하지 않는다"[1]는 의견을 내놓았다. 다시 말해 현재의 관행이 무엇이든 그것은 더 이상 도움을 주지도, 사기를 북돋우지도 못한다.

현실 조직에서 고군분투하는 바로 당신을 위한 책

지금까지 이런 관행이 너무 흔하고 뿌리 깊게 퍼져 그 진짜 모습을 파악하기 어렵다. 대규모 조직들이 그렇게 해왔고 또 한다는 이유만으로 불만스럽지만 필요한 일로 받아들이는 관행이 있다. 경영자들이 굳게 믿는 것을 다른 사람에게 강요하는 바람에 생긴 관행도 있다. 이들 관행은 일터에서 일어나는 거의 모든 일, 즉 우리가 일을 맡고 평가받고 훈련받고 보수를 받고 승진하고 해고당하는 배경이자 그것을 정당화하는 이유로 작용한다. 그런데 자세히 들여다보면 실은 그렇지 않다는 것을 발견할 수 있다. 우리는 그것을 '거짓말'이라 부르겠다.

이 책에는 9가지 거짓말이 나온다. 피카소에 따르면 "모든 창조 행위의 출발은 파괴"이므로 어떤 강하고 정교한 것을 만들기보다 먼저 각각의 거짓말을 해체하고(일련의 사소한 사례에만 적용하는 진실로 출발해 모든 사례에 적용하는 거짓말로 퍼져 나간 방식을 파악하고) 그 뒤에 숨은 더 광범위한 진실을 밝히는 방향을 택하고자 한다.

1~3장에서는 우리에게 문화, 기획, 목표를 그토록 단호하게 부과하는 이유에 의문을 던지고 우리 모두의 힘을 모을 더 나은 방법을 찾는다. 4~7장에서는 인간 본성의 특정 측면을 다룬 뒤 개개인이 그토록 확연히 다른 상황에서 자기 자신과 주위 사람들을 어떻게 하면 가장 잘 성장시킬 수 있을지 밝힌다. 8장에서는 왜 '균형'이 우리의 이상으로 자리 잡았는지 의심해보고 전혀 다른 목표를 제시한다. 마지막 장에서는 리더십과 관련된 모든 것에 우리가 느끼는 경외심을 생각해보고 다른 사람의 비전에 매달리거나 열정을 쏟을 때 정말로 어떤 일이 일어나는지 파악하는 새로운 시각을 제시한다.

책을 읽다 보면 9가지 거짓말이 굳게 자리 잡은 이유는 그것이 통제를 원하는 조직의 니즈에 부합하기 때문임을 깨달을 것이다. 대규모 조직은 매우 복잡한 곳으로 리더는 본능적으로 단순함과 질서를 추구한다. 더구나 그 단순함과 질서는 조직이 목표를 향해 나아가는 모습으로 비춰져 리더 자신과 주주를 쉽게 설득하도록 해준다. 그러나 단순함을 향한 욕구는 서서히 순응 욕구로 바뀌게 마련이다. 오래지 않아 이 순응은 개성 말살로 이어진다. 어느새 개개인의 특별한 재능과 관심사는 귀찮은 것으로 여겨지고 조직은 구성원을 본질적으로 대체 가능한 자원으로 취급한다.

그 결과 구성원들은 획일적인 조직 문화 속에서 계획을 충실히 따르고 위에서 지시한 목표와 일관성 있게 일을 처리해야 한다. 또 다재다능한 특성을 갖춰야 하고 그렇게 될 때까지 꾸준히 피드백을 받는 것은 물론 미리 정해놓은 리더십, 성과, 잠재력 모델에 얼마나 근접했는지 다른 사람의 평가를 받아야 한다. 앞으로 보겠지만 거짓말에 맞서는 가장 강력한 힘, 우리가 삶에서 활용하고자 노력해야 하는 힘은 개개인의 개성에 담긴 힘이다. 인간 본연의 힘은 개인의 본성이 유일무이하다는 것에서 비롯되며 일에서 이를 표현하는 것은 궁극적으로 사랑의 행위다.

우리가 애초에 목표로 생각한 독자는 팀을 처음 이끌게 되어 영예롭지만 힘든 세계에 직면한 사람이다. 즉, 팀원과 함께 무언가 비범한 일을 하고 위업을 이루며 팀원들이 대단한 일을 하도록 이

끌어 앞으로 수년 동안 팀원들의 입에 오르내리는 리더가 되려는 사람이다. 우리는 각 팀원에게서 최선을 이끌어내는 방법, 각자 개인 목표가 있는 팀원들이 집중력을 잃지 않게 하는 방법, 팀에 해를 끼칠 실수를 스스로 미연에 방지하게 하면서도 실제로 도전해서 배우도록 하는 방법, 팀원들의 성과를 공정하게 판단하고 그들이 서로 배려하는 진실한 인간관계를 구축하게 하는 방법 그리고 자신의 인간적인 모습에 충실하면서 이 모든 것을 해내는 방법을 자문하는 리더를 상상했다. 우리의 상상 속에서 그는 이 모든 일을 시도하며 우리가 확실히 안다고 생각하지만 실은 그렇지 않은 9가지 거짓말로 인해 좌절하고 방해를 받았다.

그런데 글을 쓰면서 우리가 생각하는 독자의 폭은 점점 넓어졌다. 우리는 팀 리더뿐 아니라 통제하고 획일성을 강요하는 조직의 시도(때론 온건한)에 불만을 느끼는 모든 리더에게 이 책이 필요하다는 것을 깨달았다. 결국 우리는 신참 리더를 넘어 사고가 자유로운 리더, 즉 프리싱킹 리더freethinking leader까지 독자 범위를 넓혔다. 개인의 개성을 짓밟아야 할 결점으로 여기지 않고 주의를 기울여야 할 혼란이자 건전하고 윤리적이며 번성하는 모든 조직의 원료로 보는 포용력 있는 리더, 독단적 견해를 거부하고 분명한 증거를 찾는 리더, 일반적으로 받아들이는 지혜보다 새로운 경향에 가치를 두는 리더, 팀의 힘에 열광하는 리더, 철학이 아닌 발견을 신뢰하는 리더, 무엇보다 내일의 세상을 더 나은 곳으로 만드는 유일한 방법은 현재의 세상이 진정 어떤 모습인지 직시할 용기와 기지를 발휘하는 데 있음을 아는 리더가 바로 프리싱킹 리더다.

당신의 모습이 이렇다면 당신은 프리싱킹 리더다. 우리는 당신을 개인적으로 알지 못하지만 지난 6개월 동안 당신을 많이 생각해왔다. 당신이 어떤 사람인지, 당신이 어떤 느낌을 받고 있는지, 당신의 성장과 발전에 무엇이 필요한지 말이다. 이 책은 바로 당신을 위한 것이다.

NINE LIES
ABOUT WORK
CHAPTER 1 ──────

거짓말

────── #1

사람들은
어떤 회사에서
일하는지에
신경 쓴다

며칠 전 우리는 20년 넘게 기업 커뮤니케이션과 마케팅 분야에 몸담아온 리사를 만나 그녀의 직장생활과 관련해 대화를 나누었다. 그 대화는 우리가 매년 수백 명과 직장 내 경험을 주제로 이야기를 나누는 방식과 똑같이 이뤄졌다. 리사는 회사를 옮겼다가 최근 되돌아왔다고 했고 우리는 그 내막을 더 자세히 알고 싶었다(마커스와 애슐리는 '마·애'로 표기한다).

　마·애: 왜 18년이나 일한 A사(실명은 밝히지 않는다)를 떠난 건가요?

　리사: 고객과 협력사를 위한 큰 행사에 초점을 맞추는 일보다 마케팅에 더 중점을 두는 일을 해보고 싶어서예요. 그런데 막상 일을 해보니 제가 마케팅 분야에서 일할 만큼 창의적이지 않더군요. 아쉽게도 제가 이전에 일하던 곳은 이미 다른 사람을 채용했고 행사 분야로 되돌아갈 방법은 다른 회사에 가는 것뿐이었어요.

　마·애: 그래서 B사를 고려한 것이군요.

리사: 네. A사에 있는 동안 뭔가 새로운 것, 새로운 환경을 경험해보고 싶기도 했어요.

마·애: 회사를 선택할 때 가장 중요하게 고려한 것은 무엇인가요?

리사: 브랜드입니다. 시장을 주도할 만큼 이름이 알려진 회사를 원했지요. 또 혁신과 혁신 속도를 비롯해 내가 무언가 새로운 것을 구축할 수 있는지, 일할 장소는 어디인지, 원격근무가 가능한지, 근무 환경이 얼마나 좋은지, 배울 것이 있는지, 새로운 일을 쉽게 시도할 수 있는지를 고려했습니다. 기억나는 것만 이 정도입니다.

마·애: 이런 문제를 어떤 경로로 평가했나요?

리사: 당연히 구직 인터뷰로 평가했죠. 하지만 미리 조사도 했습니다. 6개월간 구글과 글래스도어Glassdoor(직장과 상사 평가 사이트-옮긴이)에서 그 회사를 조사했어요. 두 달 동안 인터뷰를 준비하면서 그 회사에 다니는 사람들을 가능한 한 많이 만나 이야기도 나눴습니다.

마·애: 그런 작업 끝에 어떤 결론을 내렸습니까?

리사: 완벽한 곳은 아니지만 큰 문제도 없어서 B사로 가야겠다고 생각했어요. 그 회사로 낙점한 것이지요.

마·애: 그렇게 B사로 간 거로군요. 그곳에서 얼마나 있었습니까?

리사: 2년입니다.

마·애: A사에서 18년 동안 일한 것을 감안하면 B사에 2년 이상 있을 것으로 예상했을 것 같은데요?

리사: 네, 그렇습니다.

마·애: 그토록 철저한 조사를 거쳐 들어간 B사에 왜 2년만 다녔는지 설명해줄 수 있나요? 무슨 일이 있었습니까?

리사: 문제는 매니저를 만났을 때부터 시작됐죠. 물론 인터뷰 과정에서도 매니저를 만났습니다. 그때도 몇 가지가 마음에 걸렸지만 일이 완전히 틀어진 것은 그녀의 참모습을 보고 나서였습니다.

마·애: 인터뷰 과정에서 마음에 걸렸던 것은 무엇입니까?

리사: 그녀에게 굉장히 엄격하고 형식과 위계를 중시한다는 인상을 받았어요. 저는 그것이 외부인에게만 보여주는 모습이라 판단했고 제가 팀에 합류하면 달라질 것이라고 생각했죠. 그러나 그렇지 않았습니다.

마·애: 그걸 언제 깨달았습니까?

리사: 출근하고 13일째 되는 날이었죠.

마·애: 13일이라고요? 어떻게 그처럼 정확히 알고 있죠?

리사: 달력에 적어놓았거든요. B사에 있는 동안 중요한 날마다 빠짐없이 메모를 했습니다. 힘든 일이 있을 때면 저는 그것을 기록해둡니다. 13일째 되는 날 저는 매니저, 중역 1명과 함께 회의를 했습니다. 그때 중역이 호텔 예약을 질문했고 저는 간단한 것이라고 생각해 즉각 답했어요. 매니저는 충격을 받은 표정이더군요. 회의가 끝나자마자 그녀는 저를 한쪽으로 부르더니 "우린 이런 자리에서 중역과 그런 종류의 얘기를 나누지 않아. 다음엔 내가 처리하지"라고 말했습니다. 이후 그녀는 사소한 부분까지 저를 감시했지요. 저는 그녀가 상사를 대하는 행동이나 팀을 운영하는

방식의 근간에 '두려움'이 있음을 알아차렸습니다.

마·애: 다른 날에도 달력에 메모를 했나요?

리사: 15일째 되는 날 이렇게 기록했더군요. '2년이 되는 날은 어쩌면 B사에서의 마지막 날', '4년이 되는 날은 B사에서의 마지막 날'

마·애: 저런…. 몇 달 동안 회사를 조사하고 7번의 인터뷰를 하면서 매번 회사가 당신에게 맞는지 파악하는 데 도움을 줄 질문을 준비했는데 겨우 2주 만에 떠나기로 결심한 거로군요. 거기다 기한까지 정했고요. 맞습니까?

리사: 맞습니다. 저는 15일 만에 그 회사에 오래 다닐 수 없다는 걸 알아챘습니다.

마·애: 그 주된 원인이 당신 매니저와 그 매니저의 스타일에 있었고요?

리사: 그렇습니다. 그런데 그건 제 매니저만의 문제가 아니었어요. 다른 리더들도 두려움의 영향을 받는 것 같았습니다.

마·애: B사에 있을 때 회사의 핵심 가치나 리더십 원칙 등을 접한 적이 있습니까?

리사: 물론입니다. 오리엔테이션을 할 때 코팅한 종이를 받았는데 짜릿한 기분이었죠.

마·애: 어떤 내용이었습니까?

리사: 그것을 읽고 정말 대단하다고 생각했어요. 그중에서 유독 기억에 남는 것은 의견 불일치와 헌신을 다룬 부분이었습니다. 동

의하지 않을 때는 용기를 내 자기 의견을 말하되 일단 최종 결정이 나면 거기에 헌신하라는 것이었죠. 저는 그것을 대단히 멋지고 흥미로운 일로 여겼고 그런 원칙이 좋은 환경을 조성하는 데 도움을 줄 것이라고 생각했습니다. 하지만 일을 시작하고 나서 '빌어먹을, 현실은 딴판이구나' 하고 깨달았지요. 어떤 이들은 그 원칙을 악용하기까지 했습니다.

마·애: 악용이라고요?

리사: 네. 리더십 원칙을 들먹이며 좋지 않은 행동을 정당화하는 거죠. 그들은 반대 의견을 막고 싶을 때면 자신이 원하는 방향에 맞춰 헌신해야 할 때라고 말했습니다. 그 아이디어의 원래 뜻과 정반대로 행동한 것이죠.

마·애: 아, 그렇군요. 그래서 서둘러 A사로 돌아갈 방법을 찾기로 한 것입니까?

리사: 그렇습니다.

마·애: B사에서의 경험에 비춰 당신이 다음 일자리를 찾을 때 중요하게 생각한 것은 무엇입니까?

리사: 문화, 리더십 그리고 제가 할 일 이렇게 3가지입니다.

마·애: 당신이 말하는 문화란 무슨 의미입니까?

리사: 그것은 행동 방식 원칙입니다. 일종의 가훈과 비슷한 것이지요. 가정을 어떻게 운용할지, 가족이 서로를 어떻게 대할지에 관한 것 말입니다.

마·애: A사 문화를 단어로 표현한다면 어떤 것을 고르겠습니까?

리사: 포용하는inclusive, 협력적인collaborative, 친절한kind, 관대한generous, 신뢰하는trusting, 공정한fair, 지원하는supportive 정도가 적합하네요. 저는 특히 고위직 리더들이 회사를 윤리적으로 이끄는 좋은 사람들이라고 생각합니다.

마·애: 당신의 경험상 A사 전체가 일관성 있게 그런 특징을 보이나요?

리사: 제가 운이 좋은 것 같아요. 제가 일하는 팀은 확실히 그렇거든요. 하지만 저보다 운이 좋지 않아 그런 특징을 경험하지 못하는 사람들도 있습니다.

마·애: 그런 경우는 어떻게 설명할 수 있을까요?

리사: 각 팀의 리더가 회사 문화를 신뢰하고 이해하는가의 문제라고 생각해요. 리더가 회사 문화를 신뢰하고 이해할 경우 팀원들은 운이 좋은 것이죠. 그렇지 않으면 운이 없는 것이고요.

외부에서는 특정 회사에서 일하는 게 어떤지 정확히 파악하기가 대단히 어렵다. 일자리를 구할 때는 보통 리사처럼 직원들이 현재 다니는 회사를 평가하는 글래스도어 같은 구인 사이트에서 조사하거나 친구들과 서로 경험을 나누는 것부터 시작한다. 리크루터와 대화를 시도해볼 수도 있으나 지원 여부를 확실히 결정짓지 않았다면 이것은 좀 곤란하다. 언론에서 해당 회사를 다룬 기사를 찾아보는 것도 한 방법이다. 그러나 언론 기사는 대체로 회사 문화보다 제품이나 전략에 초점을 맞추는 경향이 있어서 만족스런 결과를 얻지 못할 수 있다. 어떻게 조사하든 당신이 발견한 결과가 회사의 참모습인지, 내부 이야기를 제대로 보여주는 것인지 의심을 거두기는 어렵다.

'가장 일하기 좋은 직장' 목록이 보여주는 것

보다 객관적이고 폭넓은 정보를 얻고자 〈포천〉이 선정한 100대 기업 순위를 찾아보는 경우도 있다. 〈포천〉은 매년 1월 기업 순위를 발표하기 때문에 1월호 판매량이 가장 많다. 그 기업 순위는 각 회사 직원들을 대상으로 진행하는 익명 조사(일명 '신뢰 지수Trust index')와 각 기업에서 직원들에게 어떤 투자를 하고 무엇을 제공하는지 설명하는 내용을 담아 제출한 자료('문화 감사Culture Audit'라고 부르는)를 근거로 정한다. 이를 바탕으로 〈포천〉 편집팀과 일하기 좋은 직장 연구소Great Place to Work Institute(조사 주체) 분석가들은 '그 해에 가장 일하기 좋은 직장' 목록을 작성한다. 여기에는 회사가 제공하는 특전과 기존 직원의 간단한 증언도 싣는다. 2018년 최고의 직장은 세일스포스Salesforce, 웨그먼스Wegmans, 얼티밋 소프트웨어Ultimate Software, 보스턴컨설팅그룹Boston Consulting Group, 에드워드 존스Edward Jones, 킴튼 호텔Kimpton Hotel순이었다. 이들이 최고의 직장으로 선정된 이유는 실리적인 것(직원 추천에 따른 보너스, 바쁜 시즌에 제공하는 스타벅스 기프트 카드, 직장 내 탁아시설)부터 고상한 것(굶주림으로 힘든 이들에게 수백만 달러 상당의 음식 제공, 환경 친화 사무실, 내부 승진 우선), 특이한 것(타워 맨 꼭대기 층을 가족이란 의미의 하와이 말인 '오하나ohana' 전용으로 제공하는 세일스포스, 신입직원에게 각자가 좋아하는 간식을 넣은 환영 선물을 주는 킴튼의 관행)에 이르기까지 다양하다.

실제로 일자리를 찾는 사람은 해당 회사의 상황을 파악하기 위해 〈포천〉이 제공하는 목록을 읽는다. 그곳 직원은 어떤 사람들일까? 그들은 나를 어떻게 대할까? 하루의 일상은 어떤 모습일까? 내가 맡는 일은 흥미로울까, 어려울까, 중요한 일로 여겨질까? 직원에게 정말로 관심을 보이고 배려하는 회사일까? 현재 입사지원, 인터뷰, 협상 그리고 결국 직장을 얻기까지의 긴 과정을 거치고 있는 내게 그 회사는 내가 헌신하는 만큼 나나 내 경력에 돌려주는 회사일까?

이 목록은 정확히 회사의 어떤 점을 평가한 것일까? 제출서류, 보도자료, 순위에서 앞자리를 차지한 기업을 설명한 〈포천〉의 기사를 읽고 나면 당신은 '문화'라는 단어에 이른다. 세일스포스는 오하나 플로어가 대변하는 '가족 같은 문화'를 자랑한다. 웨그먼스에는 '사람들이 음식으로 보다 건강하게, 보다 나은 삶을 누리도록 한다'는 사명에 기반한 문화가 있다. 그리고 킴튼 호텔에는 '차별 없이 포용하는 문화'가 있다. 이들 회사는 자사에 어떤 종류의 문화를 구축할지 정한 뒤 여기에 단호하고 효과적으로 투자한 덕분에 목록에 오른 것으로 보인다. 이 같은 사례로 판단하건대

30

문화는 정말 중요한 요소다. 어쩌면 문화는 회사가 어떤 일을 하는지, 그 일을 어떻게 하는지, 직원이 보수를 얼마나 받는지, 회사의 현재 주가가 얼마인지보다 더 중요할지도 모른다. "문화는 전략을 아침으로 먹는다"고 하지 않는가!

애플의 이미지와 애플에서 일하는 것은 엄연히 다르다

이 주제를 다루는 방대한 문헌에 따르면 문화가 중요한 것은 3가지 커다란 역할을 하기 때문이다.

첫째, 직장 문화는 당신이 어떤 사람인지 말해준다. 당신이 파타고니아Patagonia에서 일한다면 서핑하기에 좋을 것이다. 캘리포니아의 아름다운 해안도시 옥스나드에서 일할 경우 신입직원 교육은 하루 종일 해변 파티로 이어질 수도 있다. 그곳에서 CEO의 자서전《파도가 칠 때는 서핑을Let My People Go Surfing》을 선물로 받고 캠프파이어 앞에서 첫 회의를 할지도 모른다. 반면 당신이 골드만삭스에서 일한다면 서핑은 꿈도 꿀 수 없다. 오히려 당신은 늘 성공한 사람, 즉 승자가 되어야 한다. 승자인 당신은 매일 맞춤 정장을 입는다. 당신이 딜로이트, 애플, 칙필레Chick-fil-A에서 일할 경우 사람들은 당신을 특정 이미지로 바라본다. 그곳에서 일한다는 것 자체가 당신이 어떤 사람인지 드러내주고 당신을 차별화하는 어떤 것, 당신네 종족의 분명한 특징을 말해준다.

둘째, 문화는 곧 우리가 성공을 설명하는 방식이다. 2017년 초 테슬라 주가가 상승세를 탔다. 그 이유는 사람들이 1년 먼저 계약금을 내야 하는 전기차를 주문해서가 아니라 일론 머스크가 근사한 문화, 그러니까 최첨단조차 뒤처지게 만드는 문화를 만들었기 때문이다. 도요타가 차 600만 대를 리콜해야 했을 때 그 원인은 외형상 변속 레버 조립 문제에 있었으나 실은 정중한 겉모습과 달리 속으로 '어떤 대가를 치르든 승리한다'고 결의하는 문화에 있었다.

셋째, 문화는 우리가 원하는 회사의 방향을 가리키는 표다. 어느 순간부터 기업의 고위 리더 직무 기술서에서 성과 문화, 피드백 문화, 포용 문화, 혁신 문화 등 특정 종류의 문화를 거의 하루아침에 만드는 일과 사람의 행동 방식을 지배하는 고유 자질로 회사 방향을 이끄는 일이 큰 부분을 차지하고 있다. 문화는 현재를 설명하는 데서 더 나아가 미래 방향을 정하는 실마리가 되고 있다.[1]

회사 문화를 구현하고 문화 규범을 고수하는 팀을 구축할 책임을 맡는 팀 리더는 이 모든 것을 자세히 조사해야 한다는 말을 반복적으로 듣는다. 또한 회사 문화에 적합한 지원자만 선정하기, 회사 문화 구현 여부에 따라 잠재력 확인하기, 문화에 맞는 방식으로 회의 진행하기, 회사 밖에서도 회사 로고를 새긴 티셔츠를 입고 노래하기 등을 요구받는다.

이런 것은 괜찮다. 정확히 말하자면 어떤 책임을 맡고 있는지 궁금해지기 시작하는 순간까지는 괜찮다. 〈포천〉이 제공하는 목록을 읽다 보면 당신 회사를 소개하는 것 중 당신의 직무 기술서에 포함된 것은 극히 일부라는 사실에 깜짝 놀랄 것이다. 회사 내에 탁아시설을 두는 것, 직원들이 근무시간의 20%를 취미생활에 쓰는 것, 새로운 직원을 추천하고 커다란 보상을 받는 것, 지붕에 태양전지판을 설치하는 것은 감탄할 만한 계획이지만 이 중 당신이 통제할 수 있는 것은 하나도 없다. 그것은 다른 사람, 즉 집행위원회나 이사회에서 하는 일이다. 그런 일을 가치 있게 볼 수도 있고 자사가 세상에 기여하는 것으로 여겨 자랑스럽게 생각할 수도 있다. 그러나 막상 당신이 할 수 있는 일은 없다. 사실 그 일들은 당신이 직업 세계에서 경험하는 일상적인 프로젝트와 마감시한, 진행 중인 조치나 상호작용과 거리가 먼 다른 곳에 있다.

사람들이 지금 다니는 회사에서 일하는 것이 '정말로' 어떠냐고 물으면 당신은 어떻게 대답할 것인가? 그들이 태양 전지판이나 카페테리아가 아닌 진짜 회사 일을 궁금해 한다는 것은 바로 알 수 있다. 당신은 진지한 자세로 일을 어떻게 분배하는지, 관리자가 편파적인지, 분쟁을 어떻게 해결하는지, 정규회의를 끝낸 후 진짜 회의가 어떻게 이뤄지는지, 사람들이 어떻게 승진하는지, 팀들 사이에 텃세가 있는지, 고위 간부와 다른 사람들 사이의 권력거리 power distance(부하와 상사를 격리하는 감정적 거리 – 옮긴이)가 얼마나 먼지, 좋은 뉴스와 나쁜 뉴스 중 어떤 것이 더 빨리 퍼지는지, 성과를 어느 정도 인정해주는지, 성과와 사내정치 중 어떤 것을 우선

시하는지 이야기할 것이다. 즉, 실제로 현장에서 일하는 사람들이 회사를 어떻게 생각하는지 설명한다.

당신은 이것을 '문화'로 불러도 좋을지 알지 못한다. 현장 수준의 세부사항에 각각 어떤 이름을 붙이는지 알지 못하는 것처럼 말이다. 그러나 이러한 현장 문제가 사람들이 입사한 뒤 얼마나 열심히 일할지 결정한다는 것만큼은 확실히 알 것이다. 그들이 정말로 관심을 보이는 것은 현장 문제다. 그것은 당신도 마찬가지 아닌가. 그렇다면 팀 리더에게 가장 긴급한 문제는 당연히 그러한 일들이다.

'팀이 가능한 한 오래 최선을 다하게 하려면 이 중 어떤 세부사항이 가장 중요할까? 가장 중요한 것이 무엇인지 말해주면 최선을 다해 거기에 주의를 기울일 텐데.'

우리는 지난 20년 동안 이 질문의 답을 찾고자 연구해왔다. 이어지는 몇 쪽에 걸쳐 우리는 그 연구에서 발견한 것을 서술한다. 그리고 책의 나머지 부분에서는 그것을 보다 깊이 살펴보는 한편 가장 중요한 일을 해결하는 방법과 처방을 전달하는 데 집중한다.

우리가 지적하는 첫 번째 거짓말은 '사람들은 어떤 회사에서 일하는지에 신경 쓴다'이다. 이것을 거짓말이라고 할 수 있느냐고? 이런 의문을 보이는 이유는 우리가 각자 회사와 연관이 있다고 생각하기 때문이다. 계속 읽어 보면 우리가 정말로 신경 쓰는 일이 처음에는 회사였어도 곧 다른 것으로 바뀐다는 것을 알아챌 것이다.

최고 성과자를 가장 명확히 구분해내는 질문

모든 정량조사에는 정성조사가 필요하다. 얼마 전 우리가 시스코 폴란드 크라쿠프 지사의 한 팀과 몇 시간 동안 이야기를 나눈 이유가 여기에 있다. 우리는 그들이 일하면서 어떤 경험을 하는지, 그들 팀이 어떤 모습인지 궁금했다. 그 팀의 팀원은 시스코 고객을 지원하는 다양한 일을 맡은 15명이었다.

우리는 그들이 매일, 매주, 매달, 분기마다 하는 중요한 일이 무엇인지 물었다. 그중 팀원 3명은 카페테리아에 가는 대신 늘 도시락을 싸온다는 이야기를 꺼냈다. 테라스에 점심을 먹을 공간이 있는데 일과 중에 무슨 일이 있든 같은 시간에 함께 식사를 한다는 것이었다. 그들은 매일 함께 식사하면서 때로 일 이야기도 하고 그 밖에 다른 주제로 대화하기도 한다.

대화를 마친 뒤 우리는 15명이 일하는 장소를 둘러보았다(첫 만남은 회의실에서 이뤄졌다). 그들은 길게 열을 지어 늘어선 워크스테이션에서 일했는데 각각의 워크스테이션은 수직 칸막이로 나뉘어 있었다. 그때 점심 도시락을 함께 먹는다고 한 3명이 우리를 한쪽으로 안내했다. 그들은 워크스테이션에서 몇 발자국 떨어진 별로 특별할 것 없는 바닥의 한 지점을 가리키며 말했다.

"여기가 우리가 모이는 곳이에요!"

우리가 무슨 뜻이냐고 묻자 그들은 일을 하다가 대화할 일이 생기면 각자의 워크스테이션을 떠나 그곳에 모여 어떻게 해야 할지

의논한다고 했다.

15명으로 구성된 그 팀은 실제 세상에서 실제로 일하고 있다. 도시락을 함께 먹는 3명의 하위팀 역시 실제 세상에서 실제로 일한다. 그 3명은 함께 식사하며 근무지의 일반 배치를 깨뜨리고 함께 문제를 해결하는 방법을 공유하고 있었다(점심식사 때문일 수도 있고 아닐 수도 있다).

3명으로 이뤄진 팀 안의 팀이 공유하는 문화는 무엇인가? 그들의 문화는 더 큰 15명 팀의 문화와 다른가? 만약 다르다면 어떻게 다른가? 우리가 아는 것은 3명의 작은 팀과 15명의 큰 팀이 매우 생산적이고 대단히 열심히 일한다는 것뿐이다. CEO 척 로빈스Chuck Robbins는 캘리포니아 산호세의 시스코 본사에서 열정과 헌신을 다하는 조직을 만들기 위해 노력하고 있다. 그러나 실제 거리로도 수천 km 떨어져 있고 조직 계층에서도 한참 멀리 있는 그는 중앙에서 자신이 제어하는 데 한계가 있음을 잘 알고 있다. 그가 할 수 있는 것은 이 지역 팀과 다른 수천 개 팀의 팀원들이 일에 집중해 최선의 성과를 올리도록 업무 경험을 만드는 일이다.

과연 직원들에게 어디에 집중해달라고 요구해야 할까? 업무 경험의 가장 중요한 측면은 무엇일까?

그 정확한 답을 얻는 방법은 2가지다. 먼저 성과가 높은 팀과 성과가 낮거나 평균 성과를 내는 팀으로 이뤄진 두 그룹을 만든다. 여기서 높은 성과의 예를 들면 높은 생산성, 높은 혁신도, 높은 고객만족도, 낮은 이직률, 낮은 근무시간 손실률 등이 있다. 그다음으로 두 팀이 내부적으로 어떤 모습인지 알아보는 질문을 한다. 우선 두 팀에게 여러 가지 동일한 질문을 한 뒤 성과가 높은 팀이 '매우 그렇다'라고 적극 동의하고, 성과가 평균이거나 낮은 팀이 '그렇지 않다'라고 답한 몇 가지 질문을 골라낸다. 여기서 목표는 성과가 높은 쪽 팀원들의 시각으로 그 팀의 독특한 점을 찾아내는 데 있다.

지난 몇 년 동안 우리는 수많은 기업을 대상으로 이 연구를 수백 번 반복해왔다. 그 초점은 최고 성과를 내는 사람과 그렇지 않은 사람을 가장 명확히 구분해주는 질문에 있었다. 물론 이런 종류의 연구를 우리가 최초로 수행한 것은 아니다. 1990년대 말 '업무 몰입'과 관련해 선구적 연구를 진행한 갤럽은 그 촉진 요인으로 12가지 조건을 찾아냈다.

우리의 연구는 다른 모든 연구와 마찬가지로(모든 연구 결과는 결국 잠정적이다) 기존 연구를 기반으로 했고, 가장 높은 성과를 올리는 팀에서 팀원들이 유난히 많이 경험하는 몇 가지 측면을 알아냈다. 그 8가지 측면, 좀 더 정확히 표현하자면 8가지 항목은 지속 가능한 팀 성과를 효과 있게 예측한다.

엄밀히 말해 조사 대상자들은 질문이 아닌 진술에 답했다. 각 항목은 질문이 아닌 진술이라 여기에는 물음표가 붙지 않는다. 다만 간혹 내용을 이해하려 애쓰는 사람들이 받을 혼란을 최대한 줄이기 위해 질문이라고 표현할 뿐이다.

1. 나는 우리 회사의 사명mission에 큰 열정이 있다.

2. 나는 회사에서 내게 거는 기대가 무엇인지 정확히 이해하고 있다.

3. 팀 내에서 내 주위 사람들은 나와 가치관이 같다.

4. 직장에서 매일 내 장점을 활용할 기회를 얻는다.

5. 동료 팀원들은 내 편이다.

6. 높은 성과를 올릴 때마다 인정받을 것이라는 확신이 있다.

7. 나는 회사의 미래에 강한 자신감이 있다.

8. 일에서 늘 성장을 위한 도전에 직면한다.

이들 항목에서 우리는 곧바로 몇 가지 사실을 알아챌 수 있다.

우선 팀원들은 어떤 측면에서도 팀 리더나 회사를 직접 평가하지 않는다. 그들은 자신의 감정과 경험만 평가한다. 그 이유는 사람들의 타인 평가 능력이 형편없기 때문이다(이 문제는 6장에서 다룬다). 누군가에게 공감, 비전, 전략적 사고 같은 다른 사람의 난해한 특질을 평가해달라고 하면 그들의 대답에서 평가 대상보다 평가자 자신을 더 많이 파악할 수 있다. 그러므로 효과적인 자료를 얻기 위해서는 다른 사람이 아니라 그들 자신의 경험을 물어봐야 한다. 그다음으로 8가지 항목은 크게 2가지 범주로 나뉜다. 먼저 홀수 번호 항목을 보자.

1. 나는 우리 회사의 사명에 큰 열정이 있다.

3. 팀 내에서 내 주위 사람들은 나와 가치관이 같다.

거짓말 #1

5. 동료 팀원들은 내 편이다.

7. 나는 회사의 미래에 강한 자신감이 있다.

이들 항목은 다른 팀원과의 상호작용 혹은 공동의 업무 경험에서 만들어진 경험 요소를 다룬다. 우리 팀이나 회사가 공유하는 것은 무엇일까? 이것은 '최고의 우리Best of We' 항목이다. 또 다른 범주는 짝수 항목이다.

2. 나는 회사에서 내게 거는 기대가 무엇인지 정확히 이해하고 있다.

4. 직장에서 매일 내 장점을 활용할 기회를 얻는다.

6. 높은 성과를 올릴 때마다 인정받을 것이라는 확신이 있다.

8. 일에서 늘 성장을 위한 도전에 직면한다.

이들 항목은 일에 따른 개인 경험을 다룬다. 내게 특별한 것은 무엇인가? 나만의 가치는 무엇인가? 나는 성장을 위한 도전을 느끼는가? 이것은 '최고의 나Best of Me' 항목이다.

경험의 2가지 범주, 즉 '우리' 경험과 '나' 경험은 직장에서 성공하는 데 필요한 것이다. 이것은 구체적이고 신뢰 있게 측정이 가능하며 개인적이다. 또 특정 공동 경험에 얽힌 한정된 일상의 개별 경험을 드러낸다. 우리는 앞서 말한 시스코 폴란드 크라쿠프 지사 팀의 문화가 무엇인지 몰라도 함께 점심을 먹고 함께 모여 논의하는 활동이 팀원 각자에게 어떤 느낌을 줄 거라는 점은 알 수 있다. 팀원이 서로를 지지하고 같은 탁월성 개념을 공유하며 일을 제대로 하는지 서로 확인하면서 최선을 다하자고 격려하는 느낌 말이다. 이 8가지 항목으로 직장 내 경험, 즉 팀 리더인 당신이 영향력을 발휘하는 경험을 측정하는 간단한 방법을 알 수 있다.

'우리' 경험과 '나' 경험의 균형

팀과 팀 리더를 20년 이상 연구한 우리는 뛰어난 팀 리더와 그렇지 않은 리더를 가르는 것은 이 2가지 범주에서 팀원들의 니즈를 충족해주는 능력이라는 것을 알아냈다. 팀원들이 팀 리더에게 원하는 것은 2가지다. 하나는 그들이 무언가 더 큰 것의 일부임을 느끼게 해주고 지금 함께하는 것이 얼마나 중요하며 의미 있는 일인지 보여주는 것이다. 다른 하나는 리더가 팀원 개개인이 인정하는 방식으로 팀원을 이해하고 그가 늘 팀원과 함께하면서 그들을 배려하며 도전의식을 북돋운다는 느낌을 받게 하는 일이다. 팀원들은 리더가 팀원에게 '모두 함께'라는 보편성 감각을 전해주는 동시에 팀원들의 고유한 특성을 인정해주고 모두가 공유하는 것을 강화하며 각자 특별함을 고양해주길 원한다. 만약 당신이 팀의 리더로서 탁월한 역량을 보인다면 이는 당신이 확연히 다른 이 2가지 인적 니즈를 성공적으로 통합했기 때문이다.

우리는 이 책에서 최고의 리더들이 이 일을 어떻게 해내는지, 다시 말해 그들이 주의를 기울이는 것은 무엇이고 주위 사람들과 어떻게 상호작용하는지 자세히 알아본다. 또한 8가지 항목을 더 세세히 탐구하고 우리가 직장에서 듣는 거짓말이 이 8가지 중요한 측면을 각각 어떻게 억압하는지도 살펴본다.

그러면 첫 번째 거짓말 '사람들은 어떤 회사에서 일하는지에 신경 쓴다'는 어떨까?

이제 우리는 8가지 항목이 직장 경험에서 가장 중요한 측면, 구체적으로 말해 성과, 이직률, 근무시간 손실률, 근무 중의 사고 accidents, 고객만족도를 움직이는 측면을 정확히 측정한다는 것을 알고 있다. 만약 일에서 얻는 경험의 많은 부분이 어떤 회사에서 일하는가에 큰 영향을 받는다면 특정 회사 팀에 있는 모든 팀원은 이 8가지 질문에 비슷한 답을 해야 한다. 그뿐 아니라 특정 회사에서의 일상 업무 경험은 대체로 일관성이 있어야 하고 팀마다 차이가 나서는 안 된다. 더 정확히 말하면 팀들 사이에 회사 전체에서 발견할 수 있는 정도의 차이만 있어야 한다.

하지만 현실을 보면 그렇지 않다. 사실 그런 경우는 전혀 없다. 통계 측정치 차이를 변동범위range라고 하는데 이 측정치의 변동범위가 회사들 사이보다 회사 내에서 더 큰 것으로 나타났다. 경험 차이가 회사들 사이보다 회사 내에서 더 크다는 얘기다.

〈그림 1-1〉은 시스코의 5,983개 팀이 2번 항목 '나는 회사에서 내게 거는 기대가 무엇인지 정확히 이해하고 있다'에 어떻게 대답

했는지 보여준다.

이것은 아주 기본적인 질문이다. 기업에서 오래 근무한 사람이라면 사람들이 전략과 계획, 우선사항, 주제, 주도권, 의무를 이야기하는 데 얼마나 많은 에너지를 쏟는지 알 것이다. 시스코도 다르지 않다. 그러나 거의 6,000개에 이르는 팀이 자신들을 향한 기대에 보이는 느낌은 크게 달랐다. 우리는 우리가 조사한 모든 회사의 모든 팀에서 이런 차이가 나타나는 것을 목격했다.

미션 헬스Mission Health의 1,002개 팀은 7번 항목 '나는 회사의 미래에 강한 자신감이 있다'에 〈그림 1-2〉와 같이 대답했다.

회사 내에서보다 회사들 사이의 차이가 커야 할 항목은 바로 이것이다. 한 회사에는 하나의 미래가 있고 그 미래는 당신이 어떤

그림 1-1 ────────────────────────────

팀에 거는 기대가 명확한가?
'나는 회사에서 내게 거는 기대가 무엇인지 정확히 이해하고 있다'에 따른 응답

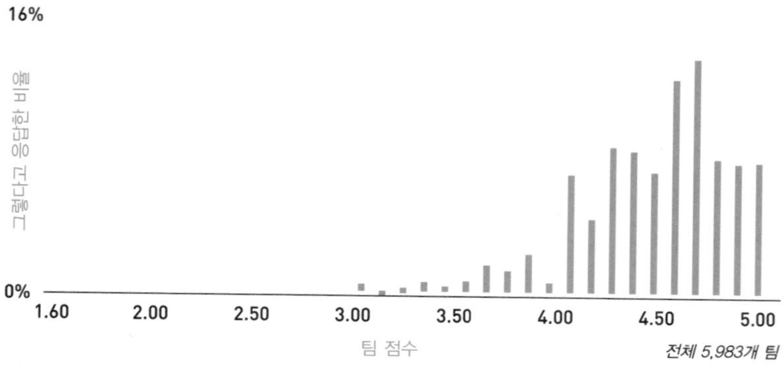

전체 5,983개 팀

거짓말 #1

팀에 있든 똑같이 보여야 할 테니 말이다. 그런데 그렇게 느껴지지 않는다. 이 질문에 사람들이 응답한 것을 보면 같은 회사 내에서도 어떤 팀에 있는가에 따라 크게 달라진다. 팀이 다르면 미래에 보이는 자신감 수준도 다르다.

우리는 8가지 항목 모두에서 비슷한 패턴을 발견했다. 가령 업무 경험의 중요한 측면에 집중할 경우 회사 대 회사보다 팀 대 팀의 격차가 크다. 문화 관련 아이디어처럼 어떤 자리에 있든 자사 경험이 동일할 것이라는 가정에 근거한 아이디어는 통하지 않았다. 문화 아이디어 같이 업무 경험이 회사마다 다를 것이라는 가정에 기초한 모든 아이디어도 옳지 않다. 경험 차이가 회사 간보다 회사 내에서 더 크기 때문이다. 이 광범위하고 변하지 않는 '회

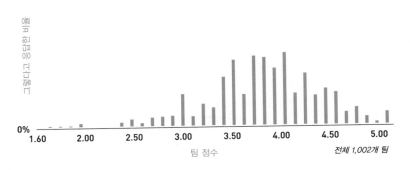

그림 1-2

팀의 미래에 자신감이 있는가?
'나는 회사의 미래에 강한 자신감이 있다'에 따른 응답

16%

팀 점수

전체 1,002개 팀

사 성격companyness'이 문화 아이디어와 마찬가지로 우리의 업무 경험을 규정한다는 모든 아이디어는 틀렸다.

특정 경험, 즉 가까운 동료, 테라스에서 점심식사를 함께하는 동료, 사무실 구석에서 함께 모이는 동료 들과 어떻게 상호작용하는가가 회사보다 훨씬 더 중요하다. 최소한 우리의 연구 결과는 그렇게 말해주고 있다.

더구나 우리가 어떤 회사에서 일하는지에 가장 신경 쓴다면 어떤 팀에서 하는 경험과 어떤 회사에 머물기로 한 선택 사이에 연관이 없어야 한다. 팀보다 회사가 우선이 아닌가. 한데 분석할 때마다 팀 관련 항목에서 점수가 낮을 경우 팀원들이 회사를 떠날 가능성이 훨씬 큰 것으로 나타났다. 가령 시스코는 누군가의 팀 경험이 회사 전체의 상위 50%에서 하위 50%로 이동할 때 회사를 떠날 가능성이 45% 증가하는 것으로 나타났다. 사람들이 어떤 곳에서 일하지 않기로 결정할 때 그 '어떤 곳'은 회사가 아니라 팀이다. 나쁜 회사의 좋은 팀에 있는 사람은 회사에서 버티지만 좋은 회사의 나쁜 팀에 있으면 회사에 오래 머물지 않는다. 팀은 당신의 업무 경험에서 태양이자 달이고 별이다. 아주 오래전인 1790년 영국계 아일랜드 작가 에드먼드 버크Edmund Burke가 표현했듯 "사회 안에서 우리가 속한 작은 집단을 사랑하는 것은 공적 애정의 첫 번째 원칙이다."[2]

자료를 더 수집해 패턴과 차이를 면밀히 검토한 우리는 이런 결론에 이르렀다. 입사할 무렵에는 회사에 신경 쓸지도 모르지만 일할 때는 어떤 회사에서 일하는지 신경 쓰지 않는다. 일단 회사에 들어가면 사람들은 어떤 팀에 있는지 신경 쓴다.

우리 회사 최고의 팀은 어디?

최근 ADP 연구소는 19개국을 대상으로 업무 몰입의 특징, 즉 무엇이 몰입의 동인이고 몰입이 어떤 것의 동인이 되는가를 연구했다. 〈부록〉에 그 연구 결과를 요약했지만 여기서 당신이 알고 싶어 할 3가지 가장 흥미로운 사실을 밝히겠다.

첫 번째, 직원 150명 이상 규모의 기업에서는 팀 내에서 일하는 사람들이 전체의 82%, 하나 이상의 팀에서 일하는 사람이 전체의 72%였다. 직원 20명 이하의 소규모 기업도 이 점은 마찬가지였다. 소규모 기업 사람들은 68%가 팀에서 일했고 49%는 하나 이상의 팀에서 일했다. 연구 대상인 모든 나라에서 그렇게 나타났다.

두 번째, 팀에서 일할 경우 8가지 항목에서 더 높은 점수를 기록할 가능성이 2배 높고 팀과 업무 몰입도를 연관짓는 추세는 여러 팀으로 확대되었다. 사실 직장에서 업무 몰입도가 가장 높은 집단은 5개의 다른 팀에서 일하는 사람들이다.

세 번째, 리사처럼 팀 리더를 신뢰한다고 말하는 팀원은 일에 완전히 몰두할 가능성이 12배 높았다.

이것은 팀 리더인 당신에게 반가운 소식이 아닌가. 팀원들이 일에서 가장 신경 쓰는 부분을 당신이 통제하고 있으니 말이다. 회사의 육아휴직 정책이나 카페테리아 수준을 높이는 것은 당신이 영향을 줄 수 있는 문제가 아니다. 하지만 건전한 팀을 만드는 일은 당신이 할 수 있다. 당신은 직원들에게 분명한 기대감을 보일 수도 있고 그렇지 않을 수도 있다. 당신은 각 팀원이 매일 그들의 장점을 발휘하도록 역할을 정해줄 수도 있고 그렇지 않을 수도 있다. 당신은 좋은 성과를 올린 팀을 칭찬하며 인정해줄 수도 있고 그렇지 않을 수도 있다. 당신은 사람들과 점점 신뢰를 쌓을 수도 있고 그렇지 않을 수도 있다. 물론 일상 업무의 '상시성always-on' 때문에 이런 일 하나하나에 주의를 기울이는 것은 쉬운 게 아니지만 당신은 적어도 이것을 일상 업무의 일부로 만들어야 한다.

당신에게 나쁜 소식도 있다. 회사는 대부분 이 문제를 중요시하지 않기 때문에 팀원들이 이러한 경험을 하도록 당신이 최선을 다해도 회사는 다른 팀 리더에게 이 같은 책임을 지우지 않는다는 점이다. 거의 모든 회사가 팀의 중요성을 놓치고 있다. 그 증거로 해당 시점에 회사에 팀이 몇 개나 있는지, 누가 거기에 속해 있는지, 어떤 팀이 최고의 팀인지 회사는 대개 알지 못한다. 지나치게 문화에만 집중하는 바람에 회사는 리더에게 팀을 책임지게 하는 대신 보편성에만 초점을 맞춘다. 우리는 회사마다 문화가 균일한 게 아니라는 것을 안다. 설령 회사 문화에 뚜렷하게 구분이 가는 어떤 점이 있어도 그것은 측정할 수 없고, 직원 설문조사 총점은 큰 차이를 보이는 많은 팀의 점수를 합쳐놓은 것에 불과하며 정말 중요한 것은 그 총점에 가려져 있다. 훌륭한 회사를 만들기 위해 CEO가 할 일은 보다 많은 팀이 최고의 팀과 닮도록 이끄는 것이다.

깃털과 몸통 구분하기

업무 경험에서 가장 중요한 것이 팀 경험이라면 우리가 앞서 말한 '문화'는 모두 어떻게 만들어야 하는 것일까? 그들 모두가 전혀 무관한 것일까?

역사학자 유발 노아 하라리Yuval Noah Harari는 대단히 흥미로운 책 《사피엔스》[3]와 그 후속작 《호모데우스》[4]에서 '다른 모든 종보다 인류가 큰 성공을 거둔 이유를 설명해주는 것은 무엇일까'라는 의문을 던졌다. 일반적인 설명을 살펴보고 이를 배제한(우리 종種만 도구와 언어를 사용하고 계획을 세우며 의식을 경험하는 것은 아니니까) 그는 현실 개념으로 이동해간다. 알다시피 객관 현실은 우리의 태도나 감정과 독립적으로 존재한다. 중력을 믿지 않는 사람도 창문 너머로 뛰어내리면 땅바닥에 처박히지 않는가. 반면 주관 현실은 정확히 당신의 태도와 감정이 규정한다. 치통이 있으면 치과의사가 아무런 이상을 발견하지 못해도(객관적 문제가 없는) 치아는 여전히 아프다.

이어 하라리는 세 번째 종류의 현실이 있다고 주장한다. 그 현실은 인간에게만 있는 것으로 이는 우리 종이 지구를 장악한(좋든 나쁘든) 까닭을 설명해준다. 흥미롭게도 우리 모두가 실제라고 인정한다는 사실만으로 실제가 되는 것이 있다. 그 존재는 객관 현실과 주관 현실에 좌우되지 않고 그저 우리의 집단 믿음에 달려 있다. 이 논리에 따라 '돈'은 우리 모두가 그것에 동의한다는 이유만으로 존재한다. 처음에는 이상하게 여겨질지도 모른다. 돈은 돈일 뿐 집단적 신념 체계가 아니니 그럴 수도 있다. 문제는 우리 모두가 그 현실을 믿지 않을 경우 돈이 현실일 수 없다는 데 있다. 사람들이 갑자기 어떤 종잇조각에 10달러 가치가 있음을 믿지 않으면 그 종이는 곧바로 10달러의 가치를 잃는다. 2016년 11월 8일 인도에서 실제로 이런 일이 일어났다. 인도 정부는 바로 다음 날부터 특정 지폐를 법정 통화로 인정하지 않겠다고 발표했다. 모두가 동의해 가치가 있던 그 지폐는 순식간에 일부가 동의하지 않아 가치 없는 존재로 전락했다.

하라리는 이처럼 확장된 공동체 현실을 '상호주관 현실Intersub-jective Realities'이라 불렀는데, 우리 종이 이룩한 것이 지구상의 다른 종과 그토록 큰 차이가 나는 이유가 여기에 있다고 말한다. 이 상호주관 현실 덕분에 우리는 거리와 시간을 뛰어넘어 우리가 만난 적 없는 사람들에게 맞춰 행동을 조정할 수 있다. 예를 들어 국가라는 상호주관 현실을 믿는 우리는 다른 나라 국민과 협력해 자금을 모아 불후의 업적을 쌓거나 전쟁을 수행한다. 또 민주주의라는 상호주관 현실을 믿는 우리는 정부를 선출하고 그 법을 따른다. 상호주관 현실은 다른 것과 차별화된 호모 사피엔스의 특징이자 최상의 기술이다.

일의 세계에서 상호주관 현실은 무엇일까? 그 발상 중 하나는 회사다. 회사는 만질 수 없고 오로지 법(또 다른 상호주관 현실) 영역 안에서만 존재한다. 우리가 회사의 존재에 동의하지 않으면 그것은 존재하지 않는다. 공개기업 주가, 회사 브랜드와 브랜드 가치, 은행 잔고도 마찬가지다. 이런 것은 많은 사람을 움직여 복잡하면서도 지속성 있는 목표를 달성하게 만드는 우리의 능력에 유용할 뿐 아니라 필수적이기까지 하다. 이 모든 것과 일의 세계에 속하는 다른 많은 상호주관 현실이 없었다면 '회사'라는 것이 등장한 이래 그들이 생산한 모든 것도 존재할 수 없다. 그렇다고 그것이 실재하는 중력이나 치통과 같은 의미로 실재하는 것은 아니다.

같은 맥락에서 회사라는 아이디어도 실재하지 않으므로 회사 문화 아이디어 역시 실재하지 않는다. 그것은 유용한 허구다. 이는 우리가 그것을 없애야 한다는 게 아니라 그것이 아닌 다른 것과 혼동하지 않도록 주의해야 한다는 의미다.

문화는 우리가 세상에서 차지하는 위치를 정한다. 문화는 우리가 회사라는 빈 그릇 안에 생기를 불어넣기 위해 서로 공유하는 이야기로 이뤄져 있다. 놀랍게도 이야기를 향한 니즈, 세상을 만들어간다는 공통 감각에 보이는 니즈가 너무 강력한 나머지 우리는 회사와 문화가 우리의 업무 경험을 설명해줄 수 있다고 생각한다. 하지만 그것은 불가능하다. 우리는 회사 내의 다른 사람이 자신과 완전히 다른 '부족' 경험을 했으리라는 상상을 쉽게 하지 못한다. 실제로 부족 경험에는 큰 차이가 있고 그 특정한 팀 경험은 우리 부족의 이야기보다 우리가 그 부족에 머물지 혹은 떠날지의 문제와 훨씬 더 큰 관련이 있다.

한 회사와 그 옆에 있는 회사 사이의 확연히 다른 점, 당신이 중요하게 여기는 그 점을 어떻게 이해해야 할까? 파타고니아와 세일스포스의 온보딩onboarding(조직에 새로 합류한 사람이 빠르게 조직 문화를 익히고 적응하도록 돕는 과정 - 옮긴이) 유형은 철저히 다르다. 골드만삭스와 애플의 복장 규정 역시 판이하다. 이것은 대체 무엇이고 현실 세계에서의 업무 경험과 어떻게 다른가?

이것이 바로 차이다. 이는 당신을 끌어들이기 위해 고안한 기표記標다. 당신은 어떤 회사에서 일하는지는 신경 쓰지 않을지 모르지만 어떤 회사에 들어갈지는 신경 쓴다. 따라서 회사는 특정 종류의 사람을 끌어들이기 위해 이런 기표를 만든다. 특히 그것은 입사 지원자가 가치를 둔다고 생각하는 것을 강조한다. 기표가 홍보물에 반복 등장하는 것도, 여러 가지 기업 순위에서 그토록 눈에 띄는 이유도 여기에 있다. 회사가 그 방식을 원하기 때문이다. 급료 이외의 이러한 특전은 사람들에게 공작의 깃털 같은 역할을 한다. 당신의 관심을 끌려고 만든 것이라 공작 깃털처럼 근사하게 보인다는 얘기다. 그러므로 근무시간의 20%를 자유롭게 사용하도록 허용한다거나 승진이 항상 내부에서 이뤄진다는 것을 읽을 때는 그 아름다운 깃털이 전적으로 당신을 유혹하기 위해 고안한 것이고, 마음을 끄는 그 요소가 대부분 다른 것과 마찬가지로 점점 시시해진다는 점을 기억해야 한다.

짖지 않는 개

회사 문화라는 깃털과 현실 세계 사이의 가장 큰 차이는 깃털의 경우 당신과 당신 팀의 일상 업무 방식에 미치는 영향이 미미하다는 점이다. 깃털은 본래 공유하는 허구로 그 목적은 특정한 사람들을 회사에 끌어들이는 데 있다. 사람들이 깃털에 보이는 공통 믿음을 버리는 순간 깃털은 흔적도 없이 사라진다. 반면 팀 경험(어떻게 서로 이야기를 나누고 어떻게 함께 일하는가)은 당신이 일하는 방법에 계속해서 큰 영향을 주며 그 존재는 모두의 믿음을 필요로 하지 않는다. 그것은 그저 그렇게 존재할 뿐이다. 그렇지만 모두가 그것을 믿는지 믿지 않는지와 그것을 모두가 같은 방식으로 묘사하는지는 당신 팀이 얼마나 효과적으로 굴러가는지, 얼마나 많은 팀원이 얼마나 오래 회사에 머무는지에 영향을 준다.

장점과 그 장점을 이끄는 것을 연구하다 보면 '짖지 않는 개'를 발견하기도 한다(아서 코난 도일이 쓴 《셜록 홈스의 회상》 중 〈경주마 실버블레이즈〉에 나오는 비유로 홈스는 밤에 침입자가 들어와도 개가 짖지 않은 것을 두고 범인이 낯선 사람이 아닐 거라고 추리한다-옮긴이).

사실 1마리가 아니다. 회사 문화라는 깃털은 짖지 않는다. 이 문제에서 가장 두드러지는 점은 폴란드에서도 가장 두드러졌다. 폴란드에서 3명의 팀원이 회사에서 중요하게 공유한 것은 점심식사를 함께하는 장소가 아니라 밥을 같이 먹는 사람들이었다. 시스코가 함께 둘러앉아 식사할 테이블이나 함께 모일 장소를 마련해주더라도 팀원을 없애거나 그들이 팀원과 나누는 상호작용을 바꾸면 그들의 경험은 사라진다. 그들에게는 시스코가 좋은 의도로 제공하는 이런저런 혜택보다 팀원 몇몇이 함께 모이는 장소가 더 중요하다. 직장의 장점을 연구할 때 가장 두드러지는 것은 실제로 함께 일하는 동료 집단이다. 즉, 가장 두드러지는 존재는 팀이다.

팀이 중요한 이유가 여기에 있다. 이것이 회사 문화라는 깃털보다 팀이 훨씬 더 중요한 이유다.

팀은 일을 단순화하고 우리가 어디에 초점을 둬야 하는지, 무엇을 해야 하는지 파악하도록 도움을 준다. 뜻밖에도 문화는 너무 추상적인 탓에 이런 일을 하지 않는다. 팀은 일을 현실화하고 일의 내용과 그 일을 함께하는 동료 모두 우리가 일상에 근거를 두게 한다. 문화는 그렇게 하지 못한다.

역설적이게도 팀은 개인이 개성을 발휘할 기회를 마련해준다. 문화의 초점은 공통 행동의 핵심에 순응하는 쪽으로 기우는 경향이 있지만 팀은 그 반대에 초점을 맞춘다. 팀은 동일성을 추구하지 않는다. 또 팀은 정확히 발을 맞춰 걷는 일과 거리가 멀다. 팀은 공유하는 어떤 것에 맞춰 각자의 개성을 발휘하는 것과 관련이 있다. 팀은 구성원이 각각 개성을 발휘해 기여하도록 강조하며 누구도 혼자서는 할 수 없는 어떤 일을 위해 팀원들 특유의 기여를 하나로 연결하는 인간이 만든 최선의 방법이다.

　지난 몇 년 동안 기업 내 팀과 관련해 많은 이야기와 글이 쏟아져 나왔다. 그런데 안타깝게도 대부분 핵심을 놓치고 있다. 지금까지 일반적인 논의 방향은 직장에 많은 팀이 있으므로 팀에 주의를 기울여야 한다는 것이었다. 물론 이 말도 맞다. 그렇지 않다는 주장도 가능하긴 하지만 말이다. 새로운 커뮤니케이션과 정보 기술 덕분에 지금의 팀은 지리, 시차, 조직 단위 측면에서 그 어느 때보다 연결 범위가 넓다. 그러나 현재 더 많은 팀과 많은 팀 종류가 있다는 사실은 대단한 게 아니다. 중요한 것은 오직 팀에서만 개성 표현과 그것을 최대한 이용할 수 있다는 점이다.

　어떤 면에서 이 책의 나머지 부분은 모두 그와 관련된 것이라고 볼 수 있다. 이 점을 명확히 파악하려면 회사 문화라는 깃털 아이디어를 버려야 한다. 그래야 팀의 실체가 어둠 속에서 조용히, 있는 그대로, 강력하게 드러나기 때문이다. 그 과정에서 우리는 문화 아이디어에 담긴 가장 큰 문제가 무엇인지 깨닫는다. 문화 아이디어는 무엇을 더, 무엇을 덜, 무엇을 다르게 해야 하는지 이해하는 데 도움을 주지 않는다. 문화가 실제적인 것이든 아니든, 직장에서 종족을 규정하든 아니든, 입사하려는 곳이 어떤 종류의 회사인지 보여주는 표지든 아니든 문화는 팀 리더인 당신에게 일을 더 잘하게 만들 방법을 알려주지 않는다. 그런 이유로 우리는 당신을 경험이 살아 숨 쉬는 곳으로, 당신의 팀에게로, 팀들 간의 네트워크로, 그들의 리더에게로 데려갈 것이다. 가장 중요한 것은 바로 그곳에 있다.

팀 리더로서 당신은 3가지 일을 해야 한다.

첫째, 팀이 8가지 항목의 질문에 어떻게 응답할지 항상 알고 있어야 한다. 이것을 알아내는 데 도움을 주는 기술은 다양하지만 가장 쉬운 것은 한 번에 1명씩 팀원에게 질문하는 방식이다. 그들의 답이 무엇이든 그 덕분에 당신은 자신이 더 현명하게 행동하고 늘 중요한 일에 주의를 기울이고 있음을 깨달을 것이다.

둘째, 이 책을 끝까지 읽고 어떻게 하면 훌륭한 팀을 만들 수 있는지, 당신이 만날 거짓말이 그 과정을 어떻게 방해할지 명확히 이해해야 한다. 어떤 회사에서든 팀 리더는 가장 중요한 역할을 맡는다. 따라서 누구를 팀 리더로 만드는가는 회사에서 내리는 가장 중요한 결정이다. 당신은 당신 팀의 특정 경험에 가장 큰 영향력을 발휘한다. 이것은 당신이 감당해야 하는 무거운 책임이다. 우리는 당신이 그 일을 시작하는 데 도움을 주고 싶다.

셋째, 당신이 입사를 원하는 곳이 있다면 그 회사 문화가 훌륭한지 묻는 수고를 할 필요가 없다. 어떤 사람도 그 점에 실질적인 답을 줄 수 없다. 대신 회사가 훌륭한 팀을 구축하기 위해 어떤 일을 하는지 물어야 한다.

NINE LIES
ABOUT WORK

CHAPTER 2 _____

거짓말

_____ #2

최고의 계획은
곧 성공이다

　영화 〈오션스 일레븐〉을 보면 도입부에서 교도소를 출감한 지 24시간도 지나지 않은 대니 오션(조지 클루니 분)이 엄청난 보안장치를 갖춘 라스베이거스 카지노 금고에 침투하자는 계획을 밝힌다. 그가 그 계획을 제안하자 사울 블룸(칼 라이너 분)이 말한다.

　"물어볼 게 있는데, 그러니까 먼저 케이지cage(카지노 케이지, 즉 게이밍 시설 내의 안전지역으로 직원들이 거래를 기록하고 현금과 칩을 관리하는 장소를 줄여서 부르는 말－옮긴이)로 들어가 거기에 있는 여러 개의 보안문을 통과해. 그다음에는 지문 인식으로만 움직이는 승강기를…, 어떻게 움직여야 할지 모르겠지만 뭐 어쨌든 그 승강기를 타고 지하로 내려간단 말이지. 총을 찬 보안요원들을 지나 어떻게 열어야 하는지 모르는 금고에 어떻게든 침입하고…. 그래, 우리가 그 모든 일을 해낸다고 쳐. 그리고는 아무런 제지도 받지 않고 현금 1억 5,000만 달러를 들고 걸어 나온다고?"

　어둠의 세계에서 각 방면 전문가로 엄선한 오션스 팀 멤버는 아무도 입을 떼지 않는다. 다만 어떤 대답이 나올지 몰라 초조하게 시선을 교환할 뿐이다. 침묵을 지키던 클루니가 고개를 끄덕이며 입을 연다.

"그래."

칼은 아! 하고 탄성을 내뱉더니 말을 잇는다.

"그렇군."

관객은 곧바로 클루니에게 그 문제를 해결할 계획이 있음을 알아차린다. 역시 클루니에게 계획이 있음을 알아챈 칼은 계획이 있고 좋은 계획이기만 하다면 굳이 그 계획이 무엇인지 알 필요는 없다고 생각한다. 알다시피 최고의 계획은 곧 성공이니까.

관객은 그 계획이 잘 맞아떨어질지 지켜보며 오싹하고 두근대는 스릴을 느낀다. 과연 맷 데이먼이 소매치기 기술로 보안요원의 배지를 훔칠 수 있을까? 케이시 애플렉과 스콧 칸이 우스꽝스러운 행동과 생일 풍선 다발로 카지노 카메라를 가릴 수 있을까? 클루니가 줄리아 로버츠의 마음을 사로잡을 수 있을까? 당연히 모든 답은 '예스'다.

이번에는 각 팀원이 느낄 오싹함을 잠시 생각해보자. 그들은 굉장히 까다로운 상황에서 힘을 합쳐 일하고 있다. 계획은 있지만 그 계획은 각각의 멤버가 맡은 특정 역할이 뒷받침해야 하며 그 역할은 범위나 시간이 극히 제한적인데다 순차적으로 수행해야 한다. 가령 브래드 피트가 줄리아 로버츠에게 전화를 하되 그 시점이 클루니가 전화기를 그녀의 재킷 주머니에 넣은 뒤라야 하는 식이다. 모두가 확신하기 위해서는 일단 팀원 각자가 자신의 역할을 잘 파악하고 그것을 제대로 실행할 것이라고 믿어야 한다. 여기에다 팀원들이 수학 알고리즘처럼 연속해서 빈틈없이 역할을 수행해 계획에 성공하고 돈을 손에 넣으리라는 것도 알아야 한다.

사람들은 팀장으로 승진한 당신이 가장 먼저 해야 할 일은 계획 수립이라고 생각한다. 그래서 팀에 어떤 계획이 있는지, 더 구체적으로 팀의 이번 분기 계획이 무엇인지 질문한다. 당신은 아직 계획에 손도 대지 않았는데 말이다. 이제 당신은 자리에 앉아 골똘히 생각하고, 팀원(대개는 인계받은 사람들)의 의견을 듣고, 최선을 다해 조지 클루니 같은 분위기를 만들면서 계획을 구상해야 한다.

매년 되풀이되는, 지키지 못할 계획 세우기

어느 순간 당신은 당신 팀과 클루니 팀의 여러 차이점 중 하나를 깨닫는다. 그의 팀은 단독으로 일하지만 당신 팀은 각자 계획이 따로 있는 다른 모든 팀과 연결되어 있다. 고개를 들어 칸막이 너머로 회사 내의 다른 팀을 둘러보면 계획을 세우느라 법석인 사람들이 눈에 들어온다. 워크숍을 떠나려는 팀, 외부 워크숍을 진행 중인 팀, 막 회사로 복귀한 팀, 워크숍을 끝내고 보고를 듣는 팀 등 계획을 세우거나 기존 계획을 수정하는 워크숍으로 모두들 분주하다.

당장은 눈에 띄지 않지만 몇 년 지나면 당신은 계획 수립에 어떤 패턴과 매년 되풀이되는 예상 가능한 리듬이 있음을 알아차린다. 예를 들어 9월이면 11월의 정기이사회를 앞두고 회사의 고위 임원들이 외부 워크숍을 진행한다. 스와트SWOT(기업 환경의 강점·약점·기회·위협 요인) 분석을 하고 초빙한 외부 컨설턴트까지 가세해 분석과 토론, 제안과 반대 제안에 열을 올리고 나면 어느덧 임원들은 손에 전략 계획서를 들고 있다. 그 계획서를 이사회에 제출해 승인을 받으면 임원들은 그것을 직속 부하직원과 공유한다. 이후 그 계획은 다른 많은 계획(부서별, 부문별, 지역별 계획 등)으로 나뉜다. 이전 계획보다 더 정교하고 세밀하게 구분하는 것이다. 결국 당신에게도 팀원들을 이끌고 워크숍을 떠나 당신 팀 버전의 계획을 구상해오라는 지시가 떨어진다.

이렇게 하는 이유는 계획이 중요하다고 믿기 때문이다. 계획을 제대로 세우고(우리의 판단 기준에서) 여기에 모든 팀의 계획을 첨부해 광범위한 회사 계획을 만들고 나면 자신감이 충만해진다. 자원을 적절히 배분하고 정확한 순서와 타이밍을 마련했으며 모든 사람의 역할을 명확히 규정해 필요한 자리에 적절한 인재를 배치했다고 자부하면서 말이다. 그 자신감 아래 이제 남은 것은 팀원들이 최선을 다하도록 사기를 북돋우는 것뿐이고 그 뒤에는 당연히 성공이 따른다고 생각한다.

동시에 이 모든 계획에는 기대감이 담겨 있다. 늘 미래를 만들어가려 시도하는 우리는 계획을 마치 몇 달 뒤 우리가 만들 더 나은 세상을 향해 펼쳐놓은 발판으로 여긴다. 같은 맥락에서 계획의 역할은 그런 세상을 현실화하는 것이라기보다 우리에게 안도감을 주는 것인지도 모른다. 계획은 우리에게 확신을 준다. 확신까지는 아니어도 최소한 불확실성을 가로막는 방벽 역할은 한다. 우리가 실제로 현금을 들고 카지노를 빠져나오리라고 믿게 만드는 것이다.

당신은 큰 계획에서 중간 계획으로 다시 작은 계획으로 이어지는 이 순환에 익숙하지 않은가. 마찬가지로 당신은 일이 원하는 대로 진행되는 경우는 거의 없다는 끊임없는 자각에도 익숙하다.

처음에는 계획을 세우는 일이 흥미진진하게 느껴진다. 하지만 이 모든 기획회의를 하느라 앉아 있는 시간이 늘어날수록 점차 공허감이 느껴진다. 서류상으로는 모든 것이 근사하고 깔끔하고 완벽해 보이지만 실제로 일은 그렇게 진행되지 않고 그것을 아는 당신은 곧 또 다른 기획회의로 돌아온다. 이 회의에서 계획의 윤곽을 잡아도 그것을 보다 구체적으로 다듬기 위한 다음 단계가 필요하고 또다시 실행 가능한 것으로 만들고자 회의를 열어야 한다. 사정상 조금 연기했다가 회의를 열면 계획이 또 다른 방향으로 표류한다. 마침내 팀이 세부사항을 확정하는 시점에 이르렀을 때는 새로운 아이디어와 생각, 자각이 드러나면서 처음 시작한 것을 재고해야 한다. 조지 클루니는 이런 문제를 전혀 다룰 필요가 없었다.

그러나 현실 속의 당신은 이 점을 고려해야 한다. 지금 우리의 현실을 보자면 급격한 변화 속도로 인해 본질적으로 계획의 수명

이 짧다. 만약 〈오션스 일레븐〉이 현실에서 일어난다면 계획을 세운 클루니가 완벽한 팀을 꾸려 각자의 역할을 정하고 계획을 실행한 뒤 금고에 도착해 문을 열었을 때 금고가 비어 있음을 발견할 것이다. 네바다주가 사행산업 규정을 개정하면서 카지노 주인 테리 베네딕트(앤디 가르시아 분)가 현금을 비트코인으로 바꾸고, 〈포천〉 선정 목록에서 몇 계단 오르려고 금고 시설을 직원 복지에 도움을 주는 지하 놀이방 겸 피트니스 센터로 바꿨기 때문이다. 현실 세계에서 금고 시설에 들어간 오션스 팀은 11시 30분 요가수업과 맞닥뜨린다.

9월에 세운 계획은 11월이면 뒤처진다

미 육군 총사령관 출신 스탠리 맥크리스털Stanley McChrystal은 놀랍도록 빠르게 변화하는 세상과 싸워야 했고 그가 마주한 현실은 우리가 마주하는 현실보다 훨씬 더 위험했다. 그는 자신의 책 《팀 오브 팀스Team of Teams》에서 합동특수작전기동부대 지휘를 맡았을 때 계획을 구상하는 일이 어떠했는지 보여주었다.[1]

미국군 특수임무부대, 즉 육군의 델타포스와 제75레인저연대, 해병대 포스리콘, 네이비실, 공군의 낙하산구조부대, 공정통제반으로 구성된 이 집단은 2003년 이라크 침공 이후 이어진 알카에다와의 전투에 투입되어 임무를 수행했다. 지휘를 맡고 몇 개월

거짓말 #2

후 맥크리스털과 참모들이 '엄청난' 조직을 만든 셈이다. 목표한 급습 기획, 실행, 보고는 훨씬 더 빠른 속도로 이뤄졌으나 이들은 전쟁에서 여전히 패하고 있었다. 적은 자발적인 조직으로 여기저기 분산되어 민첩하게 움직였다. 무엇보다 지휘 계통에 의지하지 않고 공격을 계획해 실행하는 테러 조직이었다.

맥크리스털 기획자들이 공격 과정을 최적화하려고 노력할수록 상황에 빠르게 대처하기가 힘들어졌다. 정보를 수집하고 분석해 표적 식별, 급습 계획, 실행 그리고 실행을 검토하는 전형적인 시스템을 빛의 속도로 수행해도 적에 대응할 만큼 충분히 빠르지 못했다. 맥크리스털 부대는 불시에 수없이 공격을 당했고 표적 수색에서는 계획을 세울 때만 해도 사람들이 있던 곳에 아무도 없는 것으로 밝혀지는 경우가 많았다.

우리가 눈길을 보내는 모든 곳에서 이런 속도로 변화가 일어나고 있다. 9월에 세운 계획은 11월이면 시대에 뒤떨어진다. 1월에 보면 지난가을에 적어놓은 자신의 역할과 액션 아이템을 알아보기도 힘들다. 지금은 사건과 변화가 그 어느 때보다 빠르게 일어나고 있다. 그러다 보니 상황을 분석하고 꼼꼼한 계획으로 바꾸는 것은 곧 사라질 현재에 공을 들이는 꼴이다. 바로 그 상세하고 철저한 계획을 세우는 데 필요한 시간과 에너지가 계획을 시대에 뒤떨어지게 만든다. 우리가 '계획'이라고 부르는 것은 어디로 가야 하는지 말해주지 않는다. 그저 당신이 현재 어디에 있는지, 아니

최근 어디에 있었는지 이해하는 데 도움을 줄 뿐이다. 우리는 미래를 계획하는 게 아니라 가까운 과거를 계획한다.

그렇다면 계획을 세우는 사람들이 있는 곳은 어디일까? 지금까지는 회사의 최일선에서 아주 멀리 떨어져 시급히 계획을 만들어야 하는 실제 세상 정보가 충분치 않은 곳에 있었다. 판매 현장에 있지 않은 사람이 특정 고객에게 판매할 특정 제품 판매계획을 세울 수 있을까? 그럴 수 없다. 물론 상황을 추상적으로 이해한 개념을 근거로 혹은 추세를 요약한 평균 데이터를 근거로 이론적인 마케팅 모델을 만들 수는 있다. 그러나 잠재고객이 언제 따분해하는지, 언제 적극적인 태도를 보이는지 같은 현장의 현실적인 세부사항에 근거하지 않으면 그 계획은 지시라기보다 추정에 가까울 것이다.

맥크리스털의 관점에서 이것은 일반화를 중심으로 계획을 세우는 것(가령 '우리가 수색 장소를 잘못 선정한 것은 전체 시도의 25%다')과 구체적인 현실 문제를 해결할 계획을 세우는 것(예를 들면 '적이 오늘밤 특정 장소를 떠날 경우 표적을 어떻게 타격할 것인가?') 사이의 차이다. 불행히도 계획, 특히 회사 고위층이 고안하는 계획은 대부분 후자가 아닌 전자처럼 세워진다.

계획을 아무리 세심하게 세워도 하급자는 도무지 변한 것이 없고 그들이 직면하는 현실 세계와 거리가 먼 개념적·잠재적인 일을 지시받는 짜증스러운 상황에 놓인다. 오션스 팀은 처음에 기대가 명확히 드러나는 역할을 부여받고 행복해했다. 그런데 계획에 따라 완벽하게 역할을 수행한 뒤 금고 안에 돈이 없다는 것을 발견하면 어떤 기분일지 상상해보라. 정해진 계획이라는 이유로, 고위직 리더들이 효과를 예상해 결정했다는 이유로 그들이 그 일을 매달 계속해야 한다고 상상해보라. 그들이 돈은 사라졌고 요가 강사가 짜증을 냈으며 38도에 이르는 더위 속에서 마스크를 쓰고 작업복을 입은 바보처럼 느껴졌다고 계속 리더에게 얘기하는데도 말이다.

직원들은 실제 세상과 관계를 쌓아가야 하고, 있는 그대로의 세상과 상호작용해야 하며 또 그러기를 원한다. 그들을 미리 만든 계획에 묶어놓는 당신은 그들에게 제약을 가하는 동시에 당신이 현실과 얼마나 동떨어져 있는지 드러내고 만다.

그렇다고 계획을 세우는 것이 전혀 쓸모없는 일이라는 얘기는 아니다. 당신의 세상에 모든 정보를 철저히 고려할 공간을 만들고 그것을 명령이나 이해로 바꾸고자 노력하는 것은 가치 없는 일이 아니다. 하지만 그 일은 당신 팀이 직면한 문제의 범위와 성격을 이해하는 데 불과하다는 것을 알아야 한다. 즉, 상황이 더 나아지게 하려면 무엇을 해야 하는지는 거의 배우지 못한다. 해답은 계속해서 변화하는 현실 세계 속에 있지만 당신의 계획은 어쩔 수 없이 가까운 과거를 추상적으로 이해하는 데 그친다. 이런 계획은 해답이 아닌 문제를 살피는 일이다.

다들 입으로는 최고의 계획은 곧 성공이라고 말하면서 현실은 딴판이다. 많은 계획, 특히 큰 조직에서 만든 계획은 지나치게 일반적이라 금세 시대에 뒤처지며 그 실행을 요구받는 사람들에게 좌절감을 안겨준다. 각 팀원이 보유한 정통하고 상세한 정보에 기반해 실시간으로 팀 활동을 조정하는 편이 훨씬 낫다.

요격률을 100% 끌어올린 전력 승수

1940년 말 유럽을 휩쓴 히틀러 군대는 영국을 겨냥해 프랑스 해안에 이르렀다. 이제 영국 공군RAF만 넘어서면 영국제도까지 점령할 수 있는 상황이었다. RAF는 여름 내내 몇 달에 걸쳐 사용 가능한 전투기 숫자를 늘렸지만 그들이 보유한 것만으로는 충분치 않았다. 당시 일반적인 영공 방어 모델로는 다음 공격이 어디에서 있을지 알 수 없었던 터라 공격 전투기 스피트파이어나 허리케인과 마주치길 바라며 교대로 계속해서 정찰 비행을 해야 했다. 그런데 영국의 해안 길이와 전투기, 조종사 숫자를 고려하면 그 전체를 쉼 없이 정찰하는 접근법은 엄두도 내기 힘들었다. 가능한 유일한 대안은 어디를 공격할지 추측하는 것이었는데 그 추측은 빗나가는 때가 너무 많았다. 출격한 비행기 중 절반이 적을 찾으면 요격률이 '좋은' 것으로 여길 정도였다. 그때까지 공중전은 늘 그 상태였고 심지어 "폭격기는 언제든 봉쇄를 뚫을 수 있다"는 말도 있었다.

영국을 구하기 위해 RAF에 필요한 것은 '전력 승수force multiplier',

즉 제한된 전투기와 조종사로 효율을 훨씬 높일 어떤 것이었다. 그들이 만든 전력 승수는 하나의 방이었다.

그 방에 들어가면 이런 것이 보인다. 먼저 한쪽 벽 전체에 26개의 하얀 입식 보드가 이어져 있다. 각 보드의 맨 위에는 각각의 비행중대 수가 적혀 있고 그 아래에는 4가지 색상의 조명이 줄지어 있다. 그 조명은 각 비행중대의 전투기를 의미한다. 한 비행중대에는 전투기 12대가 있으며 한 중대에는 전투기 3대씩 편성한 4개 비행편대가 있다. 조명은 각 전투기가 얼마나 오래 비행 중인지와 함께 작전준비를 갖췄는지, 공중에서 명령을 받았는지, 적과 교전 중인지, 급유하러 기지로 돌아오고 있는지 등 편대 상황을 한눈에 보여준다. 소위 이 전광게시판은 각 26개 비행중대에 속한 4개 편대 상황, 다시 말해 104개 정보를 포착해 어떤 전투기에 어떤 명령을 하달했는지 보여준다.

전광판 아래에는 그날 각 비행연대에서 이용 가능한 전투기와 조종사 수를 보여주는 2줄의 숫자가 있다. 각 비행중대에 2가지 숫자를 기록한 것이므로 또 다른 52개 정보가 있는 셈이다.

같은 벽의 훨씬 아래쪽에는 방공기구barrage ballon(과거 적의 비행기가 다니기 어렵도록 케이블로 묶어 띄워놓은 대형 풍선 같은 기구-옮긴이)를 배치한 높이와 그날의 날씨를 보여주는 전광판 4개가 있다. 5가지 정보가 더 있는 것이다.

그 벽의 중앙에는 독특하게 생긴 시계가 놓여 있다. 시계 판은 5분 단위로 나눠 붉은색, 노란색, 푸른색으로 칠했는데 그 목적은 방바닥의 대부분을 차지하는 커다란 지도 테이블과 연관이 있다. 이 테이블은 영국해협과 프랑스 해안의 해안선 일부를 대축척으로 보여준다. 그 주위에서는 많은 여성이 헤드폰을 끼고 마치 카지노 딜러처럼 막대를 움직인다. 테이블 가운데에는 숫자를 붙인 나무블록이 있는데 막대로 그 나무블록 위에 있는 이쑤시개 크기 정도의 다른 숫자들을 바꿔 붙인다.

각 나무블록은 일단의 항공기, 즉 공격자, 수비자, 미식별 비행기를 나타낸다. 항공기가 프랑스 상공이나 바다 위에 있으면 2개의 레이더 시스템인 체인 홈Chain Home이 정보를 일괄 처리해 해안 기지국 40개를 거쳐 전해지면서 비행기 위치를 파악한다. 비행기가 지상에 있을 경우 그 위치는 감시초소(레이더 시스템은 바다 쪽으로만 향하고 있다) 1,000개에 배치한 3만 명의 왕립관측군단이 전화로 보고한다. 비행기 위치는 그들이 아군인지 적군인지 판별하는 제3시스템 정보와 함께 테이블 주위에 있는 여성들, 즉 플로터 plotter에게 전달된다. 이때 플로터는 나무블록을 정확한 위치로 옮기고 거기에 전투기 숫자와 그 고도, 적군인지 아군인지, 적기일 경우 어떤 비행연대를 배치해 저지하는지 등의 정보와 함께 숫자로 만든 식별장치를 부착한다(이 마지막 정보가 이쑤시개 위에 붙은 숫자다). 모두 색으로 부호화한 이들 숫자의 색상은 독특하게 생긴 시계 위의 색과 일치한다. 따라서 정보를 어떻게 업데이트하고 있는지 모두가 한눈에 파악할 수 있다.

지도 테이블은 매 분마다 체인 홈에서 오는 수천 개의 보고, 아군－적군 판별 시스템에서 올라오는 수천 개의 보고, 24시간 40초마다 방으로 전달하는 백만에 달하는 왕립관측군단의 보고를 정확히 담아낸다.

그 방의 역할은 모든 데이터 포인트를 실시간으로 모아 보여줌으로써 관제사라는 일선의 팀원이 판단을 내리고 적이 있는 곳에 병력을 보내도록 하는 것이다. 영국 항공전 벙커Battle of Britain Bunker의 그 방과 디자인은 당시 그것을 만든 RAF 지휘관 휴 다우딩Hugh Dowding의 이름을 따 다우딩 시스템이라 불린다. 커다란 차이를 만들어낸 이 시스템은 전쟁 전 30~50%였던 평균 요격률을 평균 90%, 종종 100%까지 끌어올린 전력 승수였다. 방어력이 2배로 상승한 것이다.[2] 이것은 진부한 개략 정보에 근거해 천천히 움직이는 계획 시스템이 아니라 가공하지 않은 상세한 현재 정보를 기초로 움직였다. RAF의 전력 승수는 바로 정보 시스템이었다.

계획 시스템과 뚜렷이 구별되는 정보 시스템의 특징을 파악하면 어디서나 그런 특성이 눈에 띈다. 이 경우 광범위하면서도 빠르게 분배하고 상세히 제시하는 정확한 실시간 자료 덕분에 팀원들이 할 일을 결정할 때 패턴을 파악해 대응할 수 있다. 영국 항공전 벙커는 현재 우리가 상황실이라 부르는 것의 초기 사례다. '상황실war room'이라는 이름은 그 뿌리인 전쟁war에서 보다 은유적 용도를 아우르는 방향으로 나아갔다. 빌 클린턴의 초선 선거운동의 핵심이던 그 유명한 상황실과 전쟁이나 위기관리 때의 상황실을 생각하면 이해하기가 쉽다. 휴스턴에 있는 미 항공우주국NASA의 임무통제센터와 TV 생방송 제작조정실, 엔지니어들이 일단의 고객 네트워크 성과를 모니터하고 문제에 즉각 대응하는 시스코의 보안운영센터도 그 예다.

이 모든 것에는 조직 전체에 정보를 가능한 한 빨리 전달한다는 공통점이 있는데, 그 목적은 즉각 반응해 조치를 취할 권한을 주는 데 있다. 이는 기본적으로 사람들은 현명하며 현실 세계와 관련해 믿을 만한 데이터를 실시간으로 제공할 경우 그들이 언제나 영리한 결정을 내린다는 가정을 기반으로 한다.

최고의 계획이 곧 성공으로 이어진다는 말은 거짓이다. 실은 최고의 정보가 성공으로 이어진다.

계획이 아니라 정보를 주어라

팀 리더가 팀에 그런 정보 시스템을 만들려면 어떻게 해야 할까?

첫째, 가능한 한 많은 정보를 전달한다. 당신이 보유한 모든 정보원을 생각해보고 팀이 최대한 많은 것을 이용하도록 해준다. 계획 시스템은 정보를 '알아야' 하는 사람의 정보 이용을 제한한다. 정보 시스템은 그렇지 않다. 이것은 가능한 한 많은 정보를 최대한 빨리 전달한다. 팀이 자료를 이해할지 혹은 사용할 수 있을지

지나치게 걱정할 필요는 없다. 정보가 팀원들이 현실 세계를 실시간으로 더 잘 파악하도록 도울 거라는 생각이 들면 그 정보를 공유하라. 팀원에게도 그렇게 하도록 권하라. 팀원들에게 자신이 아는 정보를 자주 공유하는 것이 중요하다는 점을 이해시켜라. 당신 팀이 항상 실시간 정보 속에서 헤엄치도록 하라.

둘째, 팀원들이 어떤 데이터를 유용하다고 생각하는지 자세히 살핀다. 모든 데이터를 소비하기 쉽고 간단하게 만들거나 일괄적으로 한데 묶어 일관성 있는 이야기로 만드는 데 지나치게 신경 쓸 필요는 없다. 오늘날 데이터 분야에서 가장 큰 문제는 이해가 아니다. 사람들은 항상 복잡한 문제를 다루며 자신이 알아야 하는 것이 무엇인지, 그것을 어디에서 찾아야 하는지 파악하는 데 능숙하다. 오늘날 데이터 분야에서 가장 큰 문제는 데이터를 정확하게 만드는 것, 다시 말해 소음 속에서 신호를 가려내는 일이다. 이것이 팀에 훨씬 더 어렵고 더 가치 있는 일이다. 따라서 정확성에 극도로 주의를 기울여야 한다. 당신 팀원들이 자연스럽게 끌리는 정보가 무엇인지 주시하고 점차 그런 데이터의 양, 깊이, 속도를 정확히 늘려간다.

셋째, 팀원들이 데이터를 이해한다고 믿는다. 계획 시스템에서는 데이터 해석이 일선에 있는 사람들과 멀리 떨어진 선택받은 소수에게만 전달되며 그들이 그것을 분석하고 패턴을 판독한 뒤 계획을 세워 전달한다. 정보 시스템은 그와 정반대로 움직인다. 즉, 정보 시스템 내의 '정보'는 선택받은 소수가 아닌 모든 일선 팀원의 새로운 해석 역량에 맡겨진다. 최고, 최선의 이해가 가능한 사람은 당신이 아니라 그들이다.

맥크리스털은 자신이 이라크에서 만든 이 시스템을 설명하면서 같은 점을 강조한다.

"과거 모델에서는 하급자들이 정보를 제공하면 리더가 명령을 내렸다. 우리는 그 반대로 했다. 우리는 리더가 정보를 제공하게 하고 전후 사정, 이해, 연결성으로 무장한 하급자들이 주도권을 쥐고 결정을 내리게 했다."[3]

그가 만든 것은 실제 사용하고 있는 정보 시스템 중 가장 극단적인 예일 가능성이 크다.

누군가의 하루를 망치는 가장 좋은 방법은 그의 일과를 회의로 꽉 채우는 것이다. 대다수 보통사람에게 회의는 실제 업무를 위해 유용하게 쓸 시간을 빼앗아 그 시간을 당면 과제와의 관련성이 제각각인 프레젠테이션을 듣거나, 큰 범위에서는 중요할지 모르지만 당장은 급박해 보이지 않는 주제를 토론하는 데 보내는 방법에 불과하다. '모범'적인 회의(서면으로 작성한 의제가 있고 후속 항목을 기록하는 등)에는 어느 정도 유용성이 있지만 그래도 회의를 하지 않으면 시간을 더 알차게 쓸 텐데 하고 생각하는 사람이 하나 이상 있다는 사실에는 변함이 없다.

이런 현실을 생각하니 맥크리스털 장군이 이라크에서 만든 것이 훨씬 더 눈에 띄고 더 반직관적으로 보인다. 그는 2,000명을 대상으로 일주일에 6일, 하루 2시간씩 진행하는 회의를 만들었다.

그 회의는 '운영과 정보 회의O&I, Operations and Intelligence Meeting'라고 불렸다. 워싱턴 시간으로 매일 아침 9시, 이라크 시간으로 오후 4시면 맥크리스털의 사령부 전체가 세계 어디에서든 화상으로 2시간에 걸친 정보 공유 시간에 참여해야 했다. 물론 무슨 일이 일어나고 있는지 파악하는 데 관심이 있는 다른 기관 사람들도 참여했다. 이 시간은 공유할 사안이 있는 사람이 각 1분 길이로 간단히 업데이트를 하면 리더십 팀이나 더 많은 것을 알고 싶은 사람들이 4분간 질의 응답하는 것으로 이뤄졌다. 맥크리스털이 만들기 이전에도 O&I가 존재했지만 그 형식은 크게 달랐다. 그것은 더 짧고 더 배타적이었으며 특정 정보를 '알 필요가 있는' 사람들에게만 전해졌다. 그것은 본질적으로 계획 시스템의 일부였다.

그것과 전혀 다른 맥크리스털의 O&I는 정보를 얻거나 공유하고자 하는 모든 사람에게 열려 있었다. 상급 장교뿐 아니라 누구나 업데이트하고 질문할 수 있다는 점에서 민주적이었다. 또 업데이트를 다듬거나 점검할 필요가 없고 간단하면 된다는 점에서 맥크리스털의 O&I는 즉흥적이었다. 빈번하게 이뤄진 그의 O&I는 다음 몇 가지 사실을 구체화한다.

1) 정보는 쉽게 시대에 뒤떨어지므로 빠르게 공유해야 한다.
2) 현장에서 조직화한 조치를 취하는 최선의 방법은 조치 자체를 조직하지 않고 현장이 당장 필요로 하는 정보를 조직하는 것이다.

3) 어떤 정보에 가치가 있는지 가장 잘 판단하는 사람은 정보의 최종 사용자다.

4) 정보를 가장 잘 이해하는 사람은 그 정보 사용자다.

5) 정보를 이해하는 가장 좋은 방법은 함께하는 것이다.

이라크에 도착한 맥크리스털은 자신이 이어받은 계획 시스템을 가속화하기 위해 온갖 조치를 취했고 그의 병력이 매달 수행하는 급습 횟수는 10회에서 18회로 증가했다. 그런데 그가 정보 시스템을 창안하자 그 숫자는 300회로 치솟았다.[4]

단 2가지 질문이면 충분하다

O&I는 규모가 엄청난 정보 시스템이다. 그러나 최고의 팀 리더들을 연구할 경우 당신은 대다수가 자주 센스메이킹sense-making(사람들이 집단 경험에 의미를 부여하는 프로세스 – 옮긴이) 의식(단 2,000명이 아닌 2명과 함께하는)과 유사한 것을 자주 나눈다는 점을 발견할 것이다. 이것을 체크인check-in이라고 부르는데 쉽게 설명하면 가까운 미래 업무를 놓고 리더와 팀원이 일대일로 대화하는 것을 말한다.

그 빈도는 얼마나 될까? 매주다. 이들 리더는 새해에 세운 목표가 그해 셋째 주면 벌써 시들해지며 1년은 훨씬 앞의 미래까지 미리 자세히 계획하는 마라톤이 아니라 시시각각 변화하는 세상에서 정보를 얻는 일련의 단거리 경주 중 52번째 경주라는 것을 알고 있다. 그들은 팀 리더의 핵심 역할이 36번째 경주에서도 2번째 경주만큼이나 주의를 집중하고 열정적으로 임하게 하는 것임을 자각하고 있다.

따라서 이들 리더는 매주 각 팀원과 간단히 체크인을 하고 그 과정에서 2가지 짧은 질문을 던진다.

이번 주 당신의 우선사항은 무엇입니까?

내가 어떻게 도와줄까요?

그들은 팀원에게 할 일 목록을 기대하지 않는다. 일이 진행 중인 가운데 그저 팀원의 우선사항, 장애, 해법을 실시간으로 논의할 뿐이다. 이를 함께 이해하는 것은 오로지 현재에만 일어날 수 있다. 시간이 경과해 세부사항이 모호해졌을 때 나타나는 일반화는 좋은 센스메이킹 재료가 아니다. 다시 말해 6주나 한 달에 한 번 이뤄지는 체크인은 소용없다. 일반론만 이야기할 뿐이기 때문이다.

데이터에 따르면 한 달에 한 번 이뤄지는 팀원과의 체크인은 소용없는 것을 넘어 오히려 악영향을 준다. 리더가 일주일에 한 번 체크인하는 경우 팀의 평균 몰입 비율은 13% 증가하는 반면 한 달에 한 번 체크인할 때는 몰입 비율이 5% 하락한다.[5] 이때는 팀원들이 마치 "일반적인 얘기만 할 거라면 제 시간을 낭비하지 말아주세요. 제 일의 핵심을 짚어 당장 제게 어떤 도움을 줄 것인지 얘기할 게 아니면 저를 그냥 내버려두세요"라고 말하는 것 같은 느낌이 든다.

체크인은 팀원들이 실제 장애를 극복하는 데 도움을 줄 정보나 아이디어, 특정 기술을 어떻게 다듬는 것이 좋은지 제안할 기회다. 체크인 시간은 10~15분으로 매우 짧지만 간단한 실시간 학습과 코칭에는 충분한 시간이다. 모든 좋은 코칭이 그렇듯 이것은 팀원들이 직면한 특정 상황, 심리 상태, 장점, 이미 시도했을지도 모를 전략 같은 세부사항에 뿌리를 두고 있어야 한다.

이처럼 극히 세부적인 사항을 표면화하는 유일한 방법은 자주 대화하는 것뿐이다. 여기서 우리는 최고의 팀 리더들이 공유하는 중요한 통찰 중 하나에 도달한다. 그것은 빈도가 질을 능가한다는 점이다. 그들은 각 체크인을 완벽하게 실행하는 것보다 매주 체크인하는 것이 더 중요하다는 점을 인식하고 있다. 특히 정보산업에서는 무엇보다 빈도가 중요하다. 예측 가능하도록 직원과 자주 체크인하거나 팀원을 만날수록, 즉 그들의 일에 실시간으로 관심을 많이 보일수록 몰입도와 성과는 높아진다.

체크인은 우리가 매일 하는 양치질과 흡사하다. 우리는 매번 양치질을 깔끔하게 끝내기를 바라지만 더 중요한 것은 매일 양치질하는 것이다. 1년에 2번 엄청나게 우수한 질의 양치질을 하는 것은 정말 터무니없는 짓이다. 1년에 2번 고품질 정보를 나누는 것

거짓말 #2

도 마찬가지다. 체크인 빈도가 낮은 팀은 정보의 질도 낮다.

이러한 자각은 고위 리더나 인사 담당 중역들이 자주 하는 "우리 팀 리더들은 팀원을 코칭할 만한 자질이 부족해!"라는 불평이 거짓임을 보여준다. 데이터는 매주 팀원들과 체크인하는 팀 리더의 경우 업무 몰입도와 성과가 높고 자발적 이직률이 낮다는 것을 보여준다. 이는 체크인의 질과 아무 관계가 없다. 팀 리더가 팀원과 자주 체크인하면 팀원들은 확실히 어떤 긍정적인 것을 얻는다. 설령 팀 리더가 20세기 최고의 여자 농구팀 코치로 대학농구 역사상 1,098회라는 최다 우승 기록을 보유한 팻 서미트Pat Summit가 아니더라도 말이다. 나아가 비록 처음에는 체크인의 질 때문에 힘겹더라도 팀 리더가 매년 각 팀원과 체크인을 51회 실행할 경우 시작이 어떠했든 코칭 재능이 어떠하든 분명 더 나아진다.

팀 리더인 당신은 어쩌면 이렇게 생각할지도 모른다.

'매주 팀원들과 체크인하는 건 정말 마음에 들어. 하지만 불가능해. 팀원이 너무 많은 걸!'

당신이 바로 이런 상황에 있는가? 그렇다면 당신에게는 팀원이 지나치게 많은 것이다. 사람과 조직 문제에서 오랫동안 논란을 일으킨 문제 중 하나는 통제 범위다. 이것은 팀 리더가 팀원을 정확히 어느 정도나 관리할 수 있는지의 문제다. 1~9명이라는 사람도 있고 1~20명이라는 사람도 있다. 간호사들 중에는 직원 40명을 관리하는 경우도 있고 콜센터 매니저는 직원 70명 이상을 이끌기도 한다.

'주간 체크인'을 세계 최고의 팀 리더들이 지켜야 할 강력한 절차로 제시한 우리는 팀 리더에게 적합한 정확한 통솔 범위를 알아냈다. 그것은 당신 혼자 매주 체크인을 할 수 있는 인원수다. 당신의 스케줄이 8명은 체크인할 수 있지만 9명은 감당할 수 없다면 당신의 통솔 범위는 8명이다. 만약 20명을 체크인할 방법을 찾아낸다면 당신의 통솔 범위는 20명이다. 당신이 2명의 주간 체크인만 진행할 수 있는 경우 당신의 통솔 범위는 2명이다. 다시 말해 통솔 범위는 어디에나 적용 가능한 이론적인 게 아니다. 그것은 주의를 기울일 수 있는 팀 리더의 역량에 따른 실제 함수다. 당신의 통솔 범위는 곧 당신의 주의 집중 범위다.

실시간 정보를 함께 나누려 할 때 주간 체크인은 중심이 되는 절차다. 이것이 가능하려면 당신이 팀을 고안하고 그 규모도 정해야 한다. 당신이 리더들의 리더가 될 경우 체크인이야말로 사람을 이끄는 일에서 가장 중요한 부분임을 그들이 확실히 알도록 만들어야 한다. 각 팀원의 이야기를 경청하고 그들과 과정을 교정 혹은 조정하고, 코칭하고, 이유를 정확히 찾아내고, 조언하고, 사람과 실질적인 일의 밀접한 관련성에 주의를 기울이는 것은 리더의 일에 덧붙이는 추가사항이 아니다. 그게 바로 리더의 일이다. 이 일이 탐탁지 않은가? 매주 체크인하는 것이 지겹고 불만스럽거나 일주일에 한 번 하는 것을 '지나치게 많다'고 생각하는가? 당신에게는 아무 문제가 없다. 다만, 제발 리더가 되지는 마라.

계획과 지시 시스템은 백전백패

맥크리스털의 O&I 회의든 주간 체크인이든 이해를 형성할 기회를 자주 만드는 것은 리더를 신뢰하게 하는 데 도움을 준다. 더 나은 결정은 그런 과정을 거쳐 나오고 이는 신뢰까지 구축해주기 때문이다. 8가지 항목 중 2가지가 직접적으로 신뢰 문제를 다룬다. '팀 내에서 내 주위 사람들은 나와 가치관이 같다'와 '동료 팀원들은 내 편이다' 항목의 팀 점수가 낮으면 팀원들이 서로에게 별로 신경 쓰지 않거나 서로를 지원하려 하지 않는다.

그러나 낮은 점수는 나쁜 의도의 함수가 아닌 좋지 않은 정보의 함수다. 단지 팀원들은 서로를 어떻게 지원해야 할지 알지 못할 뿐이다. 도움을 제공하는 데 필요한 세부사항을 알지 못한다는 얘기다. 서로가 어떤 일을 하는지 모르는 상태에서 다른 사람이 진정 어디에 가치를 두는지 어찌 알겠는가? 마찬가지로 각자 몰입하는 일이 무엇인지 모르면 그들 중 누가 안정감을 느끼겠는가? 그 사람의 등이 어디 있는지 모르면서 그의 등 뒤를 어떻게 지켜줄 수 있겠는가?

팀 내에서 이해를 형성할 기회를 자주 만들수록 당신은 더 많은 정보를 자유롭게 전달할 수 있고, 많은 정보를 교류할 경우 더 큰 신뢰를 얻는다. '비밀'은 절대 신뢰를 만들어내지 못한다. 안전은 빈도가 제공한다.

다우딩과 맥크리스털은 시스템, 정보, 절차 교훈뿐 아니라 빠르게 변화하는 세상에서 리더의 역할이 무엇인지도 알려준다. 60년이라는 오랜 시간을 뛰어넘어 그들이 전해주는 통찰은 리더가 완벽한 계획을 만드는 것보다 많은 정보를 공유하고 의사결정 권한을 팀원에게 많이 넘기는 것이 훨씬 더 낫다는 점이다.

최고의 팀을 가르는 8가지 측면 중 또 다른 것은 모든 팀원이 '나는 회사에서 내게 거는 기대가 무엇인지 정확히 이해하고 있다'라고 인식하는 일이다. 20세기 초반의 테일러리즘Taylorism과 과학적 경영관리, 20세기 후반의 목표달성관리Management by Objective 그리고 그 사이에 있는 여러 경영 원칙에 영향을 받았든 직관적 경영을 하든, 우리는 기대를 명확하게 만드는 가장 좋은 방법은 사람들에게 무슨 일을 해야 하는지 이야기하는 것이라고 생각한다. 그런데 세상이 어찌나 급격하게 변화하는지 지시하는 시점에 이미 그 지시사항은 시대에 뒤떨어지고 만다. 이 때문에 넓은 범위에서 사람들에게 무슨 일을 해야 할지 지시하는 시스템, 즉 계획 시스템은 실패한다.

기대를 명확하게 만드는 가장 효과적인 방법은 사람들이 그것을 스스로 파악하게 하는 것이다. 그러므로 복잡함을 제거할 게 아니라 적절한 장소에 문제를 배치해 큰 계획에 따른 인풋을 시야에 드러냄으로써 모두 보고 공유하게 해야 한다. 이를 위해서는 가능한 한 자주, 가능한 한 정확한 데이터로 지금 어떤 일이 일어나고 있는지 실시간 관점과 그것을 이해하는 방법을 팀원에게 전달해야 한다. 당신 팀의 지력을 믿어라.

거짓말
———— #3

최고의 기업은
위에서 아래로
목표를 전달한다

최근 한 친구가 우리에게 마라톤을 하겠다는 자신의 목표를 밝혔다. 그녀는 정확히 7개월 후인 내년 5월에 프라하 마라톤에 참가하겠다고 말했다. 우리가 그 이유를 묻자 그녀는 깊이 생각하지 않고 곧바로 몇 가지 이유를 댔다. 5월까지면 "소파에서 몸을 떼어내 코스로 나갈 만큼" 충분히 긴 시간이 있고, 시간이 맞는 마라톤 대회가 프라하 마라톤이 유일하다는 것이었다. 또 자신은 프라하에 가본 적이 없고 프라하 마라톤 코스는 대부분 평지인데 마라톤은 지독한 경사로까지 집어넣지 않아도 충분히 어려운 운동이라는 게 이유였다.

　이 중 어떤 것도 그녀가 프라하 마라톤에 참가하는 진짜 이유가 아니었다. 진짜 이유는 체력 단련에 있었고 마라톤은 좀 극단적이긴 하지만 그 목표를 달성하는 최선의 방법으로 보인 것뿐이었다. '5월, 프라하, 평지'라는 세부사항은 그 목표를 좀 더 실체적인 것 그러니까 그녀에게 맞는 것으로 만드는 방법에 불과했다.

이것이 목표가 당신에게 해줄 수 있는 최선이다. 목표는 우리가 가장 가치를 두는 것에 세부사항과 시한을 더함으로써 '덩어리'로 만들어 그 가치의 결과를 생생하고 형태 있게 묘사하도록 한다. 우리가 마음의 눈으로 보는 목표는 우리를 앞으로 이끌고 소파에서 일어나 1월의 어느 추운 토요일 아침 일찍, 비가 부슬부슬 내리는 3월의 어느 늦은 저녁 밖으로 나서게 만든다. 목표는 우리의 동반자로 마음 한구석에 자리를 잡고 펄떡이면서 우리를 앞으로 몰아가고 생각과 행동을 이끌며 피로, 상처, 자기회의를 이겨나갈 에너지를 준다. 우리가 다른 사람들과 함께 바츨라프 광장의 코너를 돌아 마라톤을 완주할 때까지 말이다.

일의 세계에서 목표가 이처럼 우리에게 가장 중요한 것을 향해 한 걸음 나아가는 데 도움을 준다면 목표는 극도로 유용한 존재라고 할 수 있다.

목표는 어느 직장에나 있다. 연간 혹은 6개월 목표를 설정하지 않는 회사는 찾기 어렵다. 보통 회계연도 처음과 보너스를 지급하거나 임금을 인상한 후 조직의 고위 리더는 향후 6개월 또는 12개월 목표를 설정해 각 팀에 알린다. 팀원들은 팀의 리더가 밝힌 목표를 보고 그 목표에 다가가려면 무엇을 해야 하는지 파악한 뒤 리더의 목표를 일부 반영하는 소규모 하위목표를 설정한다. 이 순환이 계속 아래로 이어지면서 모든 직원이 상부에서 밝힌 큰 목표의 소형 버전인 일련의 업무 목표를 갖는다.

일부 조직에서는 목표를 범주별로 나눠 각각의 직원이 전략목표, 운영목표, 인적목표, 혁신목표를 설정하게 한다. 일단 목표를 정하면 직원들은 직속상관에게 승인을 받고 그는 다시 자신의 직속상관에게 승인을 받는다. 이런 승인은 단계별로 올라가는데 각 층에서는 목표가 충분히 도전적인지 또는 상위, 그 상위, 그 상위 목표와 적절히 부합하는지 분석해서 승인을 한다.

한 해를 보내는 동안 당신은 목표의 몇 %를 달성했는지 기록하라는 요청을 받는다. 이 '달성 비율' 데이터는 점차 더 큰 규모의 조직이 취합하고 그해 어느 시점에 "우리 팀들의 65%가 목표를 46% 달성했습니다. 속도를 더 내야 합니다!"라는 말이 나온다.

그해 말 당신은 각각의 목표를 추구하면서 받은 느낌을 반영해 간단한 자기평가서를 작성하라는 요청을 받는다. 팀 리더는 이 평가서를 검토한 뒤 자신의 평가서를 덧붙인다. 때로 평가서에는 각 목표를 실제로 충족했다고 보는지 판단하는 내용도 들어간다. 인사부의 잔소리를 몇 차례 듣고 난 뒤 팀 리더는 이 모든 정보를 회사의 성과관리 시스템에 입력한다. 이것은 그해 당신이 달성한 실적의 영구 기록으로 남아 당신의 급여, 진급 기회, 심지어 고용 유지의 지표 역할을 한다.

만약 당신이 영업부 소속이라면 당신에게 할당된 판매량이 그와 비슷한 역할을 한다. 기업은 전체 영업목표를 나눠 모든 조직에 할당한다. 유일한 차이는 당신의 할당량 혹은 당신 팀의 할당량은 대개 위에서 내려오는 하나의 숫자에 불과하다는 점이다. 그 숫자는 그해 당신과 당신의 일을 본질적으로 규정한다. 기업에서 흔히 영업사원을 사람이 아닌 '할당량 이행자quota carrier'로 부르는 이유가 여기에 있다.

스마트폰 시대에 1년에 한 차례 이뤄지는 목표 설정은 충분치 않아 보인다. 곧 당신의 전화가 이런 목표 설정, 평가, 추적 빈도를 전례 없이 극적으로 높여놓을 것이다. 이 모든 것은 우리가 최고의 기업은 위에서 아래로 목표를 전달한다고 믿는 것에서 비롯되었다.

비오는 날 뉴욕에서 택시 잡기가 어려운 진짜 이유

이러한 목표에 붙여진 이름은 시간에 따라 변화해왔다. 그 시작은 '목표 관리Management by Objectives', 즉 MBO인데 이 말은 피터 드러커가 1954년 펴낸 《경영의 실제The Practice of Management》덕분에 대중화했다. 그다음에는 SMART 목표로 이것은 구체적이고specific 측정 가능하며measurable, 실행 가능하고actionable 현실적이며realistic, 시간제한이 있는time-bound 목표를 말한다. 그 뒤를 이어 KPI라 불리는 핵심 성과 지표Key Performance Indicator, '크고 위험하고 대담한 목표Big Hairy Audacious Goal'의 약자인 BHAG(짐 콜린스Jim Collins의 인상적인 구상)가 등장했다. 그리고 가장 최근에는 OKR, 즉 '목표와 핵심 결과Objectives and Key Results'형태로 나타났다. 현재 많은 실리콘 밸리 기업이 인텔이 시작한 OKR을 사용해 목표를 설정하고 추적하는 한편 '핵심 결과'와 비교해 목표를 평가하고 있다.

다양한 기술과 방법론을 망라하는 목표 설정에는 엄청난 시간과 돈이 들어간다. 투자 규모가 어느 정도인지 이해하기 쉽게 설명하면 컨설팅기업 딜로이트는 매년 목표 설정, 추적, 평가에 4억 5,000만 달러(한화 약 5,300억 원)를 쓴다. 비슷한 컨설팅기업으로 직원이 50만 명인 액센츄어는 그 2배 이상을 투입한다. 이 기업이 매년 어떤 일에 10억 달러 가까운 돈을 쏟아 붓는다면 아마 그만큼 대단한 이득이 있을 것이다.

목표 설정에는 어떤 이득이 따를까?

회사마다 차이가 있고 계산법도 제각각 다르지만 목표를 설정하는 가장 일반적인 이유는 다음과 같다. 첫째, 목표는 모든 사람의 일을 한 방향으로 정렬해 성과를 자극하고 조직화한다. 둘째, 목표 '달성 비율'을 추적해 한 해 동안 팀과 회사가 이룬 진전과 관련해 귀중한 자료를 얻는다. 셋째, 목표 성취를 기반으로 회사가 연말에 팀원들의 성과를 평가한다. 다시 말해 회사는 목표의 기능을 자극기, 추적기, 평가기로 보고 목표에 투자한다. 목표의 이 3가지 핵심 기능이 회사가 목표에 그토록 많은 시간과 에너지와 돈을 쓰는 이유다.

그런데 바로 여기서부터 문제가 시작된다.

성과의 자극기 측면에서 고위 리더가 안고 있는 커다란 두려움 중 하나는 직원들의 일을 일관성 있게 조정하지 못해 그들의 노력이 거친 바다 위의 선장 없는 배처럼 회사가 표류하게 만드는 활동에 낭비되면 어쩌나 하는 것이다. 하향식 목표 설정은 이러한 두려움을 가라앉히고 리더에게 배에 탄 모든 사람이 같은 방향으로 노를 젓는다는 자신감을 안겨준다.

물론 목표 자체가 훌륭한 활동이라는 결과를 낳지 않으면, 즉 배가 실제로 어디로든 가지 않으면 이런 일관성에 가치는 없다. 공교롭게도 위에서 설정해준 목표가 생산성을 높이도록 자극제 역할을 한다는 것을 밝힌 연구는 존재하지 않는다. 오히려 여러 증거가 위에서 내려온 목표는 그 반대 작용을 한다는 것을 보여준다. 상부에서 전달한 목표는 성과를 제한한다.

비가 오는 날 뉴욕에서 택시를 잡아본 적이 있는가? 이건 결코 쉽지 않은 일이다. 52번가와 3번가가 만나는 지점에서 노란색 기미만 보여도 미친 듯이 손을 흔들지만, 갑자기 부족해진 택시를 잡는 건 하늘의 별 따기다. 경제학을 아는 사람은 이렇게 추측할 수도 있다. 빗방울이 떨어지면 비 때문에 택시를 잡는 사람(수요)은 늘어나는 반면 운행하는 택시(공급)는 그대로다. 수요와 공급의 균형이 무너지면서 문제가 발생한다는 얘기다.

하지만 실제 상황이 꼭 그런 것은 아니다. 택시기사에게는 일과를 마칠 때까지 벌고자 하는 자기 나름대로의 일일목표나 할당량이 있다. 대개 그 액수는 그날 택시를 대여하는 비용의 2배다.[1] 그날 벌어들인 돈 합계가 대여비의 2배가 되면 그들은 집으로 돌아가 다음 날의 전투에 대비해 휴식을 취한다. 그들의 목표는 늘 일정하다. 다만 비가 오는 날에는 많은 사람이 택시를 찾기 때문에 택시기사가 목표를 빨리 달성하면서 일찍 집으로 가버릴 뿐이다.

영업사원 할당량에도 같은 일이 일어난다. 리더들은 영업사원의 실적에 자극을 주기 위해 할당량을 정하지만 사실 할당량은 그런 역할을 하지 못한다. 최고의 영업사원은 그해가 끝나기 몇 달 전에 이미 할당량을 달성한다. 그 결과 그들은 일찍 집으로 가버리는 택시기사처럼 행동한다. 가령 계약 성사를 뒤로 미뤄 다음 해를 유리하게 시작하도록 준비한다. 결국 영업목표는 우수한 영업사원의 실적을 떨어뜨린다. 목표치는 뉴욕의 택시기사와 마찬가지로 실적을 높이는 촉매가 아니라 실적의 천장 기능을 한다.

목표는 성과 예측을 위한 것일 뿐 성과 창출을 이끌지는 못한다

그러면 목표를 채우기 위해 발버둥을 치는 중간급 영업사원은 어떨까? 앞서 말한 친구에게 마라톤이라는 목표가 인내의 한계를 높여가는 데 도움을 주는 것처럼 목표가 할당량을 채우고 그 이상으로 나아가도록 할까? 꼭 그렇지는 않다. 사실 중간급 영업사원은 부여받은 할당량 때문에 크게 부담을 느낀다. 이것은 자신이 중요하다고 생각하는 일을 이루려는 시도에서 비롯된, 스스로 부과한 부담이 아니다. 마라톤을 목표로 정한 친구가 일요일 아침 일찍 일어나 훈련을 위해 자신을 다그칠 때 느끼는 부담감과는 종류가 다르다. 회사가 부여한 목표를 달성해야 한다는 부담은 강압이며 강압은 두려움의 사촌이다. 일을 밀어붙이다가 목표에 미치지 못하면 두려움을 느낀 직원은 최악의 경우 부적절하거나 불법적인 전략에 의지한다.

각 지점에 교차판매cross-selling 목표를 하달한 웰스파고Wells Fargo에서 바로 이런 일이 일어났다. 어떤 사람이 당좌예금 계좌를 만들려고 은행에 오면 웰스파고 직원은 저축예금 계좌, 신용카드, 요구불예금 계좌, 대출 상품 등을 함께 판매해야 한다. 그런데 이 목표 설정은 더 많은 교차판매로 이어지지 않았다. 단순히 실패에만 그친 게 아니라 350만 개 이상의 허위 계좌가 만들어졌다.

그렇다고 영업 할당량이 쓸모없다는 얘기는 아니다. 사실 영업 할당량은 뛰어난 예측장치 역할을 한다. 상위 리더는 할당량을 기반으로 해당 기간에 회사의 총매출이 얼마일지 예측하고 이것을 이사회와 투자 커뮤니티에 알린다. 모든 이해당사자는 이를 토대로 예상매출을 짐작해 비용, 투자, 최종 현금흐름을 분석한다.

최고의 경영자는 추정을 가장 정확히 하는 사람이다. 경험이 풍부한 그들은 할당량 중앙값이 얼마일지, 영업사원의 실적이 조밀하게 나타나는 '최적선'이 어디일지 감으로 알아낸다. 누군가는 할당량을 10% 초과하고 또 누군가는 할당량에 10% 미치지 못한다. 여하튼 영업목표를 제대로 추정할 경우 연말에는 목표를 달성한다. 한데 영업목표는 영업 실적 성장을 유발하지 못한다. 그저 매출이 얼마나 될지 예측할 뿐이다. 영업목표는 성과 예측을 위한 것일 뿐 성과 창출을 이끌지는 못한다.

성과의 추적기 측면은 어떨까? 목표로 기업 성과를 추적할 수 있을까? 거의 그럴 수 없다. 많은 기업이 직원들에게 올해 목표를 적게 한 뒤 소프트웨어를 이용해 그들의 목표 달성을 추적하고, 테레사 애머빌과 스티븐 크레머가 쓴 《진보 원칙The Progress Principle》 같은 책이 사람들은 목표 추적을 좋아하고 각각의 성취에서 기쁨을 얻는다고 말하는데도 말이다.[2] 심지어 지난 몇 년간 목표 추적이 줄어들기는커녕 오히려 늘어난 것으로 나타났지만 그 추적 중 의도한 바를 이룬 것은 없었다. 이는 목표를 향한 진전이 직선형으로 이뤄지는 게 아니라는 간단한 이유 때문이다.

마라톤을 목표로 삼은 친구를 다시 생각해보자. 만약 2월 말 훈련 계획을 62% 달성했다는 계산이 나온다면 이제 목표를 향해 가야 할 길이 38%밖에 남지 않았다는 의미일까? 그렇지 않다. 그녀에게 남은 과제는 100%다. 아직 실제 마라톤을 시작하지도 않았기 때문이다. 실제로 마라톤에 참가하면 어떤 일이 일어날까? 그녀가 처음 21km를 달리면 전체 42km 중 완주까지 50%를 달성했다는 의미일까? 그렇지 않다. 마라톤 주자라면 누구나 알고 있듯 마라톤의 처음 절반은 비교적 쉬운 부분이다. 후반부가 힘들며 특히 마지막 9km는 가장 힘들다. 32km 지점을 지나면 다리가 굳고 마음이 약해지기 시작한다. 그때가 되어서야 신체와 정신 면에서 목표를 달성할 능력을 갖추고 있는지 알 수 있다. 마지막 9km는 전체의 몇 %일까? 40%? 60%? 90%? 이것은 정확한 숫자로 표현하는 것이 불가능하다. 첫 32km와 마지막 9km는 전혀 다른 상황이기 때문이다.

그러므로 우리 친구는 마라톤 준비를 62% 마칠 수도, 실제 경기를 50% 달성할 수도 없다. 그저 목표를 달성하거나 그렇지 못하거나 둘 중 하나일 뿐이다. 적어도 현실에서 모든 목표는 이 같은 방식으로 기능한다. 목표를 이루거나 이루지 못하거나 둘 중 하나다. 이처럼 목표 달성은 이원적이다. 목표를 향해 나아가는 과정에 중간목표를 정해두고 거기에 이르렀을 때(혹은 이르지 못했을 때) 확인 표시를 하고 싶을지도 모르겠다. 하지만 작은 목표들을 달성해도 보다 큰 목표의 '달성 비율'을 정할 수는 없다. 당신이 그런 시도를 하거나 회사가 그렇게 하기를 요구한다면 정확하지 않은 진전 상황 자료를 만들 수밖에 없다.

억지로 끼워 맞추기

마지막으로 성과의 평가기는 어떠할까? 어떤 사람이 얼마나 많은 목표를 성취했는가를 기준으로 그 사람을 평가할 수 있을까?

물론 많은 회사가 그렇게 하지만 여기에는 문제가 있다. 개개인에게 할당한 목표의 난이도를 표준화할 수 없으면 개별 직원의 상대성과를 객관적으로 판단하는 것은 불가능하다.

우리가 2명의 직원 빅토리아와 앨버트를 평가한다고 생각해보자. 그들은 각각 목표 5개를 달성하려 하고 있다. 연말에 빅토리아는 목표 3개를 성취했고 앨버트는 5개를 성취했다. 이것이 앨버트의 성과가 더 크다는 의미일까? 꼭 그렇지는 않다. 어쩌면 빅토리아의 목표 5개 중 하나가 '제국을 지배한다'였고 앨버트의 목표 5개 중 하나는 '차 한 잔을 만든다'였을 수도 있다. 목표 달성으로 빅토리아와 앨버트를 평가하려면 모든 목표의 난이도를 정확히 가늠해야 한다. 다시 말해 각각의 매니저가 완벽하고 일관성 있게 또한 다른 매니저와 정확히 동일한 방식으로 주어진 목표의 영향력을 판단할 수 있어야 한다. 더 적절히 말하자면 '평가자 간 신뢰성'이라고 알려진 다소 까다롭지만 중요한 방식이 왜 360도 평가가 효과가 없는지, 왜 실적 평가가 문제인지 설명해준다. 이런 종류의 평가는 현실적으로 불가능하며 우리가 할 수 없는 일이다.

그 증거에도 불구하고 조직 내에서 효율성을 확보하고 긴밀한 협력을 달성할 방법을 찾는 많은 리더가 목표, 특히 위에서 전달하는 목표에 직관적 매력을 느낀다. 동시에 일선 직원들은 그 목표를 보고 반직관적, 기계적, 허위적, 심지어 비하적이라는 느낌을 받는다. 왜 그럴까?

현실 세계에서는 일이 이렇게 돌아간다. 먼저 목표를 기록하려고 자리에 앉는 당신에게는 이제 막 시행할 일과 관련해 좋은 아이디어가 있다. 그러나 월요일 아침 모든 직원이 시간을 어떻게 때울지 필사적으로 생각하면서 출근하는 것은 아니다. 결국 목표 설정 과정은 이미 시행할 것으로 알고 있는 일을 적게 만든다. 마라토너 친구의 목표처럼 당신의 목표가 당신보다 앞서서 당신을 끌고 가는 것이 아니라 당신 뒤에서 당신이 이미 알고 있는 할 일에 끌려간다.

당연히 전략, 운영, 혁신, 사람이라는 목표 범주는 이상하게 느껴질 수밖에 없다. 일이 이 범주에 맞지 않기 때문이다. 우리는 시간 계획을 세우면서 '화요일 오전에는 운영과 관련된 일을 좀 하고 오후에는 혁신을 다룰 시간이 있었으면 좋겠군' 하는 식으로 생각하지 않는다. 일은 보통 마감시한과 실행 가능한 과제로 이뤄진 프로젝트 형태다. 이것을 목표 범주로 변환하라는 요구를 받으면 당신은(대다수 다른 직원도) 아무도 크게 신경 쓰지 않기를 바라면서 일을 억지로 범주에 끼워 맞춘다.

당신이 하는 일이 팀 리더가 요구하는 일과 일치하기를 바라는 것이 마냥 터무니없고 부당한 생각은 아니다. 하지만 리더의 목표에 따라 당신이 하위목표를 설정해놓고 그 목표를 리더의 목표와 비교해 검토하는 것은 이상한 진행 방식이다.

당신의 팀 리더는 당신이 무엇을 하고 있는지 이미 안다. 현실에서는 항상 당신이 무엇을 하고 있는지 리더에게 말하기 때문이

거짓말 #3

다. 당신이 종이접기에 무관심해 리더가 당신에게 퀼팅을 권하고자 한다면 그는 그렇게 할 것이다. 며칠 후 무언가 변화가 생겨 당신이 유리세공으로 바꿔야 할 경우 그는 그렇게 말하리라. 당신이 갑자기 제대로 돌아가지 않는 일 때문에 겉도는 상황에서 리더가 당신에게 말하는 대신 목표 설정 서식을 찾아 목표를 바꿔놓고 당신이 알아차리기를 바란다면 어떨까? 이것은 리더가 고려해서는 안 되는 소통 방식이다. 다시 말하지만 위에서 전달하는 목표는 일에 앞서는 것이 아니라 일을 뒤따라간다. 실제 세계에서 흔히 그렇듯 목표 설정은 일하기 위한 시스템이라기보다 기록을 보존하는 시스템이다.

실은 일단 목표를 세우면 좀처럼 다시 돌아가 그 목표를 살피지 않는다. 그러나 만약 그 목표가 당신의 일을 이끈다면 당신은 목표를 돌아봐야 한다고 생각할 것이다.

연말에 목표와 비교해 스스로 실적을 평가해야 하는 경우 가장 껄끄러운 부분은 무엇일까? 상관은 당신이 지나온 한 해를 솔직하고 성실하게 반성할 것이라고 상상하겠지만 당신은 건방지고 착각하는 것처럼 보일 위험을 감수하고 목표를 성공적으로 달성했다고 말할지, 당신의 상관에게 보너스를 깎일 빌미를 제공할 위험을 무릅쓰고 계획대로 이루지 못한 일도 있다고 인정할지 사이에서 스위트 스폿sweet spot(가장 효율적인 타격점)을 찾으려고 애쓸 가능성이 크다. 목표와 비교해 스스로 실적을 평가하는 것은 사실 당신의 일을 평가하는 게 아니다. 그것은 자신을 얼마나 솔직히 드러내고 얼마나 주의 깊게 글을 쓸 것인지 파악하는 자기 홍보와 정치적 입장 설정 활동이다.

이것은 자아비판이 아니다. 스위트 스폿을 찾기 위해 세심하게 자기 평가를 조정하는 것은 이상야릇한 상황에 대응하는 현실적인 방법이다. 회사는 기록한 지 몇 주만 지나면 전혀 무관해지는 추상적인 목표와 비교해 당신 자신을 평가하라고 요구한다. 즉, 당신은 의미 없는 일을 하면서 의미 있는 척하라는 요구를 받는다. 미칠 듯한 기분이 드는 것도 당연하다.

'목표'가 아니라 '의미'를 전달하라

그런 기분을 느끼는 것은 팀 리더도 마찬가지다. 연말을 앞두고 목표 관련 서식에 둘러싸여 당신이 몇 달 전에 기록한 각각의 목표 아래 당신이 그것을 어떻게 수행했는지 설명하는 한두 개 문장을 적어 넣을 때 그녀는 어떤 생각을 할까? 당신이나 당신이 한 일을 생각하기보다 그 일을 얼마나 빨리 끝마치고 자신의 할 일 목록에서 '목표 검토'를 지울지 생각할 확률이 높다. 당신과 마찬가지로 그녀도 시간을 낭비하고 있다고 생각한다. 지금 그녀 앞에 있는 서류에 당신이 한참 전에 미래에 할 것이라고 짐작한 것, 당시 그저 상황을 모면하기 위해 아무 범주에나 구겨 넣은 것, 그 서식을 읽는 사람에게 최대한 인상적으로 보이도록 쓴 것 그리고 당신이 세심하게 배치한 자기 평가를 가미한 것이 마구잡이로 뒤섞여 있기 때문이다. 그녀는 그 일이 오래전에 바뀌어 서식에 있는 것과 아무 상관이 없으며, 자신이 그때그때 직접 이야기하는 방식으로 당신이 실제로 일을 얼마나 잘 수행했는지 의견을 전달했다는 사실을 알고 있다. 그녀에게 서식을 채우는 일은 관리를 빙자한 비효율적 행정업무 중에서도 최악의 형태다. 따라서 그녀는 아무도 지난해보다 짧다고 불평하지 않을 것이라는 생각으로 짧은 문장을 적어 넣는다.

> **현실 세계에는 당신이 해야 하는 일이 있다. 이론 세계에는 목표가 있다.**
>
> **일은 당신 앞에 있고 목표는 당신 뒤에 있다. 목표는 당신의 백미러다.**
>
> **일은 구체적이고 상세하다. 목표는 추상적이다.**
>
> **일은 빠르게 변한다. 목표는 천천히 변하거나 아예 변하지 않는다.**
>
> **일은 당신에게 권한이 있다고 느끼게 만든다. 목표는 당신이 기계 속의 톱니바퀴처럼 느끼게 만든다.**
>
> **일은 당신이 신뢰받는다고 느끼게 만든다. 목표는 당신이 신뢰받지 못한다고 느끼게 만든다. 일은 일이다. 목표는 일이 아니다.**

하지만 꼭 이런 식인 것만은 아니다. 목표는 좋은 힘일 수 있다. 곧 마라토너가 될 우리 친구를 다시 생각해보자. 그녀는 자신이 가치 있다고 생각하는 것(신체 단련)을 택해 그것을 실체가 있는 과업(마라톤)으로 바꿔놓았다. 즉, 그녀는 그것을 현실로 만들었다. 궁극적으로 목표란 이렇다. 당신의 가치관을 분명히 드러내는 데 도움을 주는 것이 목표다. 목표는 당신 안에 있는 것을 택해 당신과 다른 사람들이 볼 수 있는 곳으로, 혜택을 얻을 수 있는 곳으로 이끄는 최고의 기제다. 당신의 목표는 당신이 세상에서 만들어내고자 하는 영향을 분명히 밝힌다.

좋은 목표의 유일한 기준은 목표를 향해 나아가는 사람이 자발적으로 자신의 목표를 설정하는 것이다. 목표가 쓸모 있으려면 당신의 내면에서 우러나 가치 있다고 여기는 것으로 표현해야 한다. SMART일 필요도, 크고 위험하고 대담한 것일 필요도 없다. 핵심 성과 지표를 포함하거나 목적 혹은 핵심 결과를 근거로 만든 것일 필요도 없다. 목표가 유용하고 당신이 세상에 더 많이 기여하도록 돕는 유일한 기준은 당신의 '자발적인 목표 설정'이다. 위에서 당신에게 부여한 목표는 목표가 아니다.

그렇다고 조직에 위에서 아래로 전달할 것이 전혀 없다는 뜻은 아니다. 당사자가 가장 의미 있게 여기는 것을 표현해야 적절한 목표이므로 회사는 협력을 끌어내기 위해 전체 구성원이 무엇이 가장 중요한지 이해하도록 가능한 한 모든 것을 해야 한다. 최고의 기업은 위에서 아래로 목표를 전달하는 게 아니라 '의미'를 전달한다.

최고의 팀 연구는 이와 관련해 첫 번째 실마리를 제시한다. 1장에서 다룬 8가지 항목 같은 측정 도구가 있을 경우 당신은 요소 분석을 할 수 있다. 이는 본질적으로 당신의 질문이 얼마나 다양한 것을 측정하는지, 얼마나 많은 덩어리로 이뤄져 있는지 말해준다. 오랫동안 많은 회사를 대상으로 팀을 연구해온 우리는 8가지 항목에서 1가지 요소(8가지 항목 모두가 우리에게 분명히 밝혀준 한 덩어리의 경험)만 발견할 수 있었다. 우리는 그 덩어리를 '몰입'이라고 부른다.

시스코의 수치를 다룰 때 예상치 못한 일이 발생했다. 즉, 8가지 항목 중 2가지는 분석의 한 부분에서 다른 6가지와 다른 반응이 나타났다. 우리는 이것이 무엇을 의미하는지 확신하지 못했다. 다른 곳에서는 나타나지 않았기 때문이다. 이후 우리는 요소 분석을 진행했고 갑자기 두 번째 요소가 나타났다. 그것은 다음 2가지 질문이다.

1. 나는 우리 회사의 사명에 큰 열정이 있다.

7. 나는 회사의 미래에 강한 자신감이 있다.

우리는 이 2가지를 '기업' 요소로(또한 '몰입' 요소로) 나머지 6가지 질문을 '팀' 요소로 생각하기 시작했다.

분명히 해두자면 사명에 보이는 열정과 회사의 미래에 강한 자신감을 드러내는 기업 요소는 좋은 팀과 나쁜 팀에서 여전히 다르게 나타나고 또 여전히 팀 성과를 설명해준다. 동시에 다른 6가지가 분명히 그렇듯 그것은 팀 내가 아니라 팀 외부에서 비롯되어 이후 팀 내에서 증폭되거나 그렇지 않다. 다시 말해 스스로 계획한 팀은 자신들의 니즈를 대부분 처리하지만, 갑자기 더 넓은 범위의 사명이나 미래를 향한 자신감을 만들어낼 수는 없다. 따라서 팀과 팀원들이 세상에서 어떤 일이 일어나고 있는지 실시간으로 이해하게 해주는 한편 어느 고지를 탈환해야 하는지도 알려주어야 한다. 그러니까 위에서 목표를 전달하는 대신, 즉 무작정 지시하는 대신 의미와 목적을 전달해야 한다.

최고의 리더는 조직구성원이 충분히 현명하며 연간 목표 설정으로 그들을 억지로 일관성 있게 조정할 필요가 없음을 인식하고 있다. 이들은 조직구성원에게 일의 의미와 목적, 사명과 기여 그리고 정말 중요한 방법을 전달한다. 그런 의미를 주입한 팀의 각 팀원에게는 그 의미가 명확히 드러나도록 목표를 자발적으로 설정할 역량과 동기가 있음을 알기 때문이다. 일관성 있는 조정을 가능하게 만드는 것은 이처럼 함께 공유하는 의미다. 이 조정은 강제로 만들어지는 것이 아니라 갑자기 나타난다. 위에서 전달한 목표는 통제 기제인 반면 위에서 전달한 의미는 해제 기제다. 그 의미는 모두의 업무 환경에 활기를 불어넣지만 선택과 결정, 우선순위, 목표 설정 통제라는 흔적을 남긴다. 또한 그 의미는 팀원과 함께 확실히 존재하며 세상을 이해하는 것과 이와 관련해 무언가를 하는 능력이 서로 만나게 한다.

우리는 보통 일에서의 부족함은 일관성 있게 조정한 조치에 결함이 있기 때문이라고 여겨 목표가 필요하다고 가정한다. 틀렸다. 사실 우리가 직면하는 것은 의미, 명확하고 상세한 일의 목적 이해, 일하는 방식을 결정할 때 우리가 중요시해야 하는 가치 결여다. 사람들에게 무슨 일을 해야 하는지 말할 필요는 없다. 그들이 듣고자 하는 것은 일을 해야 하는 이유다.

의미는 끊임없이 실험하면서 계속해서 만들어가는 것

그 실제 모습을 보기 위해 페이스북의 마크 저커버그와 셰릴 샌드버그, 칙필레의 트루엣 캐시를 자세히 살펴보자. 이들은 나이, 종교, 지역, 회사 제품은 다르지만 위에서 의미를 전달하는 데 집착한다는 면에서는 모두 비슷하다. 최근 페이스북과 칙필레가 마주한 문제를 고려하면(페이스북은 고객 데이터 이용, 칙필레는 동성애자 권리에 관한 입장 때문에) 당신은 왜 우리가 이들을 사례로 선택했는지 의아하게 생각할지도 모른다. 우리의 근거는 이렇다. 사람은 불완전한 존재고 우리가 실제 사람에게 배워야 한다면 당연히 불완전한 사람에게 배울 수밖에 없다. 물론 그들을 비롯해 그들의 회사에서 유용하고 가치 있는 것과 그렇지 않은 것을 가려내는 일은 우리의 몫이다.

10년 전 저커버그는 회사의 사명을 명확히 하려는 의도의 한 포스팅에서 페이스북의 목적이 세상의 연결성을 높이는 데 있다고 밝혔다. 그리고 우리가 이 장을 쓰고 있을 때 그는 이 사명의 중요한 뉘앙스로 보이는 것을 덧붙였다.

"… 우리는 페이스북을 구축하는 방법에 중요한 변화를 일으키고 있습니다. 나는 제품팀에 부여하는 목표를 관련 콘텐츠를 찾는 데 도움을 주는 일에 초점을 맞추는 것에서 보다 의미 있는 사회적 상호작용을 하도록 도움을 주는 일로 바꾸고 있습니다."[3]

당신은 그 차이를 알아보지 못할지도 모르지만 그는 알고 있다. 따라서 현재 그는 지난 10년 동안 6개월마다 그랬듯 세상을, 더 중요하게는 그를 위해 일하는 모든 사람에게 또 다른 차이를 알리는 데 열중하고 있다. 이것이 저커버그가 하고 있는 일이다. 그는 자신의 가치를 아주 진지하게 받아들여 새로운 통찰로 미조정하고, 경로를 수정한 뒤 미조정하고, 학습하고 나서 다시 미조정한 다음 엄청난 영향력과 의미를 담아 조정한 상황을 세상에 내놓는다.

어떤 이들에게는 이처럼 작은 초점 변화와 그에 따르는 발표가 거들먹거리며 작은 차이에 보이는 자기도취를 드러내는 것으로 보일 수도 있다. 그러나 그와 샌드버그에게 그 일은 팀원들에게 자신이 정말로 가치를 두는 것이 무엇인지 전달하려는 끈질긴 노력의 일부다. 여기에는 만약 당신이 그들이 가치를 두는 것에 가치를 두지 않는다면 당신은 잘못된 팀에 있는 것이라는 함축된 의미가 담겨 있다.

사실 이러한 메시지의 끊임없는 반복과 '개선' 그 자체가 메시지의 일부다. 저커버그와 샌드버그가 세상에 전하려는 의미는 사람들의 연결성 강화를 돕는 것뿐 아니라 이미 그 일을 진행 중임을 고백하는 것이기 때문이다. 샌드버그는 그녀의 책《린인Lean In》에서, 저커버그는 자신의 수많은 블로그와 의회 청문회에서 그들이 모든 해답을 알아야 할 필요는 없다고 명확히 밝혔다. 그들은 페이스북이 구축하려 하는 것이 무엇인지 알고 있으나 거기에 어떻게 이를지 항상 알고 있는 것은 아니다. 이것은 당신을 포함해 누구나 마찬가지다. 그들은 자신은 물론 페이스북을 이용하는 모든 사람이 끊임없이 실험하면서 계속 의미를 만들어가고 있음을 말하고 있다.

만약 당신이 목요일에 페이스북에 입사할 경우 금요일이면 조직 문화 적응을 위한 부트 캠프에 참석한다. 거기에서 주말 동안 코드를 만들고 다듬어 월요일에 그것을 납품한다. 한마디로 일을 무척 빠르게 진행한다. 페이스북의 주소 해커웨이Hacker Way 1번지(본사를 실리콘 밸리로 옮기면서 도로명을 장난스럽게 바꿔버렸다 - 옮긴이)도 이 기풍을 강화한다. 주소의 상징성이 와 닿지 않는다면 거대한 '해커 컴퍼니The Hacker Company' 간판을 보라. 플로리다의 스트립몰에서 구입한 이 간판은 현재 회사의 구내 광장에 자랑스럽게 걸려 있다.

페이스북의 주소나 간판 같은 유형은 1장에서 본 회사 문화 깃털과는 다르다. 회사 문화 깃털은 당신을 유혹하려는 목적으로 고안한 것이지만 이것은 회사가 어디를 향하고 있는지, 즉 회사가 무엇을 위해 일하고 그 의미가 무엇인지 당신이 이해하는 데 도움을 주고자 존재한다. 실은 페이스북 내부 전체가 저커버그와 샌드버그가 전달하려는 의미에 생명을 불어넣기 위해 만들어진 것처럼 보인다. 건물 외관은 대부분 유려한 아름다움과 지속 가능한 에너지를 보여주는 프랭크 게리Frank Gehry의 작품이지만 인테리어는 '임시방편'을 외치고 있다. 콘크리트 바닥, 노출한 공조기 도관, 한쪽 구석에 쌓아둔 키보드 더미, 손으로 만들어 벽에 압정으로 고정한 포스터 등 회사 전체가 어제 막 이사를 왔고 내일이면 다시 이사를 갈 것 같은 분위기를 풍긴다.

몇 년 전 우리는 그곳에서 유리로 만든 각각의 회의실 문에 새긴 로고를 발견했다. 그 로고는 축구장 길이로 길게 뻗어가면서 반복되고 있었다. 그 로고가 사무실에서 페이스북 코드를 쓰는 그곳 직원들이 페이스북 앱에 넣는 실제 페이스북 로고라면 이는 전혀 이상한 일이 아니다. 그런데 그 로고는 바로 선마이크로시스템스 Sun Microsystems의 로고다.

우리는 페이스북 시설 책임자에게 물었다.

"이 로고는 어떻게 된 일입니까?"

"아, 그거요. 여기가 본래 선마이크로시스템스 건물이었거든요."

"페이스북 로고를 새긴 새로운 문을 마련할 돈이 없지는 않았을 텐데요."

"물론 그렇죠. 하지만 마크와 셰릴은 문의 로고를 그대로 유지하겠다는 결정을 내렸습니다. 빠르게 결정하고 빠르게 움직이고 더 나은 해법을 찾지 않으면 선마이크로시스템스와 같은 길을 걸으리라는 것을 모두가 떠올리게 만드는 문이기 때문이죠."

벽을 보면 또 다른 이상한 점이 눈에 들어오는데 그건 바로 인쇄한 포스터다. 외부, 회의실 벽, 연회장 접수처 등 온갖 곳에 수많은 포스터가 붙어 있다. 각 포스터에는 누군가가 열정을 보이는 취미, 행사, 활동 소식이 가득했다. 최첨단 디지털미디어 회사에 포스터처럼 한물간 유행을 떠올리게 하는 것이 이토록 많은 이유는 무엇일까?

그것은 실제 인간의 연결성을 높이고 강화하겠다는, 모두가 인정하는 페이스북 사명의 일부다. 사람들이 타인과 이어지길 원한다면 각자가 무엇에 관심이 있고 무엇에 열정을 보이는지 궁금해하는 것을 넘어 그것을 표면화하고 널리 알릴 방법을 찾아야 한다. 고대 인류가 동굴 벽에 그림을 그렸듯 우리는 포스터를 내보이고 또 그런 방식으로 다른 사람을 알아간다.

저커버그와 샌드버그는 이 모든 의도적인 조치로 자사 팀에 위에서부터 아래로 자신의 의미를 전달한다. 우리는 결과를 트집 잡고 페이스북이 강조하는 속도와 연결이 안전과 정확성 손실에 초점을 두고 있다고 우려하지만 그들의 방식에는 여전히 배울 것이 있다. 저커버그와 샌드버그는 자사 사람들에게 말한다.

"만약 진정한 인적 연결을 좋아하는 사람이라면 당신은 페이스북에서 의미를 찾을 것이다.

만약 미래는 '진보 중인 일'이라는 생각을 좋아한다면 당신은 페이스북에서 의미를 찾을 것이다.

만약 아름다움보다 속도를 좋아한다면 당신은 페이스북에서 의미를 찾을 것이다."

그러나 주의 깊게 고려한 정확하고 완벽한 아름다움을 원한다면 페이스북은 당신에게 맞지 않는다. 아직 일을 시작하지 않았거나 이미 완벽한 세상에서 살고 싶다면 그리고 그 두 상태 사이의 세상에서 살기를 원치 않는다면 페이스북에서 일하지 마라. 차라리 몇 km 더 가서 애플에서 일하라. 그곳은 어제 이사를 왔고 내일 다시 이사를 갈 것 같아 보이지 않는다. 애플은 쿠퍼티노 시내에 착륙한 완벽한 형태의 외계 우주선처럼 아름답지만 폐쇄적인 시스템에 끌리는 사람만 환영하는 것처럼 보인다. 그것이 당신을 자극하고 당신이 그곳에서 의미를 발견할 수 있다면 거기에서 일하라. 페이스북은 당신의 관심을 끌지 못할 테니 말이다.

하버드 입학보다 어려운 칙필레 가맹 계약

칙필레는 놀랍게도 세계에서 가장 수익성 높고 빠르게 성장하는 요식업체다. 페이스북의 성장은 당연히 네트워크 효과의 힘이 이끈다. 구글의 성공은 독점적인 검색 알고리즘의 힘이 그 원천이다. 아마존은 선도적인 지위와 위치를 확보하기 위한 마진 포기에 의존한다. 그렇다면 칙필레는 무엇으로 성장하는 걸까? 칙필레에는 치킨샌드위치, 와플프라이, 셰이크가 있다. 이들 음식은 무척 맛있긴 하지만 지속적이면서도 다소 기이해 보이는 성공을 설명할 만큼 차별점으로 보이지는 않는다.

칙필레 창립자 트루엣 캐시는 페이스북 리더들이 해온 것처럼 끈기 있고 꼼꼼하게 천천히 자신의 의미에 활기를 불어넣었다. 일이 멈추는 순간이 전혀 없어 보이는 페이스북과 달리 칙필레는 일요일에 문을 열지 않는다. 영업일을 하루 더 늘리면 매출과 이윤이 훨씬 증가할 텐데 왜 그럴까? 이는 캐시가 일요일을 안식일로 삼는 독실한 기독교인이기 때문이다.

일요 휴무 정책은 캐시가 그의 팀들에게 의미를 전달하는 방법을 보여주는 가장 확실한 예다. 그보다 덜 알려진 또 다른 예는 칙필레의 가맹 계약이다. 가맹점주와 가맹사업자 간의 전형적인 계약은 브랜드라는 승수를 기반으로 자본을 활용하도록 설계한 시스템이다. 가맹사업자는 브랜드를, 가맹점주는 자본을 제공한다. 가맹사업자는 가맹점주가 계약과 함께 투자할 자본이 얼마나 크고 안정적인지를 토대로 가맹점주를 선정하며, 가맹점주는 브랜드가 얼마나 강력하고 매력적인가를 기준으로 가맹사업자를 평가한다. 가맹사업자의 목표는 많은 자본 확보, 가맹점주의 목표는 가능한 한 많은 장소를 확보하는 데 있다. 예를 들어 맥도날드의 최대 가맹점 아르코스 도라도스 홀딩스Arcos Dorados Holdings Inc.는 2,000개 지점에서 매출 45억 달러 이상을 올린다.

칙필레의 가맹 계약은 이런 식으로 이뤄지지 않는다. 칙필레의 가맹점주는 아무리 자본이 많아도 2,000개 지점을 소유할 수 없다. 물론 예외적으로 첫 번째 가맹점이 몰 안에 있을 경우 두 번째 가맹점 소유를 허용하지만 가맹점주의 95%가 가맹점 하나만 소유하고 있다. 1950년대 중반 캐시가 만든 가맹 계약이 변함없이 2개이상 가맹점 소유를 금지하고 있기 때문이다.

칙필레를 창립할 때부터 캐시는 치킨 판매가 아니라 지역사회의 리더 양성을 회사 사명으로 삼았다. 이 말에 코웃음을 치는 사람이 있을지도 모르겠다. 그러나 캐시는 그 사명에 충실했고 이를 바탕으로 가맹 계약을 만들었다. 지역사회 리더를 양성하려면 가맹점주에게 지역사회를 가까이하고 지역사회에 관심을 기울일 만한 충분한 이유가 있어야 한다는 것이 그의 생각이었다.

그는 가장 좋은 방법은 리더가 매장을 지키게 하되 그들이 하나의 매장만 소유하게 하는 것이라고 생각했다. 매장이 하나뿐이면 점주가 늘 매장을 지키면서 손님과 직원 가까이에 있을 것이므로 지역사회를 분명 세세히 알게 될 것이었다. 시간이 흐르면서 가맹점주가 지역사회 니즈에 대응하고 조치를 취하다 보면 지역사회 리더로 성장할 게 아닌가.

이 순수한 비전에 따라 그는 자본 규모가 아닌 지역사회에 헌신하려는 마음을 근거로 가맹점주(이 회사에서는 '운영자'라고 부른다)를 선정했다. 이는 종종 듣는 멋진 창립 신화일 뿐 21세기에 들어선 지 20년이 되어가는 지금까지도 그럴 리는 없다고 생각하는

108

가? 실제로 지금도 칙필레의 운영자가 되는 데는 전혀 자본이 필요치 않다. 다만 칙필레가 미래 지역사회 리더를 선정하는 데 엄청나게 공을 들이기 때문에 운영자가 되는 것은 하버드에 들어가기보다 어렵다.

오랫동안 칙필레는 서비스에 투입했다면 브랜드 가치를 높였을 엄청난 자본을 단호히 물리쳤고 대신 캐시의 의미를 받아들인 수만 명을 얻었다. 이들 지역 리더가 칙필레의 주인공이다. 매년 이 회사는 '세미나Seminar'라고 부르는 행사에 이들 모두를 초대한다. 행사의 절정은 운영자가 지역사회에 기여한 바를 치하하고 축하하는 의미에서 사진을 찍고 함께 이야기를 나누며 기념품을 전달하는 일이다. 세미나에서는 최고의 운영자들이 한 사람씩 연단에 올라가 자신의 이야기를 전달한다.

가치, 의식적인 절차, 스토리

물론 마크 저커버그, 셰릴 샌드버그, 트루엣 캐시가 완벽한 모범이라는 얘기는 아니다. 그들 중 누구도 그렇다고 주장하지 않을 것이다. 하지만 팀과 회사 내에서 연대를 구축하고자 신중하고 끈기 있게 위에서 아래로 의미를 정확히 전달하는 이들의 방식은 우리에게 교훈을 준다. 구체적으로 그들은 3가지 수단으로 커다란 효과를 냈다.

첫째, 가치를 표현한다. 이는 문자 그대로 당신의 '가치'를 글로 쓰라는 게 아니다. 그런데 수많은 리더와 기업이 상점이나 식당 배경음악 정도의 의미밖에 없는 성실, 혁신, 팀워크(맙소사!) 같은 포괄적인 가치 목록을 작성한 뒤 왜 그 활동이 큰 차이를 내지 못하는지 궁금해 한다. 이런 방법은 통하지 않는다. 당신이 가치를 두는 것이 무엇인지 말로만 하지 말고 행동으로 보여주어야 한다. 그들이 일터에서 실제로 만나고 마주치는 것이 무엇이길 바라는가? 페이스북의 선마이크로시스템스 로고, 애정 어린 구식 포스터, '해커 컴퍼니' 간판 모두 그 생생한 사례다.

당신은 가치를 어떻게 표현하는가? 당신은 벽에 무엇이라고 써놓았는가? 직원들이 문으로 드나들 때 마주치는 것은 무엇인가? 왼쪽으로 돌 때 그들은 무엇을 보는가? 그것은 그들에게 당신이 누군지 어떤 식으로 말해주는가?

둘째, 의식적인 절차를 행한다. 페이스북에는 그 유명한 격월 '해커톤hack-a-thon(해킹과 마라톤의 합성어로 마라톤을 하듯 정해진 시간 동안 해킹을 하는 프로그램 마라톤 – 옮긴이)'이 있다. 칙필레는 일요일에 영업을 하지 않는다. 월마트 창립자 샘 월튼은 매주 금요일 한 매장을 택해 전시 통로 끝 진열대 주위로 상품을 옮겨놓은 뒤 토요일에 돌아가 무엇이 팔렸는지 확인했다. 그것은 그 나름대로 QMI Quick Market Intelligence(즉각적인 시장 정보 수집)였고 직원들에게 사장을 비롯한 누구도 고객의 머릿속을 고객보다 더 잘 알 수는 없다는 그의 신념을 보여주었다.

인식하든 그렇지 않든 당신에게는 이미 의식적인 절차가 있다. 당신이 반복적으로 하는 그것은 당신에게 무엇이 의미 있는 일인지 직원들에게 전달해준다. 만약 우리가 당신을 일주일간 따라다닌다면 당신에게 의미 있는 일이 무엇인지 알아낼 수 있을 것이다. 가령 당신이 회의에 참석해야 한다고 해보자. 당신은 몇 시에 나타나는가? 5분 먼저 도착하는가, 5분 늦게 도착하는가? 당신은 어떤 옷차림을 하고 있는가? 당신은 약간의 시간을 내 팀원들의 사생활에 관심을 보이는가, 아니면 곧바로 비즈니스 논의를 시작하는가? 누가 가장 먼저 이야기를 하는가? 당신은 팀원들이 충분히 발언하게 해주는가, 아니면 그들의 말을 자르는가? 회의가 오래 이어지는가? 당신은 일을 마무리하기 위해 사람들을 제지하는가?

이 모든 것은 의식적인 절차의 한 측면이고 당신이 원하든 원치 않든 당신의 팀은 그것을 보고 이해하고 결론을 도출한다.

그러면 리더의 의미를 생생하게 전달해주는 의식적인 절차의 힘을 확인하기 위해 저커버그와 스티브 잡스를 비교해보자. 한 주일을 마무리할 때면 저커버그와 샌드버그는 페이스북의 가장 큰 카페테리아로 가서 전체회의를 연다. 이 회의에서는 모든 직원이 자유롭게 질문할 수 있고 두 리더는 최선을 다해 각 질문에 답을 한다. 실제 답변 내용보다 페이스북의 투명성과 개방성에 큰 가치를 두는 이 회의의 목적은 매주 최고경영자가 귀중한 시간을 거기에 할애한다는 점을 강조하는 데 있다.

반대로 잡스는 개방성보다 심미적 아름다움에 훨씬 큰 가치를 두었다. 실제로 그가 3개월에 한 번 정도 주재한 전체회의는 페이스북과 전혀 다른 모습이었다. 실은 대다수 외부인이 이 회의를 제품 발표회로 착각할 정도였다. 전체회의에서 잡스는 각 제품의 아름다운 디자인, 하드웨어와 소프트웨어의 복잡한 생태계, 콘텐츠와 코드의 정교한 통합을 상세하게 묘사했다. 소비자들은 그 새로운 제품에 감탄했고 진짜 청중인 애플 직원들은 듣고 본 것을 메모했다. 그들은 리더가 미학, 아름다움 그 자체, 세련된 창조물에서 느끼는 기쁨의 미덕을 칭송하는 것을 지켜보며 그가 공유하는 의미를 받아들였다. 그것을 외면하고 페이스북으로 갈 수도 있다. 어느 쪽이든 제품 발표는 그 진짜 목적에 도움을 준다. 잡스의 의미를 그의 팀 전체에 전달하는 것처럼 말이다.

셋째, 스토리를 만든다. 칙필레는 세미나에서 운영자의 인물 소개로 훌륭한 스토리텔링을 해낸다. 회사는 각 운영자의 매장을 방문해 사진을 찍고 방문한 이야기를 회사의 다른 사람들과 나눌 만큼 정확하고 세심하게 그의 가족과 이웃을 파악한다.

최고의 리더는 대부분 스토리텔러다. 그들은 상황을 드러내는 짤막한 이야기, 일화, 스토리를 회의나 이메일 혹은 전화로 전하면서 의미를 전달한다. 즉, 그들은 언제나 간단한 스토리로 자신이 가치를 두는 것을 전달한다. 스토리는 인간이 만든 '의미'로 세상을 이야기한다. 종교가 메시아와 세상 창조 이야기를 하는 것

거짓말 #3

도, 우리가 그 의미를 배우도록 스토리 안에 우화를 담는 것도 그 때문이다. 팀원들이 스스로 말하는 스토리로 그 팀에 중요한 것이 무엇인지 알게 되는 것도 마찬가지다.

당신은 의식하든 의식하지 못하든 스토리를 말한다. 모든 대화와 모든 회의에서 항상 말이다. 당신은 어떤 스토리를 말하는가? 그 스토리들은 당신이 어떤 것에 의미를 두는지와 관련해 무엇을 말해주는가?

리더인 당신은 직원들이 판단, 선택, 통찰, 창조 역량을 발휘하도록 만들기 위해 노력한다. 그러나 우리가 지금까지 살펴보았듯 당신이 현재 택하는 방법은 그리 적절치 않다. 당신은 계획 시스템에 정보를 가둬두고 목표 설정 시스템 내에서 지시를 전달한다. 그보다는 정보 시스템으로 정보를 드러내고 가치와 의식적인 절차, 스토리로 표현해 의미를 전달해야 한다. 직원들이 세상에서 무슨 일이 벌어지고 있는지, 당신이 어느 고지를 탈환하려 하는지 알게 해야 한다. 그런 다음 그들이 스스로 기여할 방법을 알아내리라고 믿어야 한다. 그들은 분명 목표를 위로부터 전달받는 계획 시스템에서 내리는 결정보다 더 낫고 정확한 결정을 내릴 것이다. 다른 사람들이 세운 목표는 우리를 가두지만 스스로 세운 목표는 자유를 준다.

NINE LIES ABOUT WORK

CHAPTER 4

최고의 인재는 다재다능한 사람이다

리오넬 메시가 드리블하는 것을 본 적 있는가? 유튜브에서 '메시 드리블'을 검색하면 수백 개의 영상이 올라온다. 어떤 것이든 상관없다. 클릭하라. 당신은 키 작은 남자가 마법 같은 발로 수비수를 잇달아 제치며 페널티 에어리어로 달려 들어가 슛하는 모습을 볼 것이다. 이것은 누구라도 잠시 시간을 내 보아둘 만한 장면이다. 이 신출귀몰한 능력은 탁월함에 관심이 있는 사람에게 좋은 연구 사례다. 그 능력이 어디에서 비롯되는지 분석하는 것은 물론 관련 단계를 세밀히 조사할 수도 있다. 또 그런 능력을 완전히 통달해 화려하게 펼치는 것을 감탄의 눈으로 지켜보며 인생의 어느 순간 그런 것을 경험하는 모습을 상상할 수도 있다.

　아르헨티나의 항구도시 로사리오에서 태어난 리오넬 메시는 늘 재빠른 아이였다. 그의 어머니가 첫 축구경기를 촬영한 영상에는 그가 상대팀 선수를 차례로 제치는 모습이 담겨 있는데, 마치 커다란 공이 그를 줄로 잡아당기는 듯한 느낌을 준다. 축구신동 메시는 열세 살의 어린 나이에 바르셀로나의 전설적인 유소년 아카데미 라 마시아La Masia로 떠났다.

그런데 안타깝게도 그는 그곳에서 성장이 멈춰버렸다. 그곳 사람들은 그에게 성장호르몬을 투여하고 체격이 재능을 따라갈 때까지 기다렸으나 그런 일은 일어나지 않았다. 그의 키는 170㎝에서 더 자라지 않았고 몸은 부에노스아이레스의 빈민가 거리에서 뛰노는 아이처럼 말라 있었다. 하지만 그것은 문제가 되지 않았다. 재빨리 달리고 토끼처럼 순간적으로 방향을 바꾸는 그는 마치 공이 축구화에 자석처럼 붙은 듯 천부적 재능을 발휘해 체격의 부족함을 상관없는 문제로 만들었다. 결국 열일곱 살에 바르셀로나 1군에 입단한 이후 그는 자신이 최고의 축구선수임을 세상에 증명했다. 그를 눈여겨보라. 다시는 그 같은 플레이를 보지 못할 수도 있으니 말이다.

어떤 유튜브 동영상이든 최고의 장면을 보여주지만 그의 재능이 가장 돋보이는 영상은 2015년 코파 델 레이Copa del Rey(스페인 국왕컵 축구대회 – 옮긴이) 결승전에서 아틀레틱 빌바오Athletic Bilbao를 상대로 기록한 골 영상이다.[1] 단 몇 초 만에 바람처럼 달려들어 마지막에 대포 같은 슛을 날리는 장면은 그야말로 놀라우며, 이 영상은 한때 기이하게 여겨졌던 그의 재능의 근본 토대가 무엇인지 보여준다.

그는 하프라인에서 패스를 받아 발을 공에 댄 채 잠깐 정지한다. 그의 앞에 있는 수비수와 나머지 상대 선수들은 그와 골문 사이에서 자기 위치를 지킨다. 그때 그는 갑자기 무슨 생각이 떠오른 것처럼 왼쪽으로 돌진하는 듯 페인팅 모션(거짓 동작 – 옮긴이)을 취하다가 오른쪽으로 움직여 가장 가까이에 있는 수비수를 무방비 상태로 만든 뒤 사이드라인 쪽으로 달려 나간다. 당연히 3명의 다른 선수가 모여들어 그를 코너로 몰아넣으며 골대에서 멀어지게 하려고 한다. 잠시 속도를 늦추고 어깨를 오른쪽으로 낮춘 후 왼쪽으로 가속하면서 공과 함께 수비수 다리를 지나친 그는 순식간에 3명의 상대 선수에게게서 벗어나 페널티 에어리어로 돌진한다.

그를 봉쇄하기 위해 빌바오 선수가 2명 더 그에게 달려가지만 그는 귀신같은 움직임으로 이들을 따돌린다. 그의 다리가 빠르게 앞으로 움직이는 가운데 공이 왼쪽으로 흘러온다. 공격수가 공격하기에 완벽한 그 위치에서 그는 슛을 날려 득점한다. 바르셀로나 선수들은 축구선수들만 할 수 있는 방식으로 그를 축하한다. 그가 경기를 재개하려고 하프라인으로 돌아가는 동안 역사상 가장 위대한 골을 본 빌바오 응원자들까지 감탄의 박수를 보낸다.

극도로 비정상적인 메시의 왼발 재능

이 영상을 반복해서 보다 보면 엄청나게 빠른 속도 조절, 곤란한 슈팅 각도에서 드러나는 천부적인 감각, 골문 가까이에서 슛을 하는 반직관적인 결정 등 여러 부분에서 감탄이 절로 나온다. 그러나 무엇보다 놀라운 것은 그가 하프라인부터 7명의 수비수를 제치고 페널티 에어리어에 이를 때까지 한 발만 사용한다는 점이다. 그가 달리기 시작할 때부터 슛을 날릴 때까지 공과 접촉한 횟수를 보면 그는 19번 공을 찼다. 그중 오른발로 찬 것은 2번뿐이고 나머지 드리블과 마지막 슛은 모두 왼발을 이용했다.

다른 영상을 클릭해 메시가 창조한 위대한 작품 속 드리블을 관찰해도 모두 마찬가지다. 강한 발과 약한 발의 사용 비율은 일정하게 10 대 1 정도다. 비교를 하자면 오른발잡이인 크리스티아누 호날두의 비율은 4.5 대 1이다. 다시 말해 메시는 단순한 왼발잡이가 아니며 그는 왼발로만 패스, 드리블, 슛, 태클 등 공으로 하는 거의 모든 것을 해내는 선수다.

메시의 왼발 재능은 극도로 비정상적이다. 상대팀의 모든 선수가 이 사실을 정확히 알고 있지만 메시는 아랑곳하지 않고 매번 왼발로 경기를 한다. 그리고 그가 상대 선수들 사이에서 방향을 틀 때마다 상대팀은 매번 당황하고 만다. 메시는 왼발잡이라는 타고난 특징을 한계로 여기지 않고 속도와 정확성을 갖추도록 개발해 끊임없이 극적인 우위를 차지하는 장점으로 끌어올렸다.

그의 이런 장기는 합리적인 계산에 따라 얻은 것이 아니다. 분명 수만 번 연습했을 테지만 골대를 향해 방향을 틀고 뛰어갈 때 그가 전달하는 것은 성실함이나 절제력이 아닌 즐거움, 다시 말해 기교 속에 담긴 순수하고 무의식적이며 막을 수 없는 즐거움이다. 발에 공을 붙인 채 달리는 그를 보는 것은 그의 최고로 완전하고 진실한 표현을 보는 셈이다. 누군가가 그만이 할 수 있는 탁월함을 발휘할 때 흔히 그렇듯 그는 우리에게 기쁨과 흥분을 선사한다. 심지어 상대팀을 응원하는 사람들마저 이 작은 체구의 남자를 경탄의 눈으로 보면서 박수치고 미소를 짓는다.

메시는 세계에서 가장 큰 스포츠 무대에서 일한다. 그렇지만 당신은 직장에서도 이렇게 감탄했던 적이 있을 것이다. 동료가 프레젠테이션을 준비해 재치 있고 확실하게 전달하는 것을 보고 미소지은 적이 없는가? 정확한 현실을 짚어주면서도 공감을 적절히 혼합해 짜증부리는 고객에게 잘 대처하는 그녀를 보고 감탄한 적이 없는가? 복잡한 사내정치 상황을 슬기롭게 풀어가는 동료를 경이로운 눈빛으로 바라보며 놀라워한 적이 없는가? 인간은 다른 사람이 재능을 발휘하는 것을 보며 즐거움을 느끼는 존재다. 실제로 우리는 뛰어난 재능의 자연스러움, 유려함, 솔직함에 공감하고 거기에 매료된다.

직접 실행해서 얻은 성과를 두고 자신의 강점을 표현하면서도 이런 즐거움을 맛볼 수 있다. 이 감각은 단순히 무언가를 아주 잘해서가 아니라 그 활동이 당신에게 주는 느낌으로 얻어진다. 제대로 정의하자면 강점은 '당신이 잘하는 어떤 것'이 아니다. 지능, 책임감, 훈련 덕분에 잘하긴 하지만 당신을 지루하게 만들거나 관심이 가지 않거나 진을 빼놓는 활동도 많다. 당신이 잘하는 어떤 것은 강점이 아니라 능력이다. 당신은 전혀 즐겁지 않은 일에서도 뛰어난 능력을 보여줄 수 있다.

강점은 당신이 강하다는 느낌을 받게 만드는 활동이다. 이런 활동에는 명확한 특질이 있다. 그 활동을 하기 전 당신은 그 일을 고대하고 활동하는 동안에는 시간이 어떻게 지나갔는지도 모르게 빨리 간다. 그리고 그 활동을 하고 난 후에는 지쳐서 곧바로 다시 일에 달려들지는 못해도 자랑스럽고 충만한 기분을 느낀다. 특정 활동을 강점으로 만드는 것은 이 3가지 감정, 즉 사전 기대, 도중 몰입, 사후 충만감의 조합이다. 이것이 그 활동을 계속 반복하고, 되풀이해서 연습하고, 한 번 더 할 기회를 얻으면 전율하게 만든다. 강점은 능력보다 욕망에 가깝다. 그 일을 계속해 결국 뛰어난 성과에 필요한 기술 발전을 이뤄내고자 하는 욕구의 먹이는 그러한 욕망 요소다.

당신이 가장 잘할 수 있는 일은 언제나 즐겁게 할 수 있는 일

물론 욕망이 엄청나게 강하지만 타고난 능력이 몹시 부족해 보이는 활동도 있다. 한 역사가에 따르면 플로렌스 포스터 젠킨스Florence Foster Jenkins는 "세계 최악의 오페라 가수였다. 그녀 이전에도 이후에도 그녀만큼 음악 부호의 속박에서 완전히 벗어난 사람은 없었다."[2] 작곡가 콜 포터Cole Porter는 계속 이상하게 흘러나오는 그녀의 목소리에 크게 웃지 않으려고 꼬챙이로 다리를 찌르곤 했다. 그렇지만 그녀는 노래하는 것을 좋아했고 결국 카네기홀 무대까지 올랐다.

플로렌스처럼 능력이 형편없으면서도 어떤 활동을 굉장히 좋아하는 듯 보이는 사람을 자세히 살피면 활동 그 자체가 아니라 활동의 덫을 좋아한다는 것을 발견할 수 있다. 플로렌스의 경우 그 덫은 공연자에게 주어지는 관심이었을 것이다. 그녀는 어린 시절 백악관에서 연주할 정도로 성공적인 피아니스트였다. 그런데 부상을 당해 피아노 연주를 그만두면서 무대에 오를 다른 방법을 찾아야 했다. '평범한 성과라는 바다'에 있는 찰나의 위대한 순간에 매료되어 그 빛나는 순간을 다시 만들려고 쉼 없이 탐색하는 사람들이 있다. 골프장에서 7번 아이언으로 완벽한 샷을 한 뒤 그 한순간을 다시 포착하고자 수년 동안 고생해본 사람이라면 이게 무슨 뜻인지 잘 알리라. 어떤 경우든 인간은 대개 선천적으로 잘하지 못하는 활동을 깊이 사랑할 수 없는 것 같다.

대신 우리는 즐거움이 느껴지는 활동에 끌린다. 이유를 설명할 수는 없지만 우리에게 생기를 불어넣고 사기를 고양해 더 나은, 더 회복력 있는, 더 창조적인 어떤 것이 드러나게 하는 요소가 담긴 듯한 활동이 있다. 이 감정은 모두에게 있지만 우리는 서로 다르기 때문에 각자 다른 활동에서 이런 즐거움을 찾는다. 일에서 즐거움을 느끼고 자신이 하는 일을 사랑한다면 우리는 그 일에서 정말 뛰어날 수 있다. 뮤지션 스티비 원더Stevie Wonder는 자신의 장점을 키워 그것으로 세상에 기여하는 일을 이렇게 표현했다.

"자신의 일에서 즐거움을 찾을 수 없다면 일에 결코 자부심을 느끼지 못할 것이다. 당신이 가장 잘할 수 있는 일은 언제나 즐겁게 할 수 있는 일이다."[3]

이것은 스티비 원더가 작곡하고 노래할 때 느끼는 감정이다. 그는 즐거움을 느낀다. 수비수들을 따돌리고 불가능한 각도에서 골문을 공략할 방법을 찾아냈을 때 리오넬 메시도 마찬가지 감정을 느낀다. 그가 느끼는 감정은 기쁨이다. 자기 일에 정말로 뛰어난 사람을 볼 때, 자신이 하는 일을 사랑하는 사람을 볼 때 우리도 이러한 감정을 느낀다. 리더가 당신에게 창의력, 혁신, 협력, 회복력, 직관, 생산성을 기대한다고 말할 때 그는 사실 "우리는 당신이 일하는 시간을 당신에게 즐거움을 주는 활동, 당신을 기쁘게 하는 과제로 채우길 바란다"고 말하는 셈이다.

안타깝게도 이 일련의 관찰은 비즈니스 세계에서 묵살되는 경우가 많다. 아마도 일은 엄격함, 객관성, 경쟁우위 관점으로 생각하는 반면 '탁월함을 얻으려면 일에서 즐거움을 찾아야 한다'는 발상은 다소 안이하게 여기기 때문일 것이다. 난이도와 관계없이 단점 극복은 비정하고 현실적인 일처럼 보고 기쁨을 찾는 것은 시인이나 하는 일로 보는 것 같다.

하지만 데이터는 거짓말을 하지 않는다. 실적이 가장 높은 팀의 특징인 8가지 항목 중 팀 생산성에서 가장 강력한 예측 변수로 두드러지는 것이 하나 있다(이것은 연구를 거듭해 얻은 결과로 업계나 국적과 상관없다). 그것은 '직장에서 매일 내 장점을 활용할 기회를 얻는다'는 느낌이다. 팀이 어떤 종류의 일을 하든 당신이 세계 어느 지역에서 일하든 팀 생산성은 일상 업무에서 기쁨과 즐거움을 느끼는 팀원이 많을 때 가장 높다. 강점과 일이 잘 맞는다고 느끼는 빈도가 아주 높은지 정도만 물어도 충분하다. 이때 질문에서 '매일'이라는 단어를 빼면 이 항목은 더 이상 효과가 없다. 즉, 질문에 '매우 그렇다'고 답하는 사람과 팀 실적 사이의 관계는 사라진다. 일과 강점이 잘 맞아떨어진다는 느낌을 '일상적'으로 받는 것은 높은 실적의 필수 조건이다. 최고의 팀을 이끄는 리더는 팀원들의 강점을 인정하고 그들이 매일 자신의 강점을 발휘하도록 지지받는다는 느낌을 받게 역할과 책임을 조정한다. 팀 리더가 이렇게 하면 인정, 사명감, 명확한 기대 같은 것도 덩달아 좋아진다. 반대로 팀 리더가 그렇게 하지 못할 경우 돈, 직위, 응원, 회유 등 그 무엇으로도 그것을 만회할 수 없다.

일과 강점의 일상적인 적합성은 실적이 좋은 팀의 주요 스위치다. 이것을 당기면 다른 모든 것이 올라가고 이것을 당기지 못하면 다른 모든 것이 하락한다.

지금까지 특별히 놀라운 것은 없었다. 우리는 리오넬 메시 같은 사람이 자신의 뛰어난 재능을 드러내는 것을 보아왔고 그 모습에 열광했다. 우리는 일을 탁월하게 해내는 동료들을 보며 그들의 성공에 감탄하고 행복을 느꼈다. 우리는 어떤 활동으로 하나가 되는 즐거움을 경험했고 자기 강점의 독특한 조합으로 기여한 모든 일에서 자부심을 느꼈다. 데이터에는 특별히 충격적인 점이 전혀 없다. 강점과 역할이 최적으로 조화를 이룰 때 최고의 팀이 만들어지는 것은 당연하다.

이런 이유로 기업이 개개인의 강점을 정확히 찾아내 그것으로 기여하게 하지 않는 것이 그저 놀라울 따름이다. 사실 기업은 시스템, 절차, 기술, 의식, 언어, 철학 측면에서 정확히 그 반대의 모습을 보인다. 표준화한 모델을 기준으로 직원들을 평가하고 가능한 한 그 모델에 가까워져야 한다고 몰아댄다. 그들은 다재다능한 사람이 최고의 직원이라는 거짓말을 중심으로 조직을 만든다.

측정 불가능한 '역량'을 측정하려는 헛된 노력

경력의 어느 지점에서 당신은 역량 모델이라 불리는 것과 마주친다. 역량이란 일을 잘 해내기 위해 당신이 갖춰야 하는 전략적 사고, 목표 지향성, 정치적 요령, 사업수완, 고객 중심 마인드 같은 자질을 말한다. 그 뒤에는 일에서 거둔 뛰어난 성과를 역량의 적절한 조합 측면에서 정의할 수 있다는 아이디어가 있다. 따라서 회사의 고위 리더는 역량의 긴 목록(선택 대상에는 그야말로 수천 가지가 있다)을 검토한 뒤 모두가 각 자리를 맡는 사람들이 갖춰야 한다고 생각하는 것을 선택한다.

예를 들어 널리 사용하는 모델 중 하나는 역량의 5가지 범주(핵심, 리더십·매니지먼트·비즈니스·대인관계, 직무기능, 직무기술, 세부기술 과제)인데 그 각각의 범주 안에는 더 자세한 역량 목록이 있다. 여기서 '핵심' 범주에는 22개 리더십 역량, 18개 매니지먼트 역량, 45개 비즈니스 역량, 33개 대인관계 역량으로 모두 118개 역량이 속해 있다.[4] 말단직에는 더 적거나 간단한 역량을 배치하고 위로 올라갈수록 배치하는 역량이 더 많고 복잡해진다. 각 역할에 따라 역량을 규정한 리더는 각 역량의 능숙도 수준을 1부터 5까지 정한다. 가령 어떤 직무에는 능숙도 3의 전략적 사고와 능숙도 5의 고객 중심 마인드 역량이 필요하다는 식으로 말이다.

이처럼 조직 전체나 일부에서 각 직무, 각 서열에 요구하는 역량과 능숙도를 정해놓은 것을 역량 모델이라고 한다. 전형적인 모델에서 어떤 직무는 수십 가지 역량에서 다양한 능숙도를 보여야 한다고 규정한다.

아직까지는 이것이 조금 번거롭긴 해도 받아들일 만한 것으로 보일지도 모른다. 이는 일단의 리더가 모여 그들이 이상적으로 생각하는 직원 역량을 규정하는 것을 말한다. 이것은 시간을 우선순위로 투자할 만한 일은 아닐지 몰라도 최소한 그들이 이 모델을 만들어서 피해를 보는 사람은 없었다. 그러나 다음에 일어나는 일은 우리를 거친 바다로 이끈다. 일단 만들고 나면 역량 모델이 어디에나 출현하기 때문이다. 당신의 상사와 동료는 그 모델에 따라 당신을 평가하고 당신의 전체 실적 평가는 대부분 당신이 각각의 역량을 어느 정도 갖췄는지가 좌우한다.

해마다 회사는 역량 평가를 하는데 이때 당신이 갖춘 역량이 당신의 실적과 잠재력을 설명하는 언어로 작용한다. 당신이 역량을 두루 갖추고 있을 경우 진급, 봉급 인상, 근사한 임무 배정을 기대할 수 있지만 그렇지 않으면 훈련 프로그램을 이수하거나 역량을 보충했음을 입증해야 한다. 이들 역량은 회사가 당신을 보고 이해하고 당신의 가치를 정하는 렌즈다.

회사가 당신의 개인정보를 보유하고, 봉급을 주고, 이익을 할당하고, 능력을 육성하고, 직위를 부여하는 데 사용하는 주요 인적자원관리 시스템은 대개 역량 모델과 직원들이 그 모델에 얼마나 부합하는가를 중심으로 만든다. 심지어 이 플랫폼에는 팀원들에게 문서 피드백을 일상적으로 제공하는 일을 맡은 로봇도 있다. 일단 팀 리더가 팀원들에게 요구하는 역량 목록 중 평가할 역량을 선택한다. 이어 그 사람의 역량이 요구에 미치지 못하는지, 부합하는지, 넘어서는지 보여주는 행동 목록에서 해당사항을 고른다. 시스템이 피드백 예시 문장을 만들어내는 걸 지켜보고 나면 피드백 조정 버튼으로 문장을 좀 더 긍정적 혹은 부정적으로 만들 기회가 주어진다. 이후 최종 버튼을 클릭할 경우 피드백 서식에 완성한 문장이 더해진다. 단어는 하나도 입력할 필요가 없다. 이 로봇은 '바버라는 예산 요청을 고려하면서 자신의 연간 비용을 검토해 적절한 조정 사항을 발견했다' 같은 따분한 문장을 만들어낸다. 바버라가 실제로 그런 일을 했는지 전혀 알지도 못하고 관심도 없으면서 몇 번의 빠른 클릭으로 이런 통찰이 만들어지는 것이다.[5]

하지만 우리가 여기서 우려하는 것은 역량 모델의 이 같은 모욕적인 자동 실행이 아니다. 그보다는 현재 우리가 조직에서 하는 대다수 일의 기저에 있는 것을 그 모델이 구현하는 이론이다. 그 이론은 이런 식이다. 우리는 기계·코드·프로세스로 이뤄진 세상에서 살고 있으며 이것이 고장 나면 우리는 결함이 있는 부품이나 코드행, 프로세스 단계를 찾아 고쳐야 한다. 즉, 기능 장애를 찾아 수리해야 한다. 일과 관련된 이 역량 이론의 첫 번째 부분은 이 사고를 실적으로 확장한다. 만약 당신이 숙련도 척도에서 어느 지점에 있는지 확인하면 우리는 당신의 가장 낮은 점수, 다시 말해 가장 크게 '고장 난' 부분이 '개발 영역'이며 더 나은 실적으로 가는 최선은 이 부족한 영역에 계속 초점을 맞추는 것이라고 말해준다.

이론의 두 번째 부분은 이러한 생각을 바탕으로 다음과 같이 논리적인 결론을 내린다. 실적 향상이 결점을 고치는 데서 나온다면 높은 실적은 전반적인 결점을 제거해 모든 척도에서 높은 점수를 얻어야 나온다! 다시 말해 탁월성은 곧 전반적으로 높은 능력이고 결국 다재다능한 사람이 더 낫다는 얘기다.

이것은 역량의 독재를 뒷받침하는 거짓말로 상당히 집요하고 곳곳에 만연해 있다. 진실을 보려면 2가지 사실만 이해하면 된다.

첫째, 역량은 측정이 불가능하다. 예를 들어 전략적 사고를 생각해보자. 역량은 '상태', 즉 가변적이고 유동적인 것일까 아니면 '형질', 즉 내재적이고 시간 흐름에도 비교적 안정적인 것일까? 심리측정 분야에서는 이 2가지 현상을 다르게 측정한다.

상태를 측정할 때는 사람에게 심리 상태를 묻는 설문을 고안하거나 대상이 필요한 지식을 얻었는지 판단하고자 옳은 답과 그른 답이 있는 검사를 만든다. 설문에 나타난 어떤 사람의 선택은 상태다. 우리는 이것이 변할 수 있다고 본다. 구체적으로 말해 우리는 어떤 사람에게 시점 1에서 질문한 뒤 새로운 정보를 주면 시점 2에서는 그 사람의 선택이 바뀔 가능성이 있다고 예상한다. 기분은 상태다. 사람마다 자기 나름대로 행복을 규정하는 설정값이 있겠지만 우리는 그 설정값이 기분에 따라 변할 수 있다고 추정한다. 보통 시점 1에서 기분을 물은 뒤 상황이나 환경 변화가 일어나면 시점 2에서는 기분에 차이가 생긴다. 마찬가지로 기술과 지식도 상태다. 시점 1에서 당신의 특정 기술과 지식 기반을 테스트하고 당신에게 이 영역을 더 훈련하게 할 경우 당신은 시점 2에서 옳은 답을 더 많이 내놓을 것이다.

이 모든 것은 상태다. 우리는 시간이 지나면서 그것이 변화할 것이라고 예상한다.

둘째, 형질은 사람에게 내재해 있다. 외향성은 형질이며 공감, 경쟁심, 체계에 보이는 니즈도 마찬가지다. 사람은 제각각 사고, 느낌, 행동에서 반복적인 패턴과 특유의 성향을 지니고 있다. 우리가 이런 패턴으로 기여할 보다 지능적이고 효과적인 방법을 배울 수도 있지만 많은 증거가 패턴 자체는 평생 지속된다고 말해준다.

형질은 설문조사나 기술 테스트로 측정할 수 없으며 적합하고 믿을 만한 인성평가를 이용해 측정해야 한다. 가장 널리 사용하는 인성평가는 자가진단self-assessment(주의 깊게 선정한 단어로 이뤄진 여러 진술을 '매우 그렇다'에서 '전혀 그렇지 않다'까지의 범위로 측정하는)과 상황판단검사situational judgment test(여러 상황에 따라 선택 가능한 답변 목록이 주어져 검사 대상자가 자신에게 가장 잘 맞는 답변을 선택하는)다. 참고로 마커스의 연구 중 스트렝스파인더StrengthFinder 검사는 자가진단의 한 예고 스탠드아웃StandOut 검사는 상황판단검사의 한 예다.

어떤 것을 측정하기에 앞서 당신이 측정하려 하는 것이 무엇인지 결정해야 측정 방법을 적절히 선정할 수 있다.

다재다능한 고성과자는 이론 세계에만 존재한다

요점은 이렇다. 이 관점에서 전략적 사고 같은 역량은 무엇인가? 그것은 상태인가 형질인가? 그것을 측정하려면 이 점을 알아야 한다. 더구나 역량의 목적은 무엇인가를 측정하는 데 있다. 역량을 상태로 보면 그 사람의 심리 상태를 묻는 설문이나 옳은 답과 그른 답이 있는 테스트로 측정해야 한다. 즉, 관리자나 동료들에게 그를 평가하도록 요구해서는 안 된다. 그들은 당신이 선호하는 선택이나 테스트에서 당신이 받을 점수를 예측할 수 없으며 결국 당신에게 이 추상적 특질이 얼마나 있는지 알지 못하기 때문이다. 만약 역량을 형질로 본다면 이것을 인성평가로 측정해야 하고 전략적 사고를 계발하기 위해 수업을 들으라고 해서는 안 된다. 그것이 형질이라면 그 정의상 크게 변하지 않을 것이니 말이다.

사실 전략적 사고나 사내정치 수완 같은 역량에는 상태와 형질이 뒤섞여 있다. 우리는 당신의 목표 지향이 타고난 것인지, 배운 것인지 아니면 지시받은 것에서 나온 것인지 알지 못한다. 또한 우리는 고객 중심이 타고난 기질의 또 다른 부분인지, 당신이 배운 다른 기술인지, 다르게 사용하는 같은 기술인지, 완전히 다른 어떤 것인지 알지 못한다.

실적에 과학적으로 접근할 때는 측정 가능한 것부터 그것이 실적에 어떻게 영향을 주는지까지 연구한다. 반면 역량은 다른 방향으로 접근한다. 역량은 실적에 중요하다고 여기는 모든 자질을 나열하는 것으로 시작해 각각의 자질을 어떻게 측정하는지 생각한다. 이 시점이면 형질을 상태와 구분하기에는 너무 늦어 버린다. 그 결과 우리는 추상 개념(안타깝게도 상태도, 형질도 측정하지 못하는)으로 서로를 평가하면서 모든 것이 어떻게든 나아질 것이라고 기대한다(타인 평가와 관련된 위험은 6장에서 더 자세히 다룬다).

역량은 측정할 수 없다. 그러므로 특정 영역에서 뛰어난 사람은 모두 일련의 특정 역량을 갖췄다는 주장은 입증할 수도 반박할 수도 없다. 부족했던 역량을 습득한 사람은 그렇지 않은 사람보다 더 나은 결과를 낸다는, 즉 다재다능한 사람이 더 낫다는 것 역시 보여줄 수 없다. 이 2가지 진술은 기업이 직원의 재능을 계발하고자 하는 대다수 시도에서 토대 역할을 한다. 두 진술은 반증이 불가능하다. 상호 심사 학술지 어디에도 특정 역량을 소유할 필요성을 입증하는 학술논문은 없고 부족했던 역량을 습득하는 것이 실적을 높인다는 증거도 찾을 수 없다. 이 2가지 주장은 좋은 의도로 만들어지긴 했으나 그 어디에도 근거는 없다. 우리는 이들 주장이 옳은지 그른지 결코 알아낼 수 없다.

당신은 이렇게 말할지도 모른다. 비즈니스 기술은 결국 불충분한 데이터로 결정하는 기술이 아닌가? 그런 일을 하고 사업가들이 봉급을 받는 것이 아닌가? 불확실성 앞에서 위험을 감수하는 것이 그들이 돈을 받는 이유가 아닌가? 이러한 심리 측정이 그렇게 중요한 것인가? 다양한 역량 습득이 탁월성을 높이는 데 도움을 준다는 점을 입증할 수 없다고 해서 노력하는 것이 잘못된 일이라는 것인가? 좋은 팀 리더는 개별 직원의 능력에서 부족한 부분을 정확히 짚어내 이를 메우고자 노력함으로써 보다 다재다능한 사람이 되도록 격려해야 한다. 팀과 개인 모두 다재다능이라는 이상에 좀 더 가까워지면 혜택을 얻는다. 실제로 성장이란 부족한 능력을 습득하는 과정이 아닌가?

다시 말하지만 그렇지 않다. 여기에 두 번째 진실을 소개한다. 직업과 노력에 따른 높은 실적 연구는 모두 탁월함이 개별적임을 보여준다. 다재다능한 고성과자는 이론 세계에만 존재한다. 현실에서 고성과자에게는 남보다 특이한 점이 있으며 그가 뛰어난 성과를 내는 것은 그 독특함을 이해하고 현명하게 육성해준 사람이 있었기 때문이다.

이것은 프로 스포츠 세계에서 가장 쉽게 확인할 수 있다. 축구팀에서 성취도 높은 공격수 모델을 이론으로 설계할 경우 작은 체구에 오른발 재간이 부족한 리오넬 메시가 끼어들 여지는 없다. 분명 크리스티아누 호날두처럼 키가 크고 체격이 좋으며 왼발, 오른발, 머리를 자유롭게 사용하는 선수(그 이론 설계에서 호날두의 자만심이나 개인주의, 가끔 튀어나오는 건방진 행동은 지워야겠지만)를 고안할 것이다. 테니스계에서는 그 설계에 로저 페더러의 우아한 몸놀림과 품위, 라파엘 나달의 근육질 몸, 노박 조코비치의 자신감, 부드러운 스트로크를 구사하는 앤디 머레이의 손을 가미하리라. 한마디로 이론 세계에서 좋다고 생각하는 자질을 뒤섞는다는 얘기다.

그러나 축구선수든 테니스선수든 팀 리더든 현실에서는 누구도 이렇게 만들 수 없다. 현실에서는 각자 자신의 능력을 최대한 활용하는 법을 배워야 한다. 사실 성장은 부족한 능력을 어떻게 얻을지 알아내는 문제가 아니라 이미 갖춘 능력의 영향을 어떻게 높일지 알아내는 문제라는 것이 밝혀졌다. 사람의 능력은 다양하기 때문에 최고의 성과에서는 다양성 최소화가 아닌 극대화를, 동일성이 아닌 독특성을 만나게 마련이다.

최고의 음악가들 사이에도 같은 독특함이 존재한다. 우리는 아델에게 고음의 감상적인 발라드를 기대한다. 만약 로드나 할시, 브리트니 스피어스, 마일리 사일러스(맙소사!)에게 아델처럼 노래를 부르라고 한다면 플로렌스 포스터 젠킨스의 콘서트를 보러 카네기홀에 간 관객처럼 깜짝 놀랄 것이다. 모든 역할에는 다른 재능이 얼마나 출중한가에 관계없이 그것이 없으면 성공할 수 없는 몇몇 요건(이런 것 혹은 이런 것의 부족에 붙는 관례적인 명칭은 '경력 탈선기career derailer'다)이 있다고 주장할 수도 있다.

그렇지만 여기서도 우리는 최소한의 요건을 정하는 데 주의를 기울여야 한다. 가령 음악 기술 목록에 '기보법 능숙도'를 포함할 경우 우리는 음악계의 큰 별들을 탈락시켜야 한다. 실제로 프랭크 시나트라와 엘튼 존은 악보를 읽을 줄 몰랐다. 우리가 피아니스트에게 요구하는 자질 목록에 '손 2개'를 포함하면 1차 대전 때 오른팔을 잃고 당대 유명 작곡가에게 왼손을 위한 피아노 협주곡을 의뢰한 파울 비트겐슈타인은 당연히 제외해야 한다. 그가 아니었다면 벤저민 브리튼, 파울 힌데미트, 세르게이 프로코피예프, 리하르트 슈트라우스, 모리스 라벨의 걸작은 탄생하지 못했을 것이다.

그러나 이것은 모두 극단적인 사례로 실제 일의 세계와 동떨어져 보인다. 평범한 일의 기술과 강점을 측정할 때는 어떤 일이 일어날까? 우리는 독특함을 발견할까, 다재다능함을 발견할까?

탁월함은 개별적이다

1980년대 초 돈 클리프턴이 실적 예측에 나섰다. 수학과 심리학을 배운 그는 구직자에게서 확인할 수 있는 요인, 특히 구직자가 추구하는 역할에서 성공을 예측하는 요인을 정량적으로 확인하는 일에 착수했다.

클리프턴은 셀렉션리서치SRI, Selection Research Incorporated 사에서 연구팀을 이끌었고, 이 회사는 1990년대에 갤럽을 인수해 그 이름을 이어받았다. SRI의 초기 연구 중 하나는 대형 주류 체인점 매니저들의 성공을 예측하는 일이었다. 오랫동안 매니저의 성격이 복잡 미묘한 방식으로 그저 그런 술집과 좋은 술집을 가르는 것으로 알려져 있었기 때문이다. 클리프턴 연구팀은 늘 그렇듯 가장 우수한 매니저와 평균 매니저를 대상으로 '누군가를 관리하는 가장 좋은 방법은 무엇인가?', '직원은 얼마나 밀착해서 감독해야 하는가?' 등 많은 질문을 했다.

그 답변에 차이가 없는 질문은 제외하는 과정을 거치자 술집 매니저가 올리는 실적의 비밀을 밝혀줄 것으로 보이는 108개 질문이 남았다. 이어 그들은 응답자의 실적을 알지 못하는 다른 매니저들을 대상으로 같은 질문을 이용해 블라인드 테스트를 실시했다. 그 결과 추려낸 질문 목록이 우수한 매니저와 그렇지 않은 사람을 가려내는 믿을 만하고 일관성 있는 방법임이 밝혀졌다.

이들 질문은 매니저의 사명감부터 우발적인 상황에서 보이는 본능적인 대책, 다른 사람의 역량을 끌어내는 능력까지 다양한 특질을 측정했다. 연구팀은 이들 중 하나 혹은 소수의 조합이 최고의 실적이라는 비밀의 문을 여는 마스터키가 아닐까 하고 의심했다. 그런데 최고 매니저들의 점수를 살펴보면서 그들은 미묘하지만 이상한 점을 발견했다. 최고 매니저들이 최고 점수를 기록한 부분이 저마다 달랐던 것이다. 술집 안에서 특정 분위기를 창출하는 항목에서 높은 점수를 받은 매니저가 있는가 하면 재고관리와 예산 부문에 우수한 매니저도 있었다. 한마디로 전혀 패턴이 나타나지 않았다. 아니, 하나의 커다란 패턴만 있었다. 매니저의 실적을 예측하는 유일한 방법은 총점을 보는 것이었다. 매니저들이 일을 잘하는 방법 목록도 찾아내고 각 분야에서 뛰어난 것이 무엇인지 정의할 수도 있었지만, 이들에게 무언가 뛰어난 것이 있는 한 그 뛰어남에는 차이가 없어 보였다.

이것은 술집 매니저의 역할에서만 나타나는 이례적인 일이 아니다. 영업사원, 교사, 의사, 주부 등 갤럽이 연구한 모든 직업에서 이와 동일한 패턴이 나타났다. 뛰어난 사람도 능력이 모두 동일한 것이 아니라 크게 다른 능력의 조합을 보여주었다. 모든 직업에서 현실 세계에 나타난 탁월함은 개별적이었다.

대다수 대규모 조직 내부에 있는 이론 세계, 즉 질서와 정돈의 필요에 사로잡힌 세계에서 완벽한 직원은 자기 역할에서 꿈꾸고 규정할 수 있는 모든 역량을 갖춘다. 현실 세계에는 이처럼 복잡하게 규정한 긴 역량 목록이 존재하지 않으며 설령 존재할지라도 그리 중요하지 않다.

영국의 여우사냥이 먹지도 않을 것을 쫓는 데서 얻는 희열이라면 역량 모델은 무관한 것을 쫓는 데서 얻는 희열이다. 현실 세계에서 불완전한 우리는 각자 자신의 독특한 형질과 기술로 최선의 조합을 만들고자 노력한다. 이 일을 가장 잘하는 사람, 다시 말해 자기 일을 사랑하고 지성과 자제력으로 그 사랑을 키우는 사람이 가장 크게 기여한다. 최고의 직원은 다재다능하고 자신의 획일적인 능력에서 충족감을 느끼는 사람이 아니다. 그와 정반대로 특출한 사람이야말로 최고의 직원이다. 저마다의 날카로운 특출함을 사랑으로 연마하면 그들은 가능한 한 최선의 기여를 하고 가장 빠른 성장을 보여주며 궁극적으로 가장 큰 기쁨을 발견할 것이다.

정도는 다르지만 우리는 모두 오래전부터 이 점을 알고 있었다. 학창 시절이나 직장생활을 하면서 아마 '이 귀찮은 일을 치워두고 내가 정말로 원하는 일에 집중할 수만 있다면 큰 차이를 만들 수 있을 텐데' 하는 생각을 누구나 해봤을 터다. 그럼에도 불구하고 왜 역량 모델과 그에 따르는 360도 평가, 피드백 도구, 개발 계획이 존재해야 하는 것일까? 합리적이고 분별 있는 사람들이 효과를 증명할 수 없고 만드는 데 엄청난 시간과 에너지가 필요하며 실제 경험과 정면으로 배치되는 모델을 구축하는 일에 많은 시간과 에너지와 돈을 들이는 이유는 무엇일까?

간단하게 대답하자면 이렇다. 사실 우리는 서로가 다르다는 것과 그 독특함을 어떤 훈련과 괴롭힘으로도 없애지 못한다는 것을 깊이 인식하고 있다. 따라서 바쁜 팀 리더가 팀원이 각각 다르게 생각하고 다른 것에 동기를 부여받으며, 인간관계 단서에 다르게 반응하는 것은 물론 다른 종류의 칭찬에 기뻐한다는 사실과 대면

하는 것은 압도적으로 부담스런 일이다. 이처럼 다양성의 미묘한 차이를 다룰 시간이 있는 사람이 어디 있겠는가? 그저 모델을 규정한 뒤 모델을 관리하는 것이 낫지 않겠는가?(그래서 앞에 나온 자동 피드백 로봇이 생긴 것이다)

빨리 실패하면 빨리 능숙해진다는 거짓말

회사에서는 모든 게 통제 관련 문제다. 기업 리더는 대부분 조직 내에서 성별·인종·연령뿐 아니라 사고, 동기, 인간관계의 엄청난 다양성과 마주한다. 그러다 보니 이들은 본능적으로 모든 것을 억제하고 혼돈에 조화를 부여하며 무슨 일이 일어났는지 이해하는 한편 다음에 무슨 일이 일어날지 파악하기 위한 방안을 찾으려 한다. 한마디로 지배력을 행사할 방안을 찾으려는 강한 본능을 드러낸다. 그 결과 기업이 개개인의 특이성을 피하려는 노력에 많은 돈과 시간을 투입해오고 여전히 투입하고 있는 것이다.

이런 이유로 등장한 모델은 모든 측정 대상인 일련의 명확한 특징을 엄격하게 비교하기를 기대한다(현실 세계에서는 늘 '사과 대 오렌지'지만 모델은 '사과 대 사과'를 비교). 이들 모델은 노동자 전체를 파악하는 '분석적 통찰'을 약속한다(이 시스템이 이름만큼이나 모순적인 실적 관리 시스템으로 알려진 것은 우연이 아니다). 또한 사실, 증거, 진실도 약속한다. 임원이 무슨 일이 일어나고 있는지 구체적으로 알지 못한다면, 자신 앞에 있는 거대한 기업의 다이얼을 조정해 전진할 수 없을 때 무슨 일을 해야 할까? 점점 더 많은 리더가 이 모델들이 약속하는 것을 전혀 제공하지 못한다고 의심하고 있다. 이러한 의심은 반드시 최소화해야 하는 불편함이다.

정확히 말하면 역량 모델뿐 아니라 그 뒤에 있는 아이디어도 의심스럽다. 거기에는 결점을 바로잡으면 능력 향상이 가능하다는 아이디어가 있다. 성장에는 실패가 필수라는 아이디어도 있다. 또 강점은 두려워해야 하는 대상이라는 아이디어도 있다.

뛰어난 실적에서 가장 눈에 띄는 것은 결점 부재가 아니라 몇 가지 특징 있는 강점, 즉 오랜 시간에 걸쳐 다듬고 훌륭하게 사용하는 강점이다. 그렇지만 우리는 여전히 결점 교정 아이디어에 매력을 느낀다. 이 아이디어는 우리에게 결점을 한곳에 몰아넣고 길들일 수 있다는 희망을 주고 결점을 고치기 위해 노력함으로써 단점을 보상하게 해준다. 이 노력이 보통 즐거움과 거리가 멀다는 사실도 매력의 일부다. 레이 달리오Ray Dalio가 운영하는 헤지펀드 브리지워터의 슬로건은 '고통＋반성＝발전'이다. 이 처방의 극단적인 명료함에 우리는 얼마간 흥분을 느낀다. 결점을 고치려는 힘든 노력은 가치 있는 고통, 속죄 방법, 세상에 보상하는 방법처럼 보이며 우리는 그 유익한 금욕에 이끌린다.

실패가 중요하다는 아이디어는 실패가 결점을 이해하는 데, 그러니까 더 많은 결점을 찾는 데 도움을 주는 까닭에 매력적이다. 빨리 실패하는 것의 의미를 언급하지 않는 테크놀로지 기업은 무언가 잘못된 것으로 여겨진다. 미국 IT기업 넥스트 점프의 CEO 찰리 킴Charlie Kim은 "아무리 서툴러도 우선 실행하는 것 외에 '더 잘할' 방법은 없다"라고 말했는데 이것은 완벽하게 타당하다. 그 결과 "우선 시작하라. 시작하고 실패하라! 우리는 실패에 능숙해지면서 더 잘하는 것에도 능숙해진다"라는 잘못된 삼단논법이 펼쳐진다. 회사가 하는 일이 모두 좀 더 많은 방법으로 더 빠르게 실패하는 것이라면 회사는 그저 실패할 뿐이다. 당연한 일이 아닌가? 더구나 큰 성공은 작은 성공들의 집합이며 발전은 각 시도에서 무엇이 효과가 있는지 알아내고 포착하고 파악하는 것으로 이뤄진다.

실패 자체는 성공과 관련해 아무것도 가르쳐주지 않는다. 결점과 강점의 관계도 이와 마찬가지다. 우리가 더 나아지기 시작하는 순간은 어떤 것이 효과를 내지 않는 때가 아니라 효과를 내는 때다. 페이스북이 데이터를 사용해 선거에 영향을 준 혐의로 정부조사를 받을 때, 우버의 자율주행차가 자전거 운전자를 치어 사망하게 했을 때 누구도 이 실패와 그들이 달성한 '빠른 실패 속도'를 찬양하지 않았다.

강점은 두려워해야 하는 존재라는, 즉 강점은 실패와 단점에 적절히 집중하는 일에서 멀어지게 만들고 게으름과 현실에 안주하게 만들기 때문에 과도한 강점 이용은 피해야 한다는 아이디어도 있다. 훌륭한 운동선수가 훈련하는 것, 훌륭한 작가가 글을 쓰는 것, 훌륭한 프로그래머가 코딩하는 것을 보면 강점을 갈고닦는 것이 얼마나 어려운 일인지 깨닫는다. 이미 수준 높은 사람이 실적을 더 낼 부분을 찾는 것은 결코 쉽지 않은 일이다. 더구나 강점은 최고로 '완성한' 부분이 아니라 생산적인 도전을 하는 곳에 있다.

그렇지만 우리는 강점을 발휘하려는 유혹을 억제하고 약점을 극복하기 위해 애써야 한다는 이야기를 듣는다. 흔히 하는 말로 "백핸드를 피하지 말라"는 얘기다.[6] 이는 실제로 강점에 관해 오해가 있음을 드러내준다. 강점은 성과를 내기에 가장 쉬운 부분이 아니라 가장 영향력이 강하고 가장 큰 성과를 낼 수 있는 부분이다.

우리는 리오넬 메시에게 오른발을 사용하기 위해 노력하라고 말하지 않는다. 대신 그가 왼발을 더 강하게 만들고자 끊임없이 노력하는 것을 지켜본다. '백핸드를 피하는 것'이 '약점을 피한다'는 뜻으로 자리 잡은 유일한 이유는 후안 마르틴 델 포트로, 라파엘 나달을 비롯한 수많은 훌륭한 테니스선수가 그렇게 하는 것을 수없이 봐왔기 때문이다. 이 말은 강점을 발휘하기 위해 약점을 피하는 행동을 의미한다. 최고로부터 얻은 교훈은 이런 행동으로 높은 성과에서 멀어지는 게 아니라 높은 성과에 가까워진다고 말하고 있다.

반면 역량 모델, 360도 평가, 인재 심사, 피드백 도구 등은 결점 파악과 실패 수용 그리고 강점을 경계하는 아이디어를 토대로 한다. 분명히 말하지만 우리는 여기서 '절대이론'을 주장하는 것이 아니다. 약점 개선 노력에서 얻는 게 전혀 없다거나 실패의 두려움 때문에 새로운 것을 시도하지 말아야 한다고 얘기하는 것도 아니다. 오히려 가장 먼저 강점과 성공에 집중해야 한다! 그곳이 가장 유리한 지점이기 때문이다. 유감스러운 것은 각자 고유의 재능을 발견하고 촉발하는 것을 목표로 하는 그 시스템이 사실은 그런 재능을 억제하고 각자의 독특함을 부정하는 효과를 낸다는 점이다. 결국 그 시스템은 성과에 도움을 주지 않는다. 아니, 성과를 저해한다.

결과 비즈니스에 집중하라

이 상황에서 우리는 어떻게 해야 할까? 현실 세계 속 최고의 팀 리더는 어떻게 훌륭한 팀을 만들까? 여기 최고의 팀 리더들이 사용하는 3가지 전략이 있다.

첫 번째 전략은 '결과 비즈니스outcomes business에 매진하라'는 것이다.

초기 실리콘 밸리의 어느 스타트업 팀 리더 1명이 특이한 상황에 놓였다. 그는 경험 많은 엔지니어 1명에게 신입사원 사수 역할을 맡겼는데 그 엔지니어가 불만을 토로했다. 그는 신입사원이 건방지고 발끈하는 성격일 뿐 아니라 끔찍한 냄새까지 풍긴다며 리더에게 그를 해고하라고 말했다. 그런데 그 별난 신입사원에게서 특별한 것을 발견한 팀 리더는 다른 해법을 내놓았다. 그는 두 사람이 동시에 사무실에 있지 않고 서로 교대로 업무를 처리하면 함께 일할 수 있으리라고 판단했다. 이렇게 해서 아타리Atari 초기에 스티브 잡스는 야간 근무를 맡았다.[7]

다른 사람들이 당신이 통제 비즈니스를 한다고 오해할지도 모른다. 역량 모델은 당신이 방법 비즈니스를 하느라 지치게 만들 것이다. 팀 리더인 당신이 해야 할 일은 그런 게 아니라 결과 비즈니스다.

당신은 회사를 위해 가능한 한 효과적이고 예측 가능하며 지속 가능한 결과를 만들어낸다. 또한 뛰어난 창의력, 직관, 열정을 발휘해 당신과 당신 회사가 미래에 필요로 할 인재를 영입한다. 휴 다우딩의 벙커, 스탠리 맥크리스털의 O&I, 페이스북의 회의실 문 로고, 칙필레의 가맹 계약에서 우리가 얻는 교훈은 리더들이 통제 비즈니스가 아닌 결과 비즈니스, 즉 정보 비즈니스, 의미 비즈니스, 권한부여 비즈니스를 해야 한다는 점이다.

리오넬 메시의 매니저는 팀이 골을 기록하게 해야 한다. 마법에 걸린 듯한 메시의 왼발 재간은 공을 골대 안에 넣는 결과를 낳아 흥미로운 것이다. 메시의 매니저가 코치하는 모든 일은 메시가 골을 기록하는 결과에 집중해 팀의 승리를 도왔을 때만 의미가 있다. 궁극적으로 중요한 것은 특이성이 아니라 골이다. 특이성은 더 많은 득점을 올리는 가장 좋은 방식일 때만 유용하다.

테니스도 마찬가지다. 우리가 앤디 머레이의 코치일 경우 보편적인 테니스 모델을 규정해 그에게 그런 식으로 플레이하지 말라고 말할 가능성은 전혀 없다. 대신 이렇게 말할 것이다.

"앤디, 우리는 우승이 어떤 느낌인지 잘 알잖아. 자네에게 월등한 우위를 안겨주어 승리를 이끌어낼 자네의 강점은 뭘까? 자네에겐 로저의 백핸드나 라파엘의 스핀 같은 재능은 없어. 하지만 자네에게는 스피드, 터치, 불굴의 투지가 있지. 어떻게 하면 그런 것을 자네의 특징으로 만들 수 있을까?"

은퇴한 미국의 프로 테니스선수 빌리 진 킹Billie Jean King은 "최고의 테니스선수는 자기만의 승리의 조합, 자신이 선호하는 지점에서 끝나는 1-2-3 경로를 연습해야 한다"라고 말했다. 그렇다면 앤디에게 그의 강점을 어떻게 조합할 것인지 묻고 그가 그것을 연마하도록 격려함으로써 부담이 큰 상황에서도 대담하게 그 조합을 구사하게 해야 한다. 다시 말해 그가 단독으로든 결합해서든 자신만의 강점을 이용해 자신이 추구하는 결과를 내도록 도와야 한다.

가르침의 '결과'는 학생의 배움을 돕는 것이다. 아름다운 노래를 작곡하는 보편적인 방법이 없듯 가르침에도 보편적인 방법은 없다. 술집 관리의 '결과'는 훌륭한 분위기나 재미있는 야간행사, 저렴한 가격의 맛있는 맥주를 마련하는 게 아니다. 그것은 방법일 뿐이다. 결과는 술집을 만족한 고객으로 가득 채우는 일이다. 구역 관리자는 각 술집을 방문해 그곳 매니저가 바라는 것이 무엇인지, 그가 일에 가장 몰입할 때는 언제인지, 그가 술집의 어떤 활동에 비중을 두는지에 주의를 기울인다. 그리고 여기에서 나타난 그들의 강점을 중심으로 코칭 전략을 세워 각 지점 매니저가 자신의 강점을 결합해 원하는 결과를 내도록 돕는다.

당신도 똑같이 할 수 있다. 당신이 팀과 팀원들에게 원하는 결과를 규정하고 각 팀원이 그 결과에 가장 효율적이며 창의적으로 즐겁게 도달할 방법을 찾기 위해 각각의 강점 징후를 살펴보라. 당신이 결과 비즈니스를 한다는 것을 인식하는 때가 당신이 개개인의 독특함을 오류에서 특징으로 바꾸는 순간이다.

조정 가능한 좌석을 만들라

당신은 역할을 사람에게 맞춰야 한다. 결코 그 반대가 아니다. 이렇게 해서 우리는 두 번째 전략에 이른다. 두 번째 전략은 '조정 가능한 좌석을 만들라'는 것이다.

2차 대전이 끝난 뒤 미 공군은 점점 더 혁신적이고 비싼 비행기를 만들었다. 제트 추진 식으로 몹시 빠르고 통제하기 어려운 비행기가 등장한 이후 비행기 추락 사고가 놀라운 속도로 늘어났다. 결론이 나지 않은 수많은 조사 끝에 공군 엔지니어들은 조종석 설계 문제인지(손을 뻗어 조종관을 조작하기가 너무 어려운지), 조종사 평균 체격에 맞게 1926년에 표준화한 조종석 크기를 수정해야 하는지 살펴보기 시작했다. 엔지니어들은 평균 체격을 다시 계산하기 위해 1950년 조종사 2,063명의 신체 특징을 측정했다. 이 측정 업무를 맡은 팀에는 길버트 S. 대니얼스Gilbert S. Daniels라는 젊은 중위도 있었다.

대니얼스는 공군이 직면한 이 사안에 평균 그 자체뿐 아니라 조종사 개개인과 평균적인 조종사를 대상으로 설계한 조종석 사이의 차이 문제도 있음을 깨달았다. 연구를 진행하면서 그는 다른 문제도 고민하기 시작했다. 그는 자신이 할당받은 평균 계산 과제 외에 표본에 속하는 조종사들 중 실제로 평균 체격인 혹은 평균 체격에 가까운 조종사 비율이 어느 정도인지 조사했다(대니얼스는 평균을 측정 범위의 중위 30% 내로 규정했다). 그는 상당수 조종사가 평균 체격에 가까울 경우 조종석 크기 변경으로 문제를 해결할 수 있을 것이라고 추론했다.

연구진은 각 조종사의 10가지 신체 치수를 측정했고 대니얼스는 조종사별로 데이터를 검토해 10가지 치수에서 중위 30%에 드는 조종사가 4,063명 중 몇 명인지 확인했다.

그런 조종사는 1명도 없었다. 체격이 평균치인 조종사는 단 1명도 없었다. 10가지 치수 중 3가지만 택해도 세 치수 모두에서 체격이 평균치인 조종사는 전체의 5% 미만이었다. 일련의 기준에 따라 신중하게 선별한 사람들(가령 키가 너무 크거나 작으면 애초에 미 공군 조종사가 될 자격을 얻지 못한다) 중에서도 하나로 통일한 치수를 충족하는 사람은커녕 그에 가까운 사람조차 없었다.[8]

돈 클리프턴이 실적의 유일한 예측 변수는 관련된 여러 변수의 전체 총점이라는 것, 그러니까 능력의 적절한 패턴은 없고 적절한 합계만 있을 뿐이라는 사실을 발견한 것처럼 길버트 대니얼스는 4,063명 중 평균에 가까운 사람은 없고 평균은 수학 개념이지 현

실 세계에 존재하는 게 아님을 발견했다.[9] 높은 실적이라는 결과
는 눈에 보이는 명확한 것인 반면 높은 실적 요소는 사람마다 다
르다. 한 사이즈가 모두에게 맞는 경우는 없다. 마찬가지로 훌륭
한 실적에서도 한 사이즈가 모두에게 맞는 경우는 없다.

이 자유로운 다양성 앞에서 당신이 할 수 있는 일은 무엇일까?
당신은 대니얼스가 미 공군에게 조언했듯 조정 가능한 좌석을 설
계해야 한다. 조종사를 기계에 맞추는 것이 아니라 기계를 조종사
에게 맞춰야 한다. 이것은 팀도 마찬가지다. 개별 팀원에게 요구
하는 결과를 조정해 그들의 독특한 재능이 더 잘 조화를 이루도록
해야 한다.

앞의 2가지 전략을 정리하면 이렇다. 우선 추구하는 결과를 명
확히 하고 만약 그 결과가 특정 사람에게 적절치 않으면 사람을
일에 맞추는 것이 아니라 일을 사람에게 맞춰 결과의 조화를 극대
화한다! 그런데 이것은 또 다른 문제를 유발한다. 항상 일을 사람
에게 맞추면 우리가 완수해야 하는 넓은 범위의 일을 어떻게 다뤄
야 할까? 각각의 사람에게 '조정 가능한 좌석'을 설계할 경우 처리
해야 할 많은 과제가 남는다. 그래서 세 번째 전략이 등장한다.

세 번째 전략은 '팀 기술을 사용하라'는 것이다. 현실 세계는 사
람들이 과제를 모두 처리하도록 돕기 위해 그들의 불완전한 능력
을 주어진 목표에 부합하게 통합하는 기술을 고안했다. 그것은 바

로 '팀'이다. 팀의 본질적 마력은 별난 것을 유용하게 만드는 데 있다.

당신 자신은 그렇게 생각하지 않을지 모르지만 당신은 별나다. 당신은 모든 사람에게 별나 보이고 그들은 당신에게 별나 보인다. 당신이 재미있게 여기는 일을 즐기지 않는 사람은 당신이 보기에 별스럽다. 당신이 몹시 고통스럽게 여기는 일을 좋아하는 사람 역시 별스럽게 보인다. 누군가가 어떤 일을 우리가 상상했던 것보다 잘하는 것을 보면 놀라움과 혼란이 느껴진다. 그런데 그것은 안도감의 원천일 수도 있다. 여성이 사람들과 대면하는 것을 좋아하니 다행이지 않은가. 남성이 골치 아픈 정치 상황을 좋아하니 다행이지 않은가. 주변 사람들이 별나지 않으면 우리는 두드러지게 행동하는 누군가를 찾느라 많은 시간을 써야 할 것이다. 사람들이 모두 별난 덕분에 우리는 그 별스러움을 팀에 통합해 시너지 효과를 얻는다.

다양성은 훌륭한 팀을 구축하는 데 장애 요소가 아니라 필수 요소다. 다양성이 없으면 훌륭한 팀은 존재할 수 없다. 우리 모두가 똑같으면 여럿이 모인 팀도 해낼 수 없는 일이 생기고 만다. 한 사람의 능력보다 더 많은 능력이 필요한 일을 해내려면 우리는 별스러움이나 특출함 같은 강점이 있는 사람과 협력해야 한다. 이는 서로 많이 다를수록 우리에게 서로가 더 필요하다는 뜻이다. 서로 많이 다를수록 우리는 다른 사람의 감정을 이해하고 인정하는 일, 목적에 따라 공통 이해를 구축하는 일, 안전과 신뢰 분위기에 더 많이 의지하는 일에 그들의 강점을 효과적으로 적용하게 해야 한다. 개개인이 다재다능함을 추구하는 것은 잘못 판단한 헛된 목표지만 팀에는 절대적으로 필요하다. 팀원들이 다양할수록, 별나고 유난스럽고 독특할수록 팀은 더욱 다재다능해진다.

역량과 우리의 결점을 중심으로 하는 규범 도구는 다양성을 표현하고 활용하는 방향을 바라보지 않는다. 오히려 그 반대 방향을 본다. 그렇다고 그것을 완전히 버릴 필요는 없다. 일단의 리더가 그들이 가장 가치를 두는 것을 논의하며 규범 도구를 만드는 과정이 반드시 측정 도구나 동일한 기준 같은 결과를 내는 것은 아니다. 그렇지만 그것은 정확히 공통 가치, 우선사항, 목적, 야심을 만들어낼 수밖에 없는 과정이다. 고객 중심, 혁신, 성장 지향, 민첩성은 측정해야 하는 능력이 아니라 공유해야 하는 가치다. 우리는 역량 모델에서 능력 수준, 개별 평가, 피드백 그리고 이것을 방해하는 다른 모든 것을 제거해야 한다. 또 그것을 단순화하고 명확히 해서 모두가 볼 수 있도록 벽에 붙여야 한다. 역량과 함께 측정이라는 다리를 건너면 우리는 거짓되고 위험한 세상으로 들어간다. 평가, 질서, 통제 도구인 역량은 단순히 쓸모없는 데서 그치지 않기 때문이다. 그러나 우리가 중요하게 여기는 것의 대중 기표인 역량은 조직 내에서 의미를 전달하는 또 다른 방법으로 리더와 팀이 무엇이 가장 중요한지 이해하는 데 도움을 준다.

거짓말 #4

NINE LIES
ABOUT WORK
CHAPTER 5

거짓말
#5

사람들은
피드백을
필요로 한다

20대 직장 초년생에게 반드시 피드백이 필요하다는 것은 보편적으로 인정하는 진실이다. 20대뿐 아니라 사람들은 대체로 직장에서 각자에게 주어지는 피드백을 좋은 것으로 여기며 많은 피드백이 주어질수록 더 좋다고 생각한다.

　그 결과 오늘날 우리는 상향 피드백, 하향 피드백, 동료 피드백, 360도 피드백, 실적 피드백, 개발 피드백, 건설적 피드백, 요청에 따른 피드백, 요청 없는 피드백, 익명 피드백에 둘러싸여 있다. 이 다양한 변종 물결을 타고 우아하고 침착하게 피드백을 주고받는 방법을 가르쳐주는 강좌가 산업의 한 분야로 등장하기까지 했다. 현대 고용인은 실적과 관련해 실시간의 직설적인 평가는 물론 동료와 비교한 자신의 현재 위치를 알고자 하며 거기에서 혜택을 얻는다고 확신하는 듯하다. 이것은 트웨인이 말한 우리가 '확실히 안다'고 생각하는 것 중 으뜸이다.

　인적자원개발 기술에서 일어난 최근의 혁신을 근거로 문제를 하나 지적하자면 사실 피드백은 충분히 일어나지 않는다. 아마도 당신의 스마트폰에는 조만간 당신과 당신의 회사가 언제든 모든 사람에게 개인 실적의 모든 측면에서 피드백을 생성하도록 설계한 일련의 도구가 들어찰 것이다.

팀 리더는 자신의 일에서 가장 중요하고도 까다로운 부분이 직원들에게 피드백을 전달하는 것이라는 이야기를 늘 듣는다. 팀 실적을 가속화하고 팀원의 실적을 여실히 보여주어 그들이 자기 자신과 자신의 실적을 있는 그대로 보도록 하는 것이 팀 리더의 책임이다. 사람들은 이것이 팀 리더로서 성공하고 존경받는 비결이라고 이야기한다. 그래서 직접적이고 명확하며 있는 그대로 피드백을 주는 것에는 특별한 이름까지 붙어 있다. 바로 '가감 없는 candid 피드백'이다.

이는 당신이 객관성을 잃거나 솔직함을 위태롭게 하지 않으려면 특정 거리를 유지해야 한다는 것을 의미한다. 더러는 당신이 진심으로 더 신경 쓰고 있음을 보여주었을 때 그들이 더 많은 것을 해내고 더 많이 성장하지 않을까 하는 생각도 든다. 그러나 사람들은 팀원에게 지나치게 가까이 다가가면 그들이 필요로 하는 '가감 없는 피드백'을 줄 수 없다고 말한다.

피드백에 중독된 조직

사람들은 리더인 당신에게 냉정하게 대화하는 법을 다룬 책을 추천하고, Y세대와 밀레니얼 세대가 지속적인 피드백에 얼마나 목말라 있는지 이야기하는 수많은 기사를 읽어보라고 제안할 것이다. 〈포천〉의 '왜 밀레니얼 세대는 직장에서 더 많은 피드백을 원하는가', 〈포브스〉의 '피드백은 밀레니얼 세대의 커리어에서 행복을 가져다주는 예상 밖의 비결이다', 〈비즈니스인사이더〉의 '왜 밀레니얼 세대는 직장에서 끊임없는 피드백을 필요로 하는가' 같은 제목의 기사는 당신에게 밀레니얼 세대가 피드백을 즐긴다는 확신을 안겨준다.

또한 당신은 '피드백을 받을 시간이 있습니까?'나 '피드백을 원합니까?'를 비롯해 좀 더 적극적인 '당신에게 드릴 피드백이 있습니다. 잠시 앉아주겠습니까?' 같은 문장을 배운다. 그런 다음 미러링mirroring(거울 반응, "구조화 능력과 사내정치에 더 노력을 기울여야 한다고 말씀하신 거죠?")과 액티브 리스닝active listening(적극적 경청, "'구제 불능의 순진함'이라는 말이 무슨 의미인지 명확히 밝히고 최근 사례를 한두 가지 들어줄 수 있나요?") 등의 기법으로 피드백을 받아들이는 방법도 배운다.

당신이 어색하다거나 혼란스럽다거나 틀렸다는 이유로 누군가의 피드백을 거부할 경우 어떤 일이 생길까? 아마 그 감정이 위협에 따른 자연스런 반응이고 인간 혹은 리더로서 성장하려면 자존심을 내려놓고 실패를 받아들이며 항상 '성장형 마인드셋growth mindset'을 유지해야 한다고 충고하는 사람을 만날 것이다. 이 모든 피드백을 성장을 돕는 귀중한 조언으로 받아들이기 시작하면 오래지 않아 당신은 거기에 중독되고 만다. 작가이자 강연가, 버진 워크플레이스Virgin's workplace 블로그 객원 편집자인 사이먼 사이넥 Simon Sinek은 최근 이렇게 말했다.

"직장에서 당신의 잠재력을 발휘하는 방법이 있다. 그것은 부정적인 피드백이다. … 부정적인 피드백이 큰 인기를 모으고 있다. … 무슨 일을 하든 어떤 프로젝트를 진행하든 일을 마친 후 나는 항상 누군가에게 묻는다. 뭐 좋지 않은 부분이 있나? 내가 더 잘할 수 있는 일이 뭘까? 개선의 여지가 있는 부분은 어딜까? 현재 나는 피드백을 갈망하는 수준에 이르렀다. 이것은 당신에게도 필요하다. 당신은 부정적인 피드백을 갈망하는 수준에 이르러야 한다."[1]

피드백에 열광하는 반응을 살피다 보면 모든 사람이 매번 다른 사람을 비평해야 하는 경우, 어디에나 피드백이 만연하고 끊임없이 이어지는 경우, 회사 전체 모습이 어떠하고 어떤 느낌일지 궁금해진다. 세계 최고의 헤지펀드 브리지워터 어소시에이츠를 보면 그런 궁금증을 해소할 수 있다.

브리지워터의 회장 레이 달리오는 1975년 창립 이래 다른 어느 헤지펀드보다 많은 순수익 450억 달러를 올려 투자자의 수익

보전에 뛰어난 재능을 발휘했다. '극단적 투명성'을 토대로 회사를 설립한 그는 일과 삶을 위한 210가지 처방을 다룬 저서《원칙 Principles》에서 성공의 길을 설명하고 있다. 그는 현실이 얼마나 긍정적 혹은 부정적이든 있는 그대로의 세상을 직시하고 거기에 참여해야 한다고 믿는다.[2] 그에 따르면 회사에서는 누구든 직위에 관계없이 추정에 이의를 제기하거나 행동 방침을 추궁할 수 있어야 하고 사내정치와 계층 구조가 이를 방해해서는 안 된다. 달리오는 현실 세계란 이런 것이라고 말한다. 우리는 제한 없이 모든 정보를 가지고 세상과 맞서야 하며 파급 효과가 안겨주는 두려움이나 예의 때문에 현실을 제대로 못 보고 더 나은 방향으로 변화하는 것을 방해받으면 안 된다.

사람 역시 현실 세계의 일부이므로 어떤 필터나 지연 없이 있는 그대로의 모습으로 봐야 한다. 브리지워터에서는 모든 회의를 녹화해 보관한다. 또 회사 직원은 누구나 회사의 투명성 도서관Trans-parency Library(극도의 투명성에 보이는 달리오의 헌신은 모순 없이 완전하다)에서 데이터를 찾아볼 수 있다. 직원들에게는 아이패드를 지급하는데 여기에는 '자극적인 주제를 기꺼이 건드리는 자발성', '개념 사고', '신뢰성' 등 60가지 속성을 기준으로 동료 직원을 평가할 수 있는 다양한 앱이 깔려 있다.

직원들이 전화, 회의, 일상적인 상호작용 이후 동료들을 평가하면 그 결과는 모두 분석을 거쳐(자그마치 IBM의 왓슨을 만든 팀이) 영구 저장하며 각 직원이 항상 소지하는 카드에도 표시한다. 브리지워터는 이것을 '야구 카드baseball card'라고 부른다. 그 카드의 목적은 직원에게 '자신이 진정 누구인지' 알아야 할 책임이 있음을 일깨우고, 직원이 브리지워터에 가져다줄 수 있는 것이 무엇인지를 극도로 투명한 시각(카드에 표시하는 지표 중 하나는 '신뢰성 점수'다)으로 모두에게 보이도록 하는 데 있다.[3]

이것은 2016년 달리오와 최고운영책임자의 다툼이 격화하면서 회사 전체가 서로의 '진실성'을 평가하는 상황까지 갔을 정도로 극단적 사례다. 한데 그 투명성이 실적에 긍정적 효과를 주었는지 부정적 효과를 주었는지 입증하기는 어렵다(6장에서 다루지만 수백만 데이터 포인트를 수집했으나 브리지워터에는 아직 각 직원의 실적을 평가하는 신뢰할 만한 척도가 없다). 물론 달리오의 방 두 칸짜리 아파트에서 시작한 이 회사는 수십 년 동안 뛰어난 결과를 내 현재 1,500명의 직원을 거느리고 있다. 그러나 브리지워터의 투명한 리뷰는 서로 엇갈리고 있고 첫 18개월 이직률이 업계 평균의 3배에 달하는 30%다. 앞서 살펴보았듯 사실 사람들은 회사가 아니라 팀을 떠난다. 그렇다면 브리지워터에는 사람들이 떠나고 싶어 하는 팀이 상당히 많은 모양이다.

레이 달리오와 브리지워터가 아웃라이어이긴 하지만 사람들에게는 피드백이 필요하고 최고의 기업과 가장 효과적인 팀 리더는 피드백 요령을 반드시 알아야 한다는 것은 확실히 자리 잡은 합의의 일부다.

왜 이렇게 필사적으로 피드백을 원하는 걸까?

한편 이 합의는 전통적으로 실적 리뷰가 터무니없을 정도로 드물다는 사실에 보이는 합리적 반응이기도 하다. 기업이 재정 보고를 1년에 한 번씩 하다 보니 사람들도 보수를 매년 조정하는 데 익숙해졌다. 많은 기업이 성과급을 지지하면서 연간 목표를 설정하고 매년 한 번씩 실적을 검토하는 바람에 매년 한 번씩 피드백을 줄 수밖에 없었다. 이 리듬은 돈을 다루는 부분에는 잘 적용될지 몰라도 팀 리더나 팀원에게는 타당하지 않다. 리더는 모든 것을 그해 초반에 설정한 일련의 목표에 맞추고 또 연말이면 일련의 수고로운 리뷰를 작성하는 것을 부담스러워했고 팀원들은 모욕감을 느꼈다. 1년에 한 차례 하는 리뷰는 누구에게도 도움을 주지 않았으며 작성 빈도를 높여도 달라지는 건 없었다. 연초와 연말에 한 번씩 일련의 긴 서식을 채우는 것도 귀찮은데 서식 작성 빈도를 높이는 것에 무슨 이득이 따르겠는가?

이들을 구원해준 것은 '기술'이었다. 기업이 IT 인프라를 스마트폰 앱에 통합하면서 전 직원을 대상으로 설문조사를 하고 그 결과를 수집, 종합, 보고하는 것이 가능해진 것이다. 현재 우리는 누구와도 쉽게 피드백을 주고받을 수 있다.

한데 우리는 왜 그렇게 필사적으로 피드백을 원하는 걸까? 이를 이해하려면 인간 본성의 2가지 특이함으로 눈을 돌려야 한다.

가령 동료 중 하나가 중요한 회의에 늦었다고 가정해보자. 당신은 약간 짜증 난 상태로 그를 기다리며 마음속으로 그가 계획적이지 않고 우선순위도 모르며 기다리는 다른 사람들을 신경 쓰지 않기 때문이라고 지각 이유를 설명하는 스토리를 만들어낸다. 이런 식의 해석은 아주 흔하다. 이 추론에는 명백한 결함도 담겨 있지만 이것은 조직 설계에 커다란 영향을 미친다. 이 스토리는 동료의 행동에 설명 혹은 귀인歸因을 꾸며낸다. 그리고 그 설명은 그가 처한 외적 환경이 아닌 타고난 능력과 인성의 결과로 몰아간다.

이 경우 당신의 동료는 복도에서 마주친 상사가 거절하기 힘든 질문을 해서가 아니라 타고난 무계획성 때문에 회의에 늦는 것이 되고 만다. 다른 사람의 행동(특히 부정적 행동)을 그가 어떤 사람인가를 설명하는 내용으로 왜곡하는 이 경향을 '근본 귀인 오류Fundamental Attribution Error'라고 부른다. 어떤 사람이 우리를 짜증 나게 하거나 불편을 끼치면 우리는 그에게 뭔가 잘못이 있어서라고 확신한다.

근본 귀인 오류에는 사촌이 하나 있다. 우리가 만드는 타인 스토리에서는 '그들이 어떤 사람인가'가 중심인 반면, 자신의 행동을 해석할 때는 훨씬 더 관대하다. 즉, '자기귀인Self-Attribution'의 경우 다른 방향으로 왜곡이 일어난다. 다시 말해 행동의 원인을 주변의 외적 환경이나 자신에게 일어나고 있는 일에 둔다. 예를 들면 자신이 타인을 짜증 나게 하는 경우 상대가 짜증내는 것은 그럴 수밖에 없었던 자신의 상황을 이해하지 못하기 때문이라고 여긴다. 이 경향을 '행위자-관찰자 편향Actor-Observer Bias'이라고 하며 이는 수많은 인적 추론 편향Human-Reasoning Bias 중 '자기위주 편향 Self-Serving Bias' 범주에 들어간다. 우리는 자신의 자부심을 지탱하는 방식으로 자기 행동을 설명한다.

이러한 편향 때문에 우리는 실적(좋든 나쁘든)이 당신의 동기, 스타일, 노력 등에서 기인한다고 믿는다. 결국 우리는 당신의 실적을 개선하려면 그 부분에 피드백을 주어 동기를 강화하고 스타일을 개선하며 노력을 배가하도록 만들어야 한다는 결론에 이른다. 그러니까 우리는 실적 문제를 바로잡기 위해 당신이 직면한 외적 상황을 주시하고 그것을 해결하려 하기보다 본능적으로 당신에게 사적인 피드백을 주려고 한다.

실은 세상의 많은 일이 이렇게 계획되고 있다. 무슨 일을 해야 하는지 명령을 받아야 하고(그래서 정보가 아닌 계획이 필요하고) 하는 일을 일관성 있게 조정하도록 해야 하며(그래서 의미나 목적보다 목표를 전달해야 하고) 타인의 약점이 모두를 위험에 빠뜨리는(그래서 특유의 능력에 초점을 맞추는 대신 약점을 생각하는) 것을 고려해 일을 계획하는 것이다. 여기서 우리는 인간과 관련해 불편한 진실 하나를 발견한다. 그것은 타인에 관한 한 우리의 이론은 형편없으며 그 이론 때문에 우리는 자신의 결점을 못 보고 타인에게서만 결점을 발견한다는 점이다. 그리고 그 결점에서 발생하는 실패를 막으려는 의도로 일을 설계한다.

참고로 1971년 미국 철학자 존 롤스John Rawls는 이 이론을 반박하는 사고 실험을 제안했는데, 그는 이 실험을 '무지의 베일The Veil of Ignorance'이라고 불렀다. 그는 세상을 설계하는 최선의 방법은 설계를 마친 시점의 새로운 세계에서 우리가 임의로 역할을 부여받아 설계한다고 상상하는 것이라고 말했다. 즉, 우리가 부유하든 가난하든, 남성이든 여성이든, 학자든 운동선수든 어떤 역할을 부여받을지 전혀 알지 못하는 상태에서 설계한다고 상상하라는 얘기다. 다른 사람이 아닌 자신과 자신으로 이뤄진 변형 상태를 상상하며 세상을 설계하는 것은 일터를 설계하는 데도 대단히 좋은 방법이다.

아무튼 타인에 관한 형편없는 이론에는 터무니없는 논리가 더해진다. 그것은 부정적 피드백을 주고받고 실수를 바로잡는 것은 노력을 유도해 우리를 성공으로 이끌며, 이것이 우리가 부정적 피드백이 도움을 준다고 깊이 믿고 동료 역시 그런 피드백을 필요로 한다고 확신하는 것을 설명해준다는 논리다. 전혀 그렇지 않다. 이 잘못된 삼단논법은 영국의 TV 코미디 '예, 장관님Yes, Minister'이 적절히 표현하고 있다.

"우리는 '어떤 것'을 반드시 해야 한다. 이것이 '어떤 것'이다. 따라서 우리는 이것을 꼭 해야 한다."

이는 '모든 고양이는 다리가 4개다. 내 개는 다리가 4개다. 따라서 내 개는 고양이다'라는 논리와 다를 게 없다. 논리학자들은 이것을 '부주연의 오류Fallacy of the Undistributed Middle'라고 칭한다. 일반인에게 이는 정치인의 논리로 알려져 있다.

피드백 경제가 아니라 관심 경제

그럼 다시 밀레니얼 세대 이야기로 돌아가 보자. 수많은 책과 언론 기사가 밀레니얼 세대는 피드백을 갈망한다고 주장한다. 소셜미디어와 페이스북, 인스타그램에서 '좋아요'가 하나 늘어날 때마다 올라가는 도파민 반응에 중독되었다는 얘기도 있다. 이런 행동을 타인이 자신을 어떻게 인식하는지, 자신의 위치가 어디인지 항상 알고자 하는 밀레니얼 세대의 욕구가 낳은 결과로 해석해야 한다고 말하기도 한다. 이 논리에 따르면 그들이 어떻게 일하는지 끊임없이 관심을 보이면서 어떻게 해야 일을 더 잘할 수 있는지 계속 이야기해주지 않을 경우 당신은 매니저로서 큰 어려움에 처하고 만다.

그러나 다양한 소셜미디어 플랫폼에서 더 인기를 얻은 기능이 무엇인지, 사용자가 이들 플랫폼과 어떻게 상호작용하는지 상세히 들여다보면 다른 그림이 드러난다.

예를 들어 페이스북과 스냅챗은 사용자에게 피드백을 제공할 때 다른 접근법을 취한다. 몇 년 전 페이스북은 전형적인 '좋아요' 외에 반응 이모티콘을 추가로 연구하고 있었다. 많은 실험(그리고 '싫어요' 기능을 넣지 않을 것이라고 사용자들을 계속 안심시킨) 끝에 페이스북은 6가지의 새로운 이모티콘 추가를 발표했다. 사용자가 다른 사용자의 포스팅에 보다 미묘한 피드백을 주도록 만든 것이다. 최종안은 '사랑해', '하하', '야호', '와', '슬프다', '화난다'의 6가지였다. 그런데 론칭하고 얼마 지나지 않아 페이스북은 회사의 세심한 연구와 테스트에도 불구하고 새로운 옵션에 신경 쓰는 사람이 거의 없음을 발견했다.

그러는 동안 스냅챗은 성장을 거듭했다. 스냅챗에서는 포스팅에 페이스북 같이 6가지 반응을 할 수 없었다. 사실 '좋아요' 버튼마저 없는 스냅챗에서는 어떠한 반응도 할 수 없다. 이는 지금도 마찬가지다. 스냅챗의 매력은 이 플랫폼에서 누구도 당신을 평가할 수 없다는 데 있다. 사용자가 스토리를 포스팅하거나 친구에게 스냅 메시지를 보내면 친구는 대답할 수도 있고 하지 않을 수도 있다. 그렇게 24시간이 지나면 스토리나 스냅은 휙! 하고 영원히 사라진다.

현재 2억 명이 넘는 스냅챗의 헤비유저들과 이야기를 나눠보면 밀레니얼 세대는 포스팅하고 내용을 공유하며 피드백 압력을 전혀 느끼지 않는 데서 매력을 느낀다는 것을 알 수 있다. 그들은 청중 규모를 파악하고 친구들과 연결도 유지할 수 있지만 피드백은 전혀 걱정할 필요가 없다. 그곳에는 영구적인 판단 기록이 없으며 판단 자체가 존재하지 않는다. 단지 친구나 청중과의 연계만 있을 뿐이다.

스냅챗 초기 사용자에게 이것은 구원이었다. 스냅챗은 그들이 자유롭게 자기 모습을 보여주고 여과장치 없이 서로 관계를 맺는 몇 안 되는 중요한 장소로 부상했다. 영속적인 피드백 부재 덕분에 그들은 더 무심하고 편안하게 진실한 모습을 드러냈고 이 안전

거짓말 #5

하면서도 정중한 장소는 수백만 명을 끌어들였다.

소셜미디어 플랫폼을 시작해 유기적으로 성장하게 하는 것은 엄청나게 어려운 일이다. 알다시피 사용자는 매우 바쁘고 그들에게는 이미 정립한 행동 패턴이 있다. 여기에다 네트워크 효과의 힘이 매우 강해 그 행동 패턴을 바꾸는 것은 대단히 어렵다. 닝Ning, 패스Path 그리고 마이스페이스Myspace는 하나같이 대대적인 광고와 함께 출발했지만(마이스페이스의 경우 재출발) 인간 본성의 정수를 강력하게 이용하지 못해 모두 시들고 말았다. 사실 스냅챗의 성공 가능성은 보잘것없었다. 하지만 스냅챗은 젊은이의 삶에서 중요하지만 부족한 요소(호의적인 청중으로 가득한 안전한 장소)를 찾아냈고 덕분에 사용자 수가 기하급수적으로 증가했다. 그러자 페이스북과 인스타그램은 호기심을 보이면서 귀를 기울였고 자사를 보다 스냅챗과 비슷하게 만들고자 최선을 다했다.

스냅챗 사례를 하나의 지침으로 본다면 소셜미디어의 본질은 긍정적인 자기표현을 공개하는 데 있는 것 같다. 여기서 '자기'가 진정한 나인지, 아니면 희망을 투영한 온라인 자아인지는 그리 중요하지 않다. 중요한 것은 타인이 나를 보고 좋아해준다는 점이다. 우리는 피드백을 바라지 않는다. 밀레니얼 세대뿐 아니라 우리는 모두 청중을 바라고 그들을 만나며 청중에게 인정받는 방법을 제공하는 장소에 끌리는 듯하다. 소셜미디어에서 우리가 원하는 것은 피드백이 아니라 '관심'이다. 우리가 지난 10년 동안 얻은 교훈은 소셜미디어는 피드백 경제가 아니라 관심을 원하는 사용자와 관심을 제공하는 사용자가 있는 관심 경제attention economy라는 점이다.

아이러니하게도 오늘날 소셜미디어 플랫폼 설계는 밀레니얼 세대가 피드백 없는 환경에 가장 매력을 느낀다는 사실을 반영하는 반면, 기업은 동일한 소셜미디어 플랫폼을 밀레니얼 세대가 피드백에 목말라 있다는 주된 증거로 여긴다.

붉은 뺨의 야수들

스냅챗의 성장 스토리는 비판 없는 관심에 관한 인간의 욕구 사례 중 최근 추가된 것이다. 19세기 말 철학자 프리드리히 니체는 인간을 "붉은 뺨의 야수", 즉 관심받기를 좋아하는 존재라고 불렀고, 이후 수십 년 동안 초창기 사회과학은 그가 옳다는 것을 증명하는 사례를 연이어 내놓았다. 1950년대 심리학자 해리 할로Harry Harlow는 아기 원숭이를 엄마 원숭이와 떨어뜨린 뒤 그들에게 우유병이 달린 철사로 만든 '엄마'와 우유병이 달리지 않은 부드러운 수건으로 만든 '엄마'를 주어 선택하게 하는 실험을 진행했다. 그 결과 영장류는 예외 없이 음식보다 따뜻함, 관심, 안전을 갈망하는 것으로 나타났다. 아기 원숭이들은 가슴 아프게도 하나같이 우유보다 수건을 선택했다. 더 최근에 역학자와 심리학자, 통계학자들은 심장병·우울증·자살의 가장 확실한 예측 변수는 외로움이라는 것을 보여주었다. 다른 사람의 관심을 박탈당한 사람들은 활기를 잃는다.

이 현상을 잘 보여주는 알려진 직장 사례로 1920년대와 1930년대 시카고 외곽에 위치한 웨스턴 일렉트릭Western Electric의 호손Hawthorne 공장 연구가 있다. 당연히 경영진은 작업자의 생산성을 높이길 원했고 작업 조건과 노동자의 생산량 사이에 어떤 관계가 있는지 일련의 실험을 시작했다.

처음에 연구진은 조도를 높여 공장을 밝게 했는데 다음 날부터 생산량이 눈에 띄게 증가했다. 엄격한 실험을 위해 그들은 다시 조도를 낮추고 어떤 일이 일어나는지 살피기로 했다. 그런데 이상하게도 생산량이 또 늘어났다. 작업대를 더 깨끗이 하고, 공장을 더 정돈하고, 휴식시간에 더 많은 음식을 제공하고, 휴식시간 길이를 달리하고, 총 휴식시간을 동일하게 유지하되 시간을 나누는 식으로 여러 가지 실험이 이어졌다. 매번 조건이 변화할 때마다 생산량은 늘어났고 원래대로 돌아와도 생산량이 또 늘어났다. 더 혼란스러운 것은 각 실험을 완료하면 생산량이 다시 원래 수준으로 돌아갔다는 점이다.

무슨 일이 일어나고 있는지 파악하는 데는 시간이 걸렸지만 호손 실험에서 나온 최종 합의는 작업 과학에 큰 영향을 주었다. 여기서 나온 결론은 노동자가 더 밝거나 깔끔한 작업 공간 혹은 더 어둡거나 지저분한 작업 공간을 원한다는 게 아니었다. 그들이 반응을 보인 대상은 관심이었다. 노동자들은 각각의 개입을 경영진이 그들에게 관심이 있다는 증거로 받아들였고 그 사실에 기뻐했다. 이에 따라 그들이 자신의 일을 좀 더 좋아하게 되면서 더 빨리 더 낫게 일한 결과 그날의 생산량이 늘어났던 것이다.

사람들은 관심을 필요로 한다. 당신이 개인적 판단이 없는 안정적인 환경을 제공하면서 관심을 보이면 사람들은 당신을 떠나지 않고 열심히 일할 가능성이 크다.

하지만 실제 문제는 그보다 좀 더 복잡하다. 피드백, 즉 부정적인 피드백조차 '관심'이라는 것이 밝혀졌기 때문이다. 부정적인 관심과 긍정적인 관심, 전혀 관심을 주지 않는 것의 영향을 수량화할 경우 우리가 직장에서 가장 원하는 것은 어떤 종류의 관심일까? 업무 몰입도를 연구한 갤럽의 연구진은 미국 노동자의 대표 표본에게 매니저가 가장 관심을 보이는 것이 그들의 강점인지, 약점인지 아니면 둘 다 아닌지 물었다. 그 뒤 이들의 업무 몰입도를 가늠하는 일련의 후속 질문을 던졌다. 이어 각 관심 유형별 업무 몰입도가 가장 낮은 직원과 가장 높은 직원의 비율을 계산했다.[4]

그 첫 번째 발견은 세상에서 가장 나쁜 매니저를 만드는 방법을 알려주었다. 이는 직원의 업무 몰입도를 낮추려면 그저 그들을 무시하면 된다는 발견이다. 무엇에든 긍정적인 피드백도, 부정적인 피드백도, 아무것도 주지 않고 관심을 끊으면 팀의 업무 몰입도는 급락한다. 업무 몰입도가 낮은 팀원 20명에 높은 팀원 1명의 비율로 말이다.

두 번째 발견은 표면적으로는 대단히 고무적인 결과로 보일 수 있다. 그들은 팀 리더십 접근법 중 부정적 피드백이 관심을 보이지 않는 것보다 40배 효과적이라는 것을 발견했다. 리더들의 관심이 결점 교정에 집중된 경우 업무 몰입도가 높은 직원과 낮은 직원의 비율은 2 대 1이었다. 그러나 이 경우 '몰입'이 팀 실적 향상으로 이어진다고 밝혀진 일련의 경험이라는 것을 기억한다면, 우리가 부정적 피드백이 최고라고 교육받고 직장생활을 하는 동안 주로 부정적 피드백을 경험한다는 것을 상기한다면, 연구진이 긍정적 관심을 살폈을 때 발견한 것까지 고려한다면, 이 2 대 1 비율은 훨씬 더 걱정스럽다. 특히 세 번째 발견이 그것을 더 심화한다.

세 번째 발견은 직원들이 주로 가장 잘한 것과 가장 강력하게 활동한 것에서 관심을 받을 경우, 업무 몰입도가 높은 직원과 낮은 직원의 비율이 60 대 1로 뛰어올랐다는 점이다. 다시 말해 그들은 긍정적 관심이 팀 실적을 높이는 데 부정적 관심보다 30배 강력하다는 것을 발견했다(점수를 비교하자면 직원을 무시하는 것보다 1,200배 강력하다. 물론 직원을 무시하는 것을 옹호하는 관리 이론은 본 적이 없다). 가끔은 직원들의 발목을 잡는 부분을 해소하도록 도울 필요가 있다.

그렇지만 팀 리더가 직원들이 할 수 없는 것에 주목해 모든 노력을 부정적 피드백을 주는 일에 쏟으면 엄청난 잠재력을 방치하는 결과를 낳을 것이다. 사람들은 피드백을 필요로 하지 않는다. 그들은 관심, 특히 그들이 가장 잘하는 것에서 관심을 필요로 한다. 그들에게 관심을 보일 때 그들의 업무 몰입도와 생산성은 더 높아진다.

부정적인 피드백을 하면 안 되는가?

여기까지는 좋다. 우린 긍정적인 관심을 좋아하고 그런 관심은 일을 더 잘하도록 돕는다. 학습에서는 어떨까? 강점에만 관심을 받는다면 얼마나 발전할 수 있을까? 사이먼 사이넥이 물었듯 개선 여지가 있는 부분은 어떻게 될까? 팀 리더는 분명 팀원들이 성장하고 더 나아지기를 바란다. 그렇다면 팀원들의 결점을 찾아내 개선하는 데 대부분의 시간을 할애해야 할까?

일과 관련된 비공식 이론이자 우리가 확실히 알고 있는 이론은 또다시 우리를 실망시킨다. 우리는 표면적으로 강점이 저울 한쪽 끝에 있으면 다른 한쪽 끝에는 개선이 필요한 영역이나 장래가 촉망되는 영역이 있다는 아이디어를 받아들인다. 또 실적이 높은 영역은 우리가 완전한 부분이고 실적이 낮은 영역은 우리가 끌어올리거나 끌어올릴 수 있는 영역이라고 생각한다.

그러나 앞서 살펴보았듯 팀 실적과 업무 몰입도의 가장 강력한 예측 변수는 '직장에서 매일 내 장점을 활용할 기회를 얻는다'는 느낌이다. 지금 우리는 개발과 성장이 일의 외부에 존재하는 것처럼, 실적과 개발이 별개인 것처럼 생각하는 경향이 있다. 하지만 개발은 우리가 날마다 일을 좀 더 잘한다는 의미이므로 실적 향상과 성장은 동일하다. 강점에 집중하면 실적이 높아지고 이는 성장을 낳는다.

최고의 팀 리더들은 이것을 잘 안다. 그들은 실제 세계에서 개개인의 강점이 학습과 성장 면에서 커다란 가능성을 안고 있고 시간과 주의를 기울여 이 강점을 지능적으로 사용하면 현재와 미래에 기하급수적 수익을 내리라고 본다. 이에 따라 시간을 집중해야 하는 가장 중요한 부분은 사람들의 결점이라는 생각을 거부한다. 그 리더들 중에는 이 점을 본능적으로 아는 사람들도 있다. 어쩌면 그들은 팀원과의 진짜 경험에서 이것을 알아낸 것인지도 모른다.

아무튼 나머지 우리 같은 사람에게는 증거가 필요하다. 실제로 긍정적 관심이 발전을 가속화한다는 진실을 뒷받침하는 엄청난 생물학 데이터가 있다. 미시 수준의 학습은 신경 발생의 함수로 곧 새로운 신경세포의 성장이다. 최근의 많은 연구가 보여주듯 두뇌는 신경세포와 그 신경세포들 사이의 시냅스 연결 능력을 결코 잃지 않는다(가장 광적인 시냅스 성장과 가지치기 시기는 어린이와 청소년기 동안이지만). 이를 '신경가소성Neural Plasticity'이라고 한다. 사람들에게 잘못된 것을 계속 이야기해 스스로 고치도록 혹은 옳게 하는 방법을 배우도록 해야 한다고 주장하는 사람들은 이 신경가소성을 근거로 든다. 두뇌는 살아 있는 동안 돌연변이를 계속할 수 있기 때문이다.

물론 우리는 일을 옳게 하는 방법, 아니 최소한 더 적절히 하는 방법을 배울 수 있다. 우리는 훈련으로 자신의 기술이 더 나아지도록 만들 수 있다. 그러나 두뇌 과학이 보여주는 것은 그것만이 아니다. 두뇌는 일생에 걸쳐 계속 성장하지만 각 두뇌의 성장 속도는 다르다. 유전과 유년기 환경의 영향으로 당신의 두뇌 배선은 다른 어느 누구와도 다르다. 두뇌의 복잡성을 고려할 때 앞으로 당신과 똑같은 사람이 나타날 일은 없다.

당신 두뇌의 어떤 부분에는 시냅스 연결이 복잡하게 뒤얽힌 반면 다른 부분은 밀도가 훨씬 낮다. 두뇌 성장, 즉 새로운 신경세포와 그 연결을 살펴보면 기존 신경세포와 시냅스 연결이 가장 많은 곳에서 새로운 신경세포와 시냅스 연결이 훨씬 빨리 늘어난다는 것을 알 수 있다. 이는 자연의 극도로 효율적인 용불용설(자주 사용하는 기관은 발달하고 그렇지 않은 기관은 퇴화한다는 학설 – 옮긴이) 식 설계에 따른 것일 수도 있고, 밀도 높은 시냅스 영역에 기존 생물학적 인프라가 많아 새로운 연결을 구축하는 것이 더 쉬운 것일 수도 있다. 어느 쪽이든 우리는 모든 두뇌가 성장하긴 하지만 가장 강한 부위가 가장 빨리 성장한다는 것을 알고 있다. 두뇌 개발이라는 화살은 전문화를 가리킨다. 신경과학자 조지프 르두Joseph LeDoux는 기억에 남는 이런 설명을 해주었다.

"두뇌 성장은 새로운 가지라기보다 기존 가지의 새로운 싹과 같다."[5]

신경학 증거는 당신의 강점이 개발 영역이라는 생각을 뒷받침해준다. 즉, 생물학 관점에서 강점과 개발 영역은 서로 같다. 신경과학은 의도적으로 약점이 아닌 강점에 초점을 맞출 때 그 반응으로 어떤 일이 일어나는지 말해준다. 그러면 과학자들이 학생을 두 집단으로 나눠 실시한 실험을 생각해보자. 한 집단에서는 학생들에게 꿈을 묻고 그것을 어떻게 이뤄갈지 질문하며 긍정적인 코칭을 했다. 다른 집단에서는 과제를 조사하고 더 나아지기 위해 다르게 해야 한다고 생각하는 것이 무엇인지 물었다. 이렇게 대화하는 동안 과학자들은 기능성자기공명영상fMRI 장치를 학생들에게 연결해 각 질문에 반응할 때 두뇌의 어떤 부분이 가장 활성화하는지 관찰했다.

부정적 피드백을 받은 학생들의 두뇌에서는 교감신경계가 활발하게 반응했다. 교감신경계는 '투쟁-도주' 시스템으로 두뇌의 다른 부분은 침묵하게 하고 생존에 가장 필요한 정보에만 초점을 두게 한다. 신경계의 이 부분이 작동할 경우 심박동이 빨라지고 엔도르핀이 범람하며 코르티솔 수치가 높아져 행동을 위해 긴장한다. 이처럼 두뇌는 부정적 피드백에 마치 위협을 당한 것 같은 반응을 보이며 이때 행동 범위는 좁아진다. 심리학과 경영학 교수인 리처드 보이애치스Richard Boyatzis는 비판으로 생성되는 강한 부정적 감정은 "기존 신경회로에 접근하는 것을 막고 인지, 정서, 지각 장애를 유발한다"는 말로 연구 결과를 요약한다.[6]

부정적인 피드백으로는 학습이 가능하지 않다. 오히려 부정적인 피드백은 학습을 조직적으로 방해하며 신경학 측면에서 말하자면 장애를 유발한다.

그런데 꿈과 그것을 이룰 방법에 초점을 맞춰 관심을 받은 학생들의 경우 교감신경계가 활성화하지 않았다. 대신 활성화한 것은 부교감신경계였다. 부교감신경계는 때로 '휴식-소화'계라고 불린다. 연구자들의 말을 인용하면 "부교감신경계는 … 성체 신경 발생(즉, 새로운 신경세포 성장) … 행복감, 더 나은 면역체계 기능, 인지·정서·지각 개방성을 자극한다."[7]

다시 말해 미래를 초점으로 하는 긍정적 관심은 대뇌가 두뇌의 여러 영역에 접근하게 해주고 결국 당신이 더 많은 학습을 하게 한다. 우리는 종종 학습의 열쇠가 안전지대에서 빠져나오는 것이라는 말을 듣는다. 하지만 이 결과는 그 진부한 말이 거짓임을 보여준다. 안전지대에서 빠져나오면 두뇌는 그 경험에서 살아남는 것 외에 다른 일에는 주의를 기울이지 않는다. 우리는 안전지대에서 가장 많이 학습할 수 있다. 그곳이 신경 연결 통로가 가장 집중된 강점 영역이기 때문이다. 그곳은 가능성에 가장 열려 있는 곳이자 창의력과 통찰력을 가장 크게 발휘할 수 있는 곳이다.

직원들이 더 많은 것을 배우길 바란다면 지금 그들에게 효과가 있는 것에 주의를 기울이고 그것을 토대로 삼아라.

사람은 고쳐 쓰는 거 아니라는데

남은 문제는 방법이다. 어떻게 팀원들의 학습과 성장을 자극하고 이를 지연하는 부정적 피드백을 피해 팀이 순조롭고 효율적으로 활동하게 할 수 있을까?

당신이 지금 당장 시작할 수 있는 것은 각 팀원이 잘하는 일을 의식적으로 찾는 습관을 들이는 일이다. 부정적인 것을 보려는 성향은 대단히 강력하다. 버클리대학교 심리학 교수 릭 핸슨Rick Hanson은 자신의 연구를 이렇게 요약한다.

"두뇌는 부정적 경험에는 벨크로Velcro(접착포, 일명 찍찍이-옮긴이)고 긍정적 경험에는 테플론Teflon(먼지가 붙지 않는 특수 섬유-옮긴이)이다."[8]

이는 의식적으로 습관을 들이는 것이 왜 중요한지 보여준다. 습관화하면 자연스럽지만 이것은 쉽게 만들 수 있는 게 아니다. 그렇지만 실적, 몰입, 성장 측면에서 얻는 보상을 생각하면 연습할 만한 가치는 충분하다.

컴퓨팅 세계에는 '우선순위 인터럽트high-priority interrupt'라는 것이 있다. 이것은 컴퓨터 프로세서에 어떤 것은 즉각 주의해야 하므로 정상적인 프로세싱에 특정한 것을 '끼워 넣어' 처리 대기열의 선두에 두라고 지시한다. 팀 리더의 현실 세계에도 주의를 기울여 즉각 조치를 취해야 하는 일이 몇 가지 있다. 그처럼 우선순위로 끼어드는 일은 대부분 문제다. 그것은 지극히 정상적인 일이다.

가령 당신이 프레젠테이션을 하려는 내용이 절반 정도 못쓰게 된 것이라는 정보를 막 입수했다면 중역들 앞에서 그 내용을 발표하고 싶진 않을 것이다. 당신은 문제가 생긴 부분을 즉각 처리해야 한다. 우선순위 끼어들기를 해야 하는 것이 바로 이런 일이다. 즉, 당신은 관심을 끌기 위해 모든 것을 멈춰야 한다.

팀원 하나가 일을 엉망으로 만들었을 때 이 같은 우선순위 끼어들기가 발생한다. 누군가가 잘못한 어떤 일, 이를테면 잘못 처리한 전화, 놓친 회의, 빗나간 프로젝트를 발견하면 같은 본능이 꿈틀거린다. 다시 말해 모든 것을 멈추고 그 사람에게 무엇을 잘못했는지, 그것을 바로잡으려면 무엇을 해야 하는지 얘기하고 싶은 충동이 일어난다.

여기서 문제는 사람은 프로세스도, 기계도 아니라는 점이다. 프로세스와 기계에는 효과가 있어도 사람에게는 효과가 없는 일이 있다. 프로세스와 기계는 한정적이고 고정적이다. 우리가 뭔가를 바꾸지 않는 한 그것은 같은 상태로 남아 있거나 점차 마모된다. 반면 사람은 지속적인 학습과 성장 상태에 있다. 우리가 방금 살펴보았듯 사람은 긍정적인 관심을 받을 때 가장 많이 성장하고 부정적인 피드백을 받을 때 가장 적게 성장한다.

역설적이게도 당신의 우선순위 끼어들기가 직원이 잘못한 일을 잡아내는 데(그래서 당신이 잘못을 바로잡는 데) 많이 관여할수록 단기적으로는 각자 생산성이 낮아지고 장기적으로는 팀원의 성장이 둔화된다. 부정적 비판을 받을 때 두뇌는 긴장하고 경직되며 개선에 의미 있는 방식으로 저항한다.[9] 기계는 고칠 수 있고 프로세스는 바로잡을 수 있지만 사람은 그렇지 않다. 사람은 토스터 기계가 아니다.

그러면 부하직원에게는 어떤 일에 우선순위 끼어들기를 적용해야 할까? 당신이 원하는 것이 개선이면 팀의 누군가가 정말로 효과 있는 어떤 일을 할 때마다 우선순위 끼어들기를 적용해야 한다. 일과를 보내면서 팀의 누군가가 감탄사가 나올 만큼 일을 효과적으로 쉽게 할 때를 놓치지 않고 그에게 방금 본 것을 어떻게 말해야 할지 그 방식을 찾아야 한다.

'사람들이 제대로 일하는 것을 포착'하기만 하면 되지 않느냐고 쉽게 생각할지도 모르지만 그게 전부는 아니다. 미식축구팀 댈러스 카우보이스를 29년 연속 코칭한 톰 랜드리Tome Landry는 이것을 이해한 리더였다. 코칭 경력 초반 리그 밑바닥에서 허우적거리던 카우보이스의 선수 명단에는 부적응자가 잔뜩 있었다. 그 상황에서 그는 급진적인 새 코칭 방법을 도입했다. 다른 팀이 태클을 놓치고 공을 떨어뜨린 상황을 재검토하는 동안 랜드리는 선수들이 작더라도 성공한 것에 주목하게 한 것이다. 그는 이전 게임 장면을 샅샅이 뒤져 각 선수가 뭔가를 쉽고 자연스럽게 효과적으로 한 것을 모아놓은 하이라이트 영상을 만들었다. 특정 선수에게 무언가를 잘못하는 방식은 무한히 많지만 올바른 방식은 그렇지 않다는 게 그의 생각이었다. 그 올바른 방식은 한정되어 있어서 알아채기 쉬운데 이것을 파악하는 가장 좋은 방법은 선수들이 올바르게 한 플레이를 보는 것이었다. 그는 선수들이 그처럼 탁월함을 발휘하는 순간을 포착해 각 선수에게 제공하며 말했다.

"이제부터 성공하는 플레이만 다시 해내면 되는 거야."

다른 한편으로 이는 선수들 각자가 자신에게 더 좋은 감정을 갖도록 하기 위한 것이었다. 좋은 팀 리더들이 으레 그렇듯 그는 칭찬의 힘을 알고 있었다. 이와 관련된 항목은 '높은 성과를 올릴 때마다 인정받을 것이라는 확신이 있다'이다. 데이터를 보면 최고의 실적을 올리는 팀의 팀원들이 실적이 낮은 팀 팀원보다 이 항목에 '매우 그렇다'고 답한 비율이 훨씬 높았다. 구체적으로 말하자면 데이터는 시점 1의 높은 실적은 시점 2에 인정 항목의 높은 점수와 연관되지만, 그 반대 방향일 때는 상관계수가 4배 더 크다는 것을 보여준다. 즉, 칭찬이 실적을 반영한다기보다 칭찬이 실적으로 이어진다.

하지만 랜드리는 학습과 마찬가지로 칭찬에도 거의 관심이 없었다. 그는 자신의 탁월함이 어떤 모습인지 슬로모션으로 보면 실적을 높일 가장 좋은 방법을 배울 수 있다는 것을 본능적으로 알고 있었다. 가끔은 자신이 무엇을 하고 있는지 거의 의식하지 못하는 몰입 상태에서 좋은 성과를 올린다. 마이클 조던은 자신의 지난 시즌 하이라이트 영상을 보면서 "와, 내가 저렇게 했다고?"라고 말하곤 했다. 랜드리는 선수들이 성공한 플레이를 다시 보면서 각자에게 '효과가 있는' 동작과 자세가 어떤 모습인지 파악하게 했다. 이로써 그는 선수들이 더욱 자신감을 얻고 특유의 강점을 반복해서 발휘하는 보다 나은 입장에 서길 바랐다. 케이스웨스턴리저브대학교 사회기업가 과정 교수이자 긍정적 탐문Appreciative Inquiry 이론 창시자인 데이비드 쿠퍼라이더David Cooperrider는 조직의 성장은 늘 관심의 초점을 따른다고 지적했다.[10] 톰 랜드리는 이미 20년 전 같은 원리를 카우보이스에 적용하고 있었다.

지금 그가 서 있는 곳을 알려주면 된다

당신도 이렇게 할 수 있다. 요즘에는 인정과 칭찬을 동의어로 쓰지만 그 과정에서 원래의 뜻과 약간 멀어졌다. 인정recognition은 '알다to know'라는 뜻의 라틴어 cognoscere에서 유래했고 congnoscere는 지식knowledge 혹은 학습learning이라는 뜻의 그리스어 gnosis에서 기인했다. 따라서 사람을 인정한다는 것은 본질적으로 그를 새로 알게 된다는 것을 의미한다. 가장 깊은 의미의 인정은 한 개인이 최선의 상태일 때 그가 어떤 사람인지 알려고 노력하면서 질문으로 그에게서 가치 있는 어떤 것을 발견하는 일이다.

여기에도 요령이 있다. 그 사람에게 그가 얼마나 훌륭한 성과를 올렸는지, 그가 얼마나 대단한지만 얘기하면 안 된다. 단순한 칭찬도 결코 나쁜 것은 아니지만 칭찬은 앞으로 그 같은 순간을 더 많이 재현할 가능성을 높이기보다 그저 과거의 순간을 포착한 것뿐이다.

그 사람의 탁월함을 발견한 순간 당신이 본 것을 말해야 한다. 다시 말해 그 사람이 효과를 낸 순간 즉각 반응을 보여야 한다. 팀원에게는 당신이 본 것과 그것이 당신에게 어떤 느낌을 주었는지, 그것을 보고 당신이 어떤 생각을 했는지, 그것으로 당신이 무엇을 깨달았는지, 당신이 그를 얼마나 신뢰하고 어느 부분에서 의지하는지 공유하는 것보다 더 강력하게 신뢰감을 주는 것은 없다. 이 모든 것이 당신의 반응이다.

이러한 반응을 구체적이고 상세하게 공유하는 것은 그 사람을 판단하거나 평가하거나 바로잡는 게 아니라 그가 방금 세상에 만들어낸 독특한 '흔적'을 당신이 본 대로 표현하는 것이다. 그것은 판단이나 평가가 아니고 단순한 반응이기에 권위가 있고 의심의 여지가 없는데다 겸손하기까지 하다.

어떤 사람이 당신에게 "내가 서 있는 곳을 알고 싶다"고 말할 때 그것이 실제로 의미하는 것은 다른 데 있다. 솔직히 당신은 그의 위치를 말해줄 입장에 있지도 않다. 당신은 그가 지금 서 있는 곳을 파악할 만큼 궁극적이고 결정적인 진실 제공자가 아니다. 그는 "내가 당신과 함께 서 있는 곳을 알고 싶다"는 뜻으로 말한 것이다. 다행히 이 경우 당신의 진실에는 의심이나 비난의 여지가 없다.

탁월함을 발휘하는 그 소소한 순간을 당신의 경험이라는 렌즈로 재현할 경우, 당신은 그의 마음이 부드러운 휴식 상태에 들어가게 할 수 있다. 이때 새로운 정보를 적극 수용하는 그의 두뇌는 새로 발견한 인풋과 연계하기 때문에 그는 학습하고 성장하고 더 나아진다. 한마디로 이것은 그가 받을 수 있는 가장 좋은 형태의 인정이다. 당신은 그를 알아가고 있고 그것을 그에게 재현하고 있는데 그는 내일도 당신이 그럴 거라는 사실을 알고 있다. 그런 의식을 바탕으로 그는 훌륭한 실적을 쌓는다.

핵심은 관심의 본질에 있다. 팀원이 어떤 일을 망친 경우라면 당신은 당연히 그 문제를 처리해야 한다. 그때 당신은 단순히 문제를 해결하는 것뿐이며 문제를 해결해 실수가 재발하지 않게 한다고 해서 당신이 뛰어난 실적을 쌓는 것은 아니라는 사실을 기억해야 한다. 예를 들어 간호사가 환자에게 잘못된 약을 준다면 그 실수를 무시하는 것은 치명적이다. 당신은 분명 그에게 "다시는 그런 일이 생기면 안 돼!"라고 말할 것이다. 어쩌면 약을 환자에게 투여하기 전에 3중으로 확인하는 절차를 만들지도 모른다. 그래서 간호사가 환자에게 정확한 약을 줄지라도 환자가 더 빠르고 완벽하게 회복되는 것은 아니다. 간호사의 실수를 고치는 일은 그런 결과를 낳지 않는다. 누군가의 문법을 고쳐주는 것이 그의 글을 아름다운 시로 만드는 것은 아니며 누군가에게 농담의 결정적인 구절을 알려주는 것이 그를 재미있는 사람으로 만드는 것도 아니다. 탁월성은 실패의 반대가 아니다. 좋지 않은 성과를 바로잡는 것만으로는 뛰어난 실적을 결코 만들 수 없다. 실수 교정은 그저 실패를 방지하는 도구일 뿐이다.

팀원에게서 탁월함을 이끌어내려면 관심의 초점을 달리해야 한다. 누군가가 어떤 일에서 좋은 효과를 냈을 때 거기에 관심을 보이며 그것을 재현하는 것은 단순한 우선순위 끼어들기가 아니라 최우선순위 끼어들기여야 한다. 이런 습관을 들이면 당신이 높은 실적을 내는 팀을 이끌 확률은 높아진다.

그렇다면 균형 문제는 어떻게 처리해야 할까? 랜드리는 각 선수가 성공한 플레이만 다시 보여주었다. 우리도 그렇게 극단적 조치를 취해야 할까? 아니면 주로 실수를 고치는 데 집중하고 가끔 성공한 플레이를 강조해야 할까? 1가지 실수를 교정하는 데 얼마나 많은 긍정적 재현이 필요할까? '그래, 바로 그거야'와 '그런 짓은 그만 둬'의 황금 비율은 얼마일까? 사회과학의 다른 영역 연구가 이 문제에 해결의 빛을 던져준다. 존 가트맨John Gottman 교수의 행복한 결혼생활 연구와 바버라 프레드릭슨Barbara Fredrickson의 행복과 창의성 연구를 보면 이상적인 긍정 대 부정 비율은 3:1에서 5:1이다. 즉, 부정적 피드백 하나당 진가를 인정하는 관심 3~5번이다.[11] 정확한 수학 비율에 집착할 필요는 없지만[12] 과학은 이 정도 의도적인 불균형을 목표로 할 경우 당신은 좋은 리더가, 당신 팀은 좋은 팀이 될 것이라고 말하고 있다.

'충고'란 내게만 효과가 있는 일련의 기법 열거하기

앞서 말했듯 좋은 의도로 세심하게 인정에 집중해도 그 과정에 부정적 피드백이나 교정 조치를 바라는 직원도 생긴다. 그는 자신이 무엇을 잘못하고 있는지 말해 달라거나, 어려운 상황에 직면해 있다고 하거나, 일 때문에 고심 중인데 이를 돌파하고자 조언을 얻으러 찾아왔다고 말한다. 이럴 때는 어떻게 해야 할까?

우선 곧바로 최선의 조언을 하려는 강한 유혹을 억눌러야 한다. 두뇌 배선은 매우 독특해서 세상을 보는 시각과 이해, 마음을 끄는 것, 역겨운 감정이 느껴지는 것, 진을 빼는 것, 나를 빛나게 해주는 것, 마음속 통찰이 사람마다 근본적으로 다르며 성장하면서 더 달라진다. 따라서 리더의 조언이 팀원에게 꼭 효과가 있으리라는 법은 없다. 최고의 팀 리더는 이 점을 잘 안다. 그들은 공개석상에서 말하는 것을 어려워하는 사람에게 흐름을 정리하고, 스토리를 연습하고, 결말을 정해두라고 조언하는 것만으로는 부족하다고 판단한다. 자신이 말하는 흐름, 스토리, 결말의 의미가 상대가 생각하는 의미와 다르다는 것을 알기 때문이다. 그들은 상대가 최고의 성과를 향해 택하는 길이 자신과 전혀 다르다는 것을 이해하고 있다.

누군가에게 공을 들여 완벽하게 조언했어도 상대방이 그 처방과 전혀 다르게 행동하는 것을 보는 때도 있다. 그럴 때 그에게 화를 낼 필요가 없다는 점을 기억해야 한다. 그는 당신의 말을 듣지 않거나 당신 앞에서는 수긍한 뒤 정반대로 행동하며 수동적으로 공격 성향을 드러내는 게 아니다. 당신의 말을 들은 그는 조언대로 하려 했을 가능성이 높다. 다만 당신의 뜻을 이해하지 못했을 뿐이다. 그에게는 그만의 뜻이 있고 그에 따라 그는 최선을 다해 행동한 것이다.

어쩌면 '충고'란 오로지 내게만 효과가 있는 일련의 기법을 열거하는 것인지도 모른다. 레이 달리오의 원칙은 대단히 흥미롭지만 그만큼 보편적이지 않다. 단지 레이나 그와 많은 특성을 공유하는 사람에게 효과가 있는 기법 210개가 있는 것뿐이다. 그 점에서 충고는 혈액과 비슷하다.

20세기 이전에 수혈을 시도한 의사들은 깊은 혼란에 빠졌다. 어떤 경우에는 효과가 대단히 좋았지만 또 어떤 경우에는 환자 몸이 알레르기를 일으키거나 거부 반응을 보였기 때문이다. 오스트리아 출신 과학자 카를 란트슈타이너Karl Landsteiner가 혈액 유형을 발견하고 그중 어떤 혈액은 다른 혈액과 생리학상 양립할 수 없음을 알아낸 후에야 의사들은 수혈 전에 헌혈자와 환자의 혈액 유형을 아는 것이 중요함을 깨달았다.

성과도 마찬가지다. 성과를 위한 조언이 성공하는 것은 상대가 그것을 어떻게 이해 혹은 소화해 자신만의 사고와 행동 패턴에 끌어들이는가에 달려 있다. 즉, 이 조언은 조언 자체가 아닌 일하는 사람으로부터 출발한다.

두뇌 과학자들이 보여준 또 다른 사실은 '통찰'이 두뇌의 먹이라는 점이다. 훌륭한 팀 리더는 이미 이 사실을 알고 있다. 과학자들은 아직도 이것이 통찰에 이어 상당한 도파민 분비가 이뤄지기 때문인지, 아니면 다른 신경화학의 신경전달물질 때문인지 확실히 알지 못한다. 하지만 두뇌가 새로운 통찰, 즉 내면에서 만들어낸 깨달음의 느낌을 기분 좋게 느끼도록 만들어졌다는 것만은 확실하다.

아무리 가르치고 충고해도 팀원이 그 조언을 자신만의 원료와 섞어 완전히 새롭게 이해하지 않는 한 성과가 높아지지 않는 것을 본 적 있는가? 그렇다면 당신도 느꼈을 것이다. 통찰은 그 사람을 분별력 있게 만들고 그 앞에 놓인 도전을 보는 렌즈, 그가 나아갈 길을 밝히는 지침 역할을 한다. 이 통찰은 곧 학습으로 외부에서는 자극만 줄 수 있을 뿐이며 오로지 내부에서만 만들어진다.

우리는 조언에 엄청난 공을 들인다. 또 조언에 담긴 좋은 의도, 견해, 관대함, 순서 등에 자부심을 보인다. 복잡하지 않은 설정으로 시작해 세심하게 구성한 논리에 따라 혼란에 빠져 조언을 구하는 사람에게 한 걸음씩 다가가다가 마침내 그의 시선을 해법으로 이끌어가는 과정 전체를 말이다. 우리는 완성한 아름다운 그림을 그 앞에 제시한다. 그러나 가장 유용한 조언은 그림이 아니다. 그보다는 물감과 붓이 든 상자다. 최고의 팀 리더는 조언을 바라는 사람에게 이 물감과 붓으로 무엇을 할 수 있을지 생각해보라고 말한다. 당신의 시각으로는 무엇이 보이는가? 당신은 어떤 그림을 그릴 수 있는가?

효과가 있는 것을 재현하는 데 그토록 열중해야 하는 이유가 여기에 있다. '효과'가 있는 것이 어떤 모습인지 보게 해주면 그림의 원료로 사용하도록 이미지를 제공하는 셈이다. 애초에 이미지가 자신의 행동으로 이뤄져 있으므로 그는 이미 내면에서 그 이미지를 보고 느낄 수 있다. 이제 그것을 그 사람에게 보여주어 그가 그것을 알아보고 재창조하고 다듬게 하는 것이 리더가 할 일이다.

팀원들이 당신에게 조언을 구하면 재빨리 이젤을 찾아 그림을 그릴 게 아니라 현재라는 색채, 과거라는 빛깔, 미래라는 밝은 색조의 물감이 든 상자를 선사하는 접근법을 시도해야 한다.

'왜'가 아니라 '무엇'을 물어라

현재에서 시작하라. 문제를 들고 당신을 찾아온 팀원은 현재의 문제 안에 있다. 그는 자신이 약하다고, 상처를 받았다고, 도전받고 있다고 느낀다. 그리고 당신은 그 문제를 해결해야 한다. 곧바로 문제에 달려들기보다 상대에게 지금 당장 효과가 있는 것 3가지를 말해보라고 요청하라. 그 '효과가 있는 것'은 상황과 연관되었을 수도 있고 완전히 별개일 수도 있다. 의미가 클 수도 있고 사소할 수도 있다. 그런 것은 중요치 않다. 그저 '효과가 있는 것' 3가지를 물어라. 지금 당신은 그의 마음에 옥시토신을 주입하고 있는 셈이다. 옥시토신은 흔히 최음제라고 불리지만 여기서는 '창의성' 약이라고 생각하는 것이 낫겠다. 당신은 상대가 성공적인 일을 구체적으로 생각하게 함으로써 두뇌 화학 환경을 의도적으로 바꿔 그가 새로운 해법과 사고, 행동 방식에 개방적으로 행동하도록 만드는 것이다.

이때 당신이 하고 있는 일을 상대에게 솔직히 밝힐 수도 있다. 여러 증거에 따르면 상대가 이 일에 적극적일수록 이 기법의 효과는 커진다.[13]

그다음에는 과거로 향한다. 상대에게 "과거에 이런 문제가 있었을 때 당신이 대처한 일 중 효과가 있었던 것은 무엇입니까?"라고 묻는다. 삶은 대부분 패턴을 따르므로 그는 이전에도 이런 문제에 부딪쳐 압박을 받았을 가능성이 크다. 그럴 때 그는 한 번쯤은 성공하는 길이나 엉망인 상황에서 빠져나오게 해준 효과적인 조치, 통찰, 관계를 찾아냈을 것이다. 그가 당시 어떤 느낌을 받았고 어떤 일을 했는지, 다음에 어떤 일이 일어났는지 생각하고 그것을 마음의 눈으로 보게 해야 한다.

마지막으로 미래로 눈을 돌려 이렇게 묻는다.

"당신은 어떤 일을 해야 하는지 이미 알고 있다. 그것이 무엇인가? 당신은 이 상황에서 어떤 일이 효과가 있는지 이미 알고 있다. 그것이 무엇인가?"

어떤 의미에서 볼 때 상대는 이미 결정을 내렸고 당신은 그가 그것을 찾도록 도움을 준다는 전제 아래 움직여야 한다. 이 시점에서 당신은 어떤 식으로든 당신의 그림 한두 개를 내놓아 그것이 그의 그림을 명확히 만드는지 확인해야 한다. 무엇보다 중요한 것은 그에게 그가 이미 보고 있는 것, 그에게 효과가 있음을 이미 아는 것을 설명하도록 청하는 일이다.

여기서 주안점은 '왜'라는 질문(왜 그게 효과가 없었을까? 혹은 왜 그렇게 해야 한다고 생각하는가?)에 있지 않다. 이런 질문은 두 사람을 모호하고 회고적인 추측과 개념 세계로 데려간다. 대신 '무엇'이라는 질문에 의지하라(정말로 일어났으면 하고 바라는 일은 무엇인가?, 지금 당장 취할 수 있는 조치에는 어떤 것이 있는가?). 이런 종류의 질문을 하면 구체적인 답을 얻는다. 그 대답 속에서 상대는 가까운 장래에 실제 행동을 하는 자신의 모습을 발견한다. 상대가 내놓는 각각의 대답은 그의 이미지를 보다 생생하고 강렬하며 현실적으로 만드는 붓놀림이다.

더러 캔버스 전체를 압도하는 강렬한 색조로 시작하는 사람도 있다("내가 할 일은 직장을 그만두고 작은 보트를 사서 희망봉을 향해하는 거야"). 그럴 때 그의 손에 몇 개의 작은 붓을 쥐어주고 캔버스의 한구석으로 시선을 돌리게 하라. "여기 사람이 있네" 하고 말하는 식이다. 이것을 다른 색으로 칠해볼 수 있겠어? 시각에 조금 변화를 줄 수 있을까? 그는 직장을 그만두는 대신 당장 맞붙어볼 만한 몇 가지 일을 찾아낼 확률이 높다. 이후 마음속의 작지만 점점 생생해지는 이미지를 지침으로 삼아 조금씩 새로운 그림을 만들어낼 것이다.

거짓말

_____ #6

사람들에게는
타인을 정확히
평가하는
능력이 있다

단순히 보기만 하고 그 사람을 얼마나 알 수 있다고 생각하는가? 그 사람과 매일 함께 일한다면 당신은 그를 움직이게 하는 것이 무엇인지 알아낼 수 있는가? 그가 경쟁심이 강한지, 이타적인지, 매일 자신의 할 일 목록에서 항목을 삭제하는 데 엄청나게 집착하는지 알아낼 만큼 실마리를 찾을 수 있는가? 그의 사고방식은 어떠한가? 그의 패턴을 관찰해 그가 큰 그림을 보는 사람인지, 모든 가능성을 세세히 따지는 사람인지, 논리적이고 연역적인 추론가인지, 개념보다 사실에 가치를 두는 사람인지 파악할 만큼 당신에게 통찰력이 있는가? 다른 사람과 함께 지내는 모습을 관찰하고 분석해 보기보다 훨씬 공감 능력이 있으며 그가 정말로 팀원에게 신경 쓴다는 것을 알 수 있는가?

　물론 그럴 수도 있다. 당신은 본능적으로 타인의 행동에서 그 단초를 찾아 그가 어떤 사람이고 세상을 어떻게 헤쳐 나가는지 상세한 그림으로 그려 보여줄 수 있을지도 모른다. 최고의 팀 리더는 이렇게 할 수 있을 듯하다. 그들은 팀원의 자연스러운 행동과 반응에 집중해 어떤 사람은 타인이 없는 자리에서 칭찬받는 것을 좋아하고 또 어떤 사람은 전체 팀원 앞에서 칭찬받아야 가치 있게 생각한다는 것을, 어떤 사람은 명확한 지시에 반응하는 반면 어떤 사람은 얘기를 다 하기도 전에 마음의 문을 닫아건다는 것을 파악한다. 그들은 각 팀원이 독특하며 그 독특함을 생산적인 것으로 돌리려면 엄청난 시간을 투자해야 한다는 것을 알고 있다.

그렇다면 팀을 평가하는 일은 어떠할까? 당신은 각 팀원의 특성을 놓고 점수를 정확히 매길 수 있다고 생각하는가? 팀원 중 하나가 전략적 사고를 한다면 그가 실제로 전략적 사고에 얼마나 능한지 수치로 표현해 자신 있게 보여줄 수 있는가? 그가 영향력을 발휘하는 기술이나 비즈니스 지식, 심지어 전반적인 실적을 자신 있게 평가할 수 있는가? 다른 팀원과 비교해 그의 능력이 어느 정도인지 질문을 받는다면 각 팀원을 정확히 상대평가해 능력을 점수로 환산할 수 있는가? 이것은 정말 까다로운 문제다. 일단 여러 기술을 명확히 정의하고 그 정의를 기준으로 유일무이한 각각의 사람을 판단해야 한다. 1에서 5까지 행동을 자세히 설명한 점수 척도가 주어진다면 당신은 이것을 공정하게 사용해 진실하게 평가할 수 있다고 생각하는가?

만약 이런 평가에 자신이 있을 경우 당신은 주변의 다른 팀 리더는 어떻다고 생각하는가? 그들이 당신과 동일한 수준의 객관성과 안목으로 동일하게 이 척도를 사용하리라고 보는가? 혹시 그들이 좀 더 관대한 평가자라 모두에게 더 높은 점수를 주거나 여러 기술을 당신과 다르게 정의하지 않을까 걱정이 되는가? 모든 팀 리더에게 정확히 동일한 방식으로 평가하도록 가르치는 것이 가능하다고 생각하는가?

제대로 하는 것은 벅찬 일이다. 너무 많은 다양한 사람들이 너무 많은 다양한 특성으로 너무 많은 다양한 사람들을 평가하면서 엄청난 데이터를 양산한다. 어쨌든 제대로 해야 한다. 데이터는 사람을 대변하므로 일단 수집하면 그것이 직장에서 사람들이 어떻게 비춰지는지 규정하기 때문이다.

인재를 심사하기 위한 오만 가지 시스템

적어도 한 달에 한 번 당신의 상급자들은 한곳에 모여 당신을 평가한다. 그들은 당신의 실적·잠재력·직업상 포부를 이야기하고 당신의 보너스, 특별훈련 프로그램 참여, 승진 같은 중대한 문제도 결정한다. 이 회의는 '인재 심사'라고 불리며 거의 모든 조직이 그들 나름대로 인재 심사 과정을 진행한다. 조직의 관심은 직원의 면면을 살펴 어떻게 개개인에게 맞는 투자를 할지 결정하는 데 있다. 보통 최고의 실적과 잠재력을 보이는 사람, 즉 스타는 가장 많은 돈과 기회를 얻는 반면 그들보다 척도 아래쪽에 있는 사람은 적은 돈을 번다. 그리고 척도의 끝단에서 고전하는 사람은 실적

개선 계획PIP, Performance Improvement Plan이란 완곡한 이름 아래로 이동해 머물다 마침내 제거된다.

이 인재 심사는 조직이 사람들을 관리하기 위해 사용하는 장치다. 조직은 최고의 직원을 행복하게 하고 그들이 계속해서 도전받게 만드는 동시에 기여하는 것이 없는 사람은 솎아내고 싶어 한다. 대다수 조직의 비용에서 가장 큰 비중을 차지하는 것이 직원의 봉급과 수당이기 때문에 상급자들은 이 회의에 매우 진지하게 임한다. 규모가 큰 조직의 모든 상급 리더가 가장 몰두하는 문제이자 가장 부담스러워하는 문제는 '우리가 직원들의 진짜 모습을 보고 있다고 어떻게 확신할 수 있는가' 하는 것이다. 이것은 상급 리더들이 밤잠을 설치게 하는 문제다. 그들은 팀 리더가 자신만큼 조직이 필요로 하는 사람을 정확히 알아보지 못하며 팀 리더들이 직원을 객관적으로 평가하지 못할 수 있다는 걱정을 한다.

이 염려를 해소하기 위해 회사는 인재 심사 절차를 강화하는 온갖 시스템을 마련한다. 당신에게 가장 친숙한 것은 9영역nine box일지도 모른다. x축을 실적, y축을 잠재력으로 하고 각 축을 상중하 세 부분으로 나눠 9개 영역을 만드는 그래프 말이다. 인재 심사 전 각각의 팀 리더는 팀원 하나하나를 생각해본 뒤 실적과 잠재력을 모두 평가해 9개 영역 중 하나에 그들의 위치를 정해야 한다. 이 시스템은 어떤 팀원은 잠재력이 많지만 그것이 아직 실제 실적으로 나타나지 않은 반면 또 어떤 팀원은 최고의 실적을 냈으나 잠재력이 부족해 현재 위치가 최고점이라는 것을 팀 리더가 보도록 고안했다. 경영진은 인재 심사를 위해 작성한 이 데이터를 보고 개개인의 행동 방침을 정한다. 예를 들면 전자에게는 더 많은 훈련과 시간을 부여하고 후자에게는 넉넉한 보너스만 지불하는 식이다.

1에서 5까지의 척도를 기준으로 실적을 평가하는 것도 많은 기업이 택하는 방법이다. 이것을 9개 영역 절차와 병행하기도 하고 그것 대신 실시하기도 한다. 각 팀 리더는 팀원 개개인의 평가를 내놓아야 한다. 이후 인재 심사 사전 작업으로 혹은 그 일환으로 '고과 조정 회의consensus meeting, calibration meeting'를 연다. 고과 조정 회의는 이렇게 진행한다. 먼저 한 팀의 리더가 팀원에게 왜 4점을 주었는지 설명한다. 그리고 다른 팀의 리더도 각자 팀원에게 왜 5점, 4점, 3점을 주었는지 의견을 얘기한다. 이어 무엇이 4점을 줄 만한 것인지, 어떤 팀의 4점이 다른 팀의 4점과 같은지, 정말로 4점을 받을 자격이 있는지, 4점을 준 인원이 적정한지 등을 논의한다.

팀 리더는 대부분 3점을 주는 걸 꺼려하고 2점은 아예 생각지도 않기 때문에 종종 4점자 예상인원이 꽉 차고 만다. 이럴 때 팀 리더는 팀원에게 4점을 받을 자격이 충분하지만 올해는 차례가 아니라며 다음 해를 기대해보자고 말한다. 고성과자를 특정 비율만 인정해야 하는 조직의 니즈와 모든 직원에게 높은 점수를 주어 기분 나쁜 대화를 피하고자 하는 리더들의 조화를 이끌어내는 이 고통스런 과정을 '상대평가의 강제forcing the curve'라고 부른다. 강제로 내린 상대평가는 누구도 반기지 않지만 이것은 팀 리더에게 필요한 제약이자 고성과자가 저성과자보다 훨씬 큰 보상을 받는 보상의 적절한 '차등화'를 보장하는 방법으로 받아들여진다.

실적과 잠재력을 보다 정확히 규정하고 싶어 하는 많은 조직이 팀원의 역량 목록을 만들고 이를 기준으로 연말에 팀원들을 평가한다. 4장에서 우리는 이런 모델이 현실 세계에서 실적을 제대로 반영하는지 의문을 제기했다(모든 역량을 갖춘 사람이 있는가? 부족한 역량을 끌어올린 사람이 그렇지 않은 사람보다 더 나은 실적을 올린다는 것을 증명할 수 있는가?). 그럼에도 불구하고 많은 조직이 여전히 그런 보편적인 점검표를 기준으로 각 팀원을 평가한다. 더구나 각각의 역량을 행동 측면에서 정의하고 그 행동을 평가 척도의 특정 지점과 연결한다. 예를 들어 어떤 사람이 구조화 능력과 사내정치 역량에서 '조직 문제를 효과적으로 해결한 사례를 제시하는 것'을 보면 그에게 3점을 주고, '사내정치 능력을 시험하는 상황임을 인식하고 효과적으로 해결하는 것'을 보면 그에게 4점을 주는 식이다. 이처럼 당신은 행동에 기반을 둔 역량 평가를 이용해 팀원의 실적과 잠재력을 전체적으로 평가하고 그 결과는 인재 심사 동안 그 사람을 대변한다.

인재 심사는 1년에 한두 번 이뤄진다. 브리지워터 어소시에이츠 사례에서 보았듯 스마트폰 출현으로 이제는 1년 내내 짧은 실적 평가 설문조사도 할 수 있다. 개개인은 동료, 직속상관, 상사에게 평가를 받고 그 점수는 한 해 중반이나 연말에 합산해 최종 실적 평가로 남는다. 스타트업과 벤처캐피털의 지원을 받는 수많은 기업이 직장에 상시평가제를 도입하자 인적자원 관리 소프트웨어 제공업체들은 자사만의 상시 평가 도구를 만들기 위해 애쓰고 있다. 또 프라이스워터하우스쿠퍼스와 제너럴 일렉트릭 같은 대규모 조직은 자사 고유의 평가 도구를 만들고 있다.

우리는 어떤 면에서도 타인을 정확히 평가할 수 없다

이처럼 평가에 광적으로 관심을 보이는 것을 보면 실시간 평가를 목표로 하는 경쟁은 필연적 결과다. 이 모든 것은 '우리는 어느 정도의 인적자원을 보유하고 있는가'라는 조직의 관심에 부합한다.

당신의 관심은 조금 다른 부분에 있지 않은가. 역량과 고과 조정 과정, 행동 기준은 당신에게 다소 난해해 보일 테고 이를 크게 염려하지도 않을 것이다. 대신 당신에게는 당신의 봉급, 승진 가능성, 심지어 고용 문제까지도 당신을 노골적으로 제외한 회의에서 결정하는 현실 세계의 몇 가지 측면이 더 확실하게 와 닿을지도 모른다. 일부는 당신이 알고 일부는 당신을 알며 또 일부는 당신이 만난 적도 없는 회의실 인사들은 직원을 평가하고 판단해 조직에서 제공할 것과 경력 관리를 결정한다. 입사하고 처음 몇 년 동안은 이 점을 인식하지 못할 수도 있다. 그러나 일단 알고 나면 그 문제는 뇌리를 떠나지 않는다. 당신은 혼자 생각할 수도 있다.

'그들이 나를 좋게 생각했으면 좋겠다. 정말이지 그들이 나를 좋지 않게 생각하는 일은 없었으면 좋겠다. 무엇보다 그런 결정을 내리는 회의실에서 내 모습이 어떻게 비춰지는지 알고 싶다.'

당신의 관심은 이런 데 있다. 또한 당신은 평가 척도, 동료 설문, 상시 360도 앱을 궁금해 하고 이것이 당신의 가장 좋은 모습을 정확히 표현해줄 만큼 과학적이고 공정한 과정이기를 바랄 것이다. 이후 결과가 어찌되었든 말이다. 그래야 최소한 당신이 인간으로서 혹은 팀원으로서 자신의 진가를 공정하게 해명할 기회를 얻을 게 아닌가.

당신이 알면 괴롭겠지만 현실 세계에서는 이들 중 어떤 것도 효과가 없다. 이러한 도구와 모델, 합의 절차, 철저한 역량 평가, 주의 깊은 교정 평가 척도 중 어떤 것도 회의에서 당신의 진짜 모습을 보여줄 수 없다. 이 모든 것은 사람들에게 타인을 정확히 평가하는 능력이 있다는 믿음을 기반으로 하지만 사실 그런 일은 불가능하기 때문이다. 이 혼란스러운 단순화 안에 우리의 여섯 번째 거짓말이 담겨 있다.

가령 우리가 충분히 훈련을 받고 잘 고안한 도구로 당신의 기술과 실적을 평가한다고 해보자. 먼저 데이터를 수집해 축적하면 이를 활용해 우리는 당신의 실적과 잠재력을 정확히 정하고 역량을 평가할 수 있다. 당신의 상관, 동료, 하급자의 시각으로 이 모든 것을 넘어 그 이상을 보는 것도 가능하다. 그런 다음 모든 것을 알고

리즘에 대입해 승진 명단, 승계 계획, 개발 계획, 잠재력 향상 프로그램 추천서 등을 산출할 수 있다. 훨씬 더 편리하지 않은가!

많은 인적자원 소프트웨어 시스템이 이런 것을 정확히 해낼 수 있다고 주장하지만 사실 이것은 전혀 가능하지 않다. 단순화가 혼란스럽고 불만스럽고 좌절감을 준다고 말하는 이유가 여기에 있다.

지난 40년 동안 우리는 타인을 평가하는 사람들의 능력을 반복 시험했다. 그 결과 우리는 '평가의 편향 통제: 평가 이론The Control of Bias in Ratings: A Theory of Rating', '360도 실적 평가의 특성, 평가자, 레벨 효과Trait, Rater and Level Effects in 360-Degree Performance Ratings', '평가자 정보원 효과는 결국 건재하다Rater Source Effects Are Alive and Well After All' 같은 연구 보고서를 기반으로 인간은 어떤 점에서도 타인을 정확히 평가할 수 없다는 무시하기 힘든 결론을 얻었다.[1]

최근 모든 동계올림픽 아이스스케이팅의 '트리플 토 루프triple toe loop' 점수에서 중국과 캐나다 심판의 서로 다른 의견 사례가 이 점을 확인해준다. 그러면 우리의 평가 능력 혹은 그 부족을 다룬 흥미로운 연구를 살펴보자. 이것은 2명의 교수 스티븐 스컬렌Steven Scullen과 마이클 마운트Michael Mount 그리고 산업·조직 심리학자 메이너드 고프Maynard Goff가 수행한 연구다. 그들은 2명의 직속 부하와 2명의 동료, 2명의 상관이 작성한 팀 리더 4,392명의 평가를 수집했다. 평가 내용은 실행 관리, 팀워크 조성, 사안 분석 같은 리더십 역량 조합으로 이뤄졌다. 각 역량을 평가하는 짧은 질문 목

록으로 2만 5,000명의 평가자에게 50만 건에 조금 못 미치는 평가 데이터를 얻어낸 것이다.[2]

그 후 연구진은 간단한 질문을 던졌다. 평가자들이 그런 방식으로 평가한 이유를 가장 잘 설명해주는 것은 무엇인가? 모든 직속 부하의 점수가 비슷한데 그 점수가 동료들 점수와 상당한 차이가 있고 그것이 다시 상관이 준 점수와 차이가 나는 경우, 이 평가 결과를 가장 잘 설명해주는 이유는 조직 계층의 상대적 위치인가? 당신의 전반적인 실적에 따른 평가자의 느낌이 가장 큰 영향을 주는 것은 아닐까? 즉, 어떤 사람이 당신을 대체로 높게 평가하는 경우 이것이 다른 평가 항목에도 영향을 주지는 않을까? 아니면 역량 질문 6개에 당신의 점수를 높이는 어떤 강력한 요인이 있어서 다른 5개 질문 평가에도 영향을 주는 것은 아닐까? 만약 평가자가 당신의 사내정치 수완을 인정한다면 그것이 관련 문제 중 하나에만 점수를 올린 게 아니라 모든 질문의 점수를 올린 것은 아닐까? 이런 것, 즉 연구진의 표현대로 평가자 견해, 전반적 성과, 역량 성과는 이 평가가 측정하려 한 실적에 따른 다른 평가 점수를 설명해준다.

물론 평가자는 각 평가에 자신만의 논리로 임한다. 하지만 전반적인 패턴을 가장 잘 설명하는 것을 알아내기 위해 데이터를 쪼개고 나눠 자세히 살핀 연구진은 점수 편차의 가장 큰 부분인 54%를 평가자 특유의 성격이라는 한 가지 요인으로 설명할 수 있음을 발견했다. 데이터는 상관이든 동료든 직속 부하든 상관없이 각 평가자에게 그만의 평가 패턴이 있다는 것을 확연히 보여주었다. 평가 척도의 오른쪽으로 치우치는 관대한 평가자가 있는가 하면 왼쪽으로 치우치는 냉정한 평가자도 있었다. 어떤 사람은 1부터 5까지의 척도 전체를 사용한 반면 또 어떤 사람은 평가 점수를 좁은 범위 안에 두었다. 인식하든 그렇지 않든 각 평가자에게는 독특한 평가 패턴이 있었는데 이 강력한 영향을 '평가자 특성 효과Idiosyncratic Rater Effect'라고 부른다.

평가받는 사람과 전혀 관계가 없는 평가 결과

예를 들어 루시가 전략적 사고 역량의 여러 가지 하위질문으로 찰리를 평가한 결과 그 평가에 눈에 띄는 패턴이 있다고 해보자. 조직은 이 패턴이 찰리의 역량 평가에 관한 그녀의 판단을 반영한다고 생각한다. 정말로 그렇다면 루시가 다른 팀원 스누피에게 주의를 돌려 같은 역량을 평가할 때는 패턴이 변해야 한다. 찰리와 스누피의 전략적 사고 수준이 다를 테니 말이다. 그런데 스컬렌, 마운트, 고프의 연구는 루시의 평가 패턴이 2명의 다른 사람을 평가할 때도 바뀌지 않는다는 것을 보여준다. 루시의 평가는 거의 동일하게 유지된다. 결과적으로 그녀의 평가는 팀원보다 오히려 그녀를 더 많이 보여준다. 우리는 평가 도구가 다른 사람을 내다보는 창이라고 생각하지만 사실 평가 도구는 자신을 보여주는 거울이다. 우리 각자가 끊임없이 자신을 비추는 거울이다.

이 효과는 특정 성별, 인종, 나이에 우호적이거나 적대적인 평가자의 무의식 편향과는 관계가 없다. 이러한 편향이 존재하는 것도 사실이고 그것을 직시하거나 제거하기 위해 최선을 다해야 하는 것도 사실이지만 이 연구는 평가자 특성 효과가 평가자와 평가대상자의 성별, 인종, 나이에 관계없이 적용된다는 것을 발견했다. 평가 패턴의 독특함은 평가자의 특이성에서 기인하며 평가받는 사람과는 거의 관계가 없다. 사실 평가받는 사람은 전혀 관계가 없다.[3]

평가 커뮤니티는 평가자 특성 효과 규모에 커다란 좌절감을 느끼고 그 효과를 없애거나 최소화하기 위해 상당한 노력을 기울이고 있다. 4가 아닌 5를 구성하는 것이 무엇인지 더 상세히 설명하고 역량 척도의 각 점에 행동 기준을 덧붙이는 것 등이 그 노력의 일환이다. 그런데 불행히도 갈수록 상세해지는 척도와 기준이 실제로는 이 효과를 확대한다. 평가 척도가 복잡해질수록 특이한 평가패턴의 영향은 강해진다.[4] 그것도 평가 척도의 복잡함에 압도당해 타고난 평가 패턴의 '안정성'으로 복귀하는 것처럼 보일 정도다.

능력 질문 목록으로 타인을 평가할 때 평가자 특성 효과는 우리가 그런 평가를 선택하는 이유의 절반 이상을 결정한다. 직장에서 하는 방식으로 타인을 평가하는 이들을 대상으로 진행한 3가지 주요 연구는 놀라울 정도로 비슷한 결론에 도달했다. 점수 가변성의 약 60%는 평가 척도에 응하는 평가자의 다른 반응에서 기인한 것으로 보인다. 회의실에서 자신의 진실한 모습이 드러나기를 바라는 당신에게 이것은 큰 문제다. 당신이 받는 평가는 주로 팀 리더의 평가 패턴을 말해준다. 하지만 회의실 사람들은 그것이 당신의 실적 패턴을 말해준다고 여긴다.

평가에서 특이성을 교정할지라도 우리에게는 또 다른 장애가 남는다. 당신이 함께 일하는 사람들은 기술, 사내정치 수완, 전략적 사고, 아니 모든 추상적 속성 정도를 정확히 짚어낼 수 있을 만큼 당신과 충분히 상호작용하지 않는다. 직장에서 열심히 일하다 보면 이 추상적 속성을 평가할 만큼 면밀하고 지속적으로 당신에게 주의를 기울이는 일이 현실적으로 불가능하다. 그들은 당신에게 관심을 기울이기 어렵고 그들이 얻는 당신 관련 데이터는 불충분하다. 따라서 이 두 번째 장애는 데이터 부족data insufficiency이라 불린다. 하는 일이라곤 앉아서 연이어 트리플 토 루프를 지켜보는 것뿐인 올림픽 아이스스케이팅 심판들도 각 트리플 토 루프의 우수성에서 의견이 일치하지 않는다. 그러니 바쁜 동료, 직속 부하, 상관이 당신의 비즈니스 감각을 정확히 평가해주리라고 어떻게 기대할 수 있겠는가?

직장 세계에 변화를 주어 오로지 복도와 회의실을 돌아다니며 개개인의 실시간 행동과 반응을 관찰한 뒤 자질 목록에 따라 각각을 평가하는 일만 전담하는 평가자가 있어도 우리는 여전히 적절한 데이터를 얻지 못할 것이다. 정의 자체가 빈약하기 때문이다. 트리플 토 루프는 '뒤쪽 발의 바깥날에서 다른 발 발가락의 도움을 받아 도약한 뒤 3번 회전하고 같은 뒤쪽 발 바깥날로 착지하는' 스킬이다. 이것이 트리플 토 루프의 유일한 정의다. 반면 비즈니스 감각이라는 말을 찾아보면 다음 내용을 발견할 수 있다.

> 비즈니스 감각은 결정적인 비즈니스 상황을 이해하는 예리함과 속도다. … 비즈니스 감각이 있는 사람들은 … 상황에 필수적인 정보를 입수하고 핵심 목표에 집중하며, 해법으로 사용할 수 있는 관련 옵션을 알아보고 적절한 행동 방침을 선택한다.[5]

이것은 당신이 접할 수 있는 수많은 정의 중 하나에 불과하다. 더구나 '뒤쪽 발의 바깥날로 도약하는 것'의 구체성과 '필수적인 정보', '핵심 목표', '적절한 행동 방침'의 모호함 사이에는 엄청난 차이가 있다. 누구에게 필수적인가? 누가 결정한 핵심 목표인가? 어떻게 결정한 적절한 행동 방침인가? 이 정의를 읽고 나면 "이 정도 정의는 나도 내릴 수 있겠어"라는 말이 나오지 않겠는가. 바로 그것이 문제다. 추상적인 것을 평가할 때는 그 평가에 자신의 특이성을 반영하는 범위가 더 넓다. 가령 어떤 사람이 비즈니스 감각을 이해하는 수준은 다른 사람의 이해와 상당한 차이가 있다. 고도로 숙련된 전문 평가자 2명이 같은 자질을 놓고 동일한 사람을 평가해도 같은 평가가 나오는 일은 극히 드물 것이다.

'사정에 밝은' 집단이 지혜로울 수는 있지만

개중에는 평가자 특성 효과와 데이터 부족 이야기를 너무 두려워할 필요는 없다고 말하는 사람도 있다. 그들은 한 사람이 특유의 신뢰하기 힘든 평가자일지라도 여러 사람이 그렇지는 않을 거라는 이유를 들어 회의실에서 당신의 참모습이 드러날 것이라고 말한다. 각각의 사람들이 거의 정확하게 당신의 모습을 볼 수 있다면 그 '거의'를 합할 경우 결국 당신의 모습을 정확히 보게 될 거라는 얘기다. 이것은 360도 설문의 기초를 이루는 논리다. 1명은 완전히 틀릴 수 있지만 10명이 당신에게 비즈니스 감각이 부족하다고 말한다면 당신에게 확실히 비즈니스 감각이 부족하다고 판단해도 좋다는 말이다.

안됐지만 이런 사고는 틀렸다. 여기에는 2가지 오류가 있다. 첫 번째 오류는 집단 지성Wisdom of Crowds과 관련된 것으로 이것은 제임스 서로위키James Surowiecki가 쓴 동명의 책으로 널리 알려진 아이디어다. 이 책에서 그는 정통한 다수가 1명의 천재보다 현명하다는 여러 가지 예를 제시했다.[6] 그의 책은 찰스 다윈의 배다른 외사촌 형 프랜시스 골턴Francis Galton의 이야기로 시작한다. 1906년 그는 영국 서부 식용가축·가금 박람회에 참석했다가 황소 무게를 알아맞히는 행사를 관심 있게 지켜보았다. 관심이 있는 사람들은 6펜스에 표를 사서 거기에 자신이 예상하는 무게를 적었다. 이것은 예상 무게가 황소의 실제 무게와 가장 가까운 사람이 상을 받

는 것이었다. 데이터에 커다란 관심이 있던 골턴은 우승자를 발표
한 후에도 자리를 떠나지 않고 예상 무게가 적힌 800장의 표를 빌
릴 수 있겠느냐고 물었다. 그는 예상치의 총합을 표 숫자로 나눠
평균을 구했다. 황소의 실제 무게는 1,198파운드였는데 놀랍게도
모든 예상치의 평균은 1,197파운드였다. 그야말로 집단은 지혜로
웠다.[7]

사정에 밝은 집단이 지혜롭다는 것은 분명한 사실이다. 특권을
누리는 소수의 전문 엘리트보다 지혜로운 경우가 많다. 하지만 이
문장에서 가장 중요한 것은 '사정에 밝은'이라는 수식어다. 집단
지성을 형성하는 메커니즘은 많은 집단 구성원이 해당 문제에 실
제 경험이 있다는 점이다. 사례의 경우 집단 구성원은 대부분 인
근 농장에서 온 사람들로 황소 무게를 대략 알고 있었다(설령 모를
지라도 그들에게는 '무게'와 관련해 공통의 이해가 있었다). 그 '대략'
예상치를 모아 평균을 낼 경우 황소의 실제 무게와 근접한 수치를
얻을 수 있다.

만약 집단이 사정에 밝지 않다면 어떤 일이 생길까? 집단에게
황소 무게가 아니라 황소 체내의 원자 수를 추정해보라는 질문을
한다면 어떨까? 황소가 얼마나 우호적인지 묻는다면? 추측 대상
에 쓸 실질 준거 틀이 없는 집단은 전혀 지혜롭지 않다. 당신과 어
쩌다 마주치는 많은 사람, 비즈니스 감각을 각각 다르게 정의하는
많은 사람이 당신의 비즈니스 감각을 평가할 때 바로 이런 일이
벌어진다. 우리가 360도 실적 평가를 하는 것은 영국 서부 시골

사람들이 황소의 원자 수를 추정하는 것과 같다. 갑자기 호기심이 생긴 독자들을 위해 우리가 계산해보니 그 답은 54,340,365,926, 000,000,000,000,000,000쯤이다. 이것을 확인하려면 영국 서부 시골의 행사 참여자들과 같은 집단을 꾸려야 할 것이다.

이 비유에서 비즈니스 감각은 황소 체내의 원자 수보다 황소 무게에 가깝다는 반론이 나올지도 모른다. 우리는 비즈니스 감각이 무엇인지 알고 있기 때문에 서로의 비즈니스 감각을 대략 평가할 수 있다고 말이다. 그렇지만 우리가 데이터에서 발견한 바에 따르면 개개인에게는 자기만의 특이한 비즈니스 감각 정의가 있었다. 우리가 앞서 살펴본 것처럼 행동 묘사로 그 정의를 표준화하려 할 수록 평가자 특성 효과는 커진다. 예를 들어 '토 루프 점프'는 '토 루프'라고 불리기 전부터 존재한 까닭에 정의의 정확성이 그 이름에 담겨 있다. 반면 비즈니스 감각은 우리가 이름을 붙이기 전까지 존재하지 않았다. 결국 다른 추상 개념으로 정의한 추상 개념일 뿐 더 정확한 정의는 불가능하다.

영향력, 의사결정, 심지어 실적에 이르는 다른 특성도 마찬가지다. 이들 각각은 우리가 자기만의 의미를 부여하는 추상 용어다. 평가자로서 우리는 사정에 밝지도 않고 원자 수를 추정하는 농부들만큼이나 효과적이지 않다. 우리 모두가 개개인보다 (항상) 똑똑하다는 것은 집단에 근거한 첫 번째 오류다.

신호에 소음이 더해질 때

두 번째 오류는 어떤 사람이 당신을 평가한 데이터가 좋지 못할지라도 똑같이 좋지 못한 다른 6명의 평가 데이터와 합쳐지면 어떻게든 오차로 평균을 내 그것이 마법처럼 좋은 데이터가 된다는 것이다. 그러나 데이터 작업은 그런 식으로 이뤄지지 않는다. 오차는 임의적일 때만 평균을 낸다. 오차가 계통적인 것이면, 즉 우리가 서로를 평가할 때처럼 결함이 있는 측정 도구에서 비롯된 것이면 더했을 때 오차는 더 커질 뿐 줄어들지 않는다. 이는 소음을 더하면 그저 더 큰 소음이 될 뿐 신호가 되지 않는 것이나 마찬가지다. 사실 데이터에서는 '소음＋신호＋신호＋신호' 역시 소음이다. 아주 적은 양의 나쁜 데이터도 좋은 데이터를 모두 오염시키기 때문이다.

우리는 아리엘 6Ariel 6 이야기에서 흥미로운 사례를 찾아냈다. 아리엘 6는 1960년대와 1970년대에 영국이 설계하고 만들어 미국이 발사한 일련의 과학 연구 위성 중 마지막 위성이다. 아리엘 6에는 3가지 기구, 즉 우주선宇宙線 탐지기 1대와 2대의 X선 탐지기가 실려 있었다. X선 탐지기는 위성의 회전축에 맞춘 것이라 특정 항성을 가리키려면 위성 전체가 하늘의 특정 지역을 가리켜야 했다. 이것을 위해 설계자들은 지구 자기장을 이용해 탐지기가 어디를 가리키고 있는지 측정하는 동시에 위성의 실제 방향을 바꾸는 기발한 방법을 고안했다. 자기장을 측정하고자 위성에는 자력계 2개를 설치했다. 그 목적은 중복 검사로 2번의 개별 측정치를 합해 평균을 냄으로써 임의의 오류를 줄이려는 데 있었다.

1979년 여름 이 위성은 영국에서 미국 버지니아 동부 해안에 위치한 월롭스 비행시설로 보내졌다. 아리엘 6는 스카우트Scout 로켓에 탑재돼 우주로 날아갔는데 곧바로 문제가 발생했다. 일단 이 위성이 지정한 축에서 약간 벗어나 회전하면서 배터리 충전에 문제가 있었다. 또 무슨 까닭인지 X선 탐지기가 과학자들이 예상한 것보다 적은 X선을 탐지했다. 문제의 원인을 알아내기 위해 그들은 위성이 하늘에서 가장 강력한 X선 광원인 게성운을 향하도록 했다.

그들은 볼 것이라고 예상한 것과 실제로 보이는 것을 비교하면서 2가지를 발견했다. 첫째, X선 탐지기 중 하나의 거울 표면이 오염되었다. 이에 따라 이후 임무에서는 우주에서 안전하게 노출될 때까지 X선 거울을 보호했다. 둘째, 위성이 정확히 필요한 방향을 가리키지 않는다는 것이 분명히 드러났다. 몇 도 어긋나 있었는데 그 원인은 자력계 중 하나에 있던 결함 때문이었다. 평균 측정에 계통적 오차가 있었던 것이다. 나쁜 데이터가 다른 자력계의 좋은 데이터와 섞이는 바람에 위성은 자기 위치를 알지 못했고 결국 정확한 행성을 가리킬 수 없었다.

평가 세계에서 많은 양의 데이터를 모아 평균을 내면 개개의 데이터가 나쁠 가능성을 감출 수 있으리라는 생각은 잘못된 것이자 해로운 발상이다. 나쁜 데이터를 좋은 데이터에 덧붙이거나 좋은 데이터를 나쁜 데이터에 덧붙인다고 데이터의 질이 나아지거나 내부 결함을 만회할 수 있는 것은 아니다.

아리엘 6의 경우 해법은 결함이 있는 자력계가 읽은 데이터를 무시하고 정상 자력계에서 얻은 데이터에만 의지하는 것이었다. 최고의 직원을 찾는 것이 목적인 인재 심사 회의에서는 이런 옵션이 가능하지 않다. 우리가 내놓는 모든 데이터에는 결함이 있고 우리에게는 의지할 만한 좋은 데이터가 없다. 우리는 흠이 있는 데이터를 이용해 자신이 잘못된 별을 가리키게 만들고 있다. 지금까지 우리가 살펴본 것은 다음과 같다.

1) 인간이 타인을 정확히 평가하도록 훈련하는 일은 불가능하다.

2) 이런 식으로 얻은 평가 데이터는 오염되어 있다. 그 데이터는 평가 대상자가 아닌 평가자를 훨씬 더 많이 드러내준다.

3) 더 많은 오염된 데이터를 덧붙여도 오염은 제거되지 않는다.

이는 연간 직무만족도 조사, 실적 평가 도구, 360도 평가, 그 밖에 어떤 것이든 평가 기반 도구가 측정한다고 알려진 것을 측정하지 못한다는 뜻이다. 즉, 이들 도구가 산출한 데이터를 기반으로 한 논의는 당신의 참모습을 반영하지 않는다. 이 안타까운 상황에서 우리는 대체 어떻게 해야 할까?

여기서 가장 합리적인 출발점은 나쁜 데이터와 좋은 데이터를 구분하는 법을 배우는 것이다. 대다수 직장인이 말하듯 우리는 모든 절차, 결과, 항목, 개인의 기호, 상호작용을 포착하고 수량화하며 머신러닝 활성화 알고리즘을 통과하는 빅데이터 세상으로 뛰어들고 있다.

우리는 이 세상에서 실시간으로 수집하는 이 모든 데이터 포인트에 인공지능을 적용해 포인트 사이의 관계를 진단하고 학습한다. 이에 따라 어떤 것이 다른 것을 얼마나 자주, 어떤 조건 아래서 예측하는지 파악할 수 있다.

그렇지만 좋은 데이터를 투입하지 않을 경우 어떤 알고리즘도 유용한 것을 내놓지 않는다. 만약 당신 주머니 속의 휴대전화가 온도계를 오류에 빠뜨린다면(걱정 마시라. 그런 일은 없다) 우리는 오랜 시간에 걸쳐 온도 데이터나 온도와 다른 데이터 포인트의 관계를 연구해도 유용한 것을 전혀 알아낼 수 없을 것이다. 모든 온도 데이터가 주머니 속에 있는 휴대전화로 인해 오염되었기 때문이다. 쓰레기 같은 데이터를 넣으면 쓰레기 같은 발견이 나올 뿐이다.

'좋은 데이터'란 정확히 어떤 것일까? 좋은 데이터에는 3가지 뚜렷한 특징이 있다. 즉, 믿을 수 있고 가변적이며 유효하다. 믿을 수 있는 데이터는 안정적이고 예측 가능한 방식으로 데이터가 측정한다고 말하는 것을 측정하는 데이터다. 가장 확실하게 믿을 수 있는 데이터는 셀 수 있는 것에서 도출한 데이터다. 손가락을 이용하든 측정 도구를 쓰든 어떤 것을 셀 수 있는 경우 누구의 손이나 도구를 이용해서라도 동일한 데이터를 얻기 때문이다. 당신의 키는 믿을 수 있는 데이터다. 수표에 적힌 돈의 액수, 지난해에 일하지 못한 날, 어느 봄날 사무실 밖의 온도 등도 마찬가지다.

우리가 그 봄날에 온도계를 들고 밖으로 나갔다고 해보자. 20도를 가리켰던 온도계가 10분 뒤 영하 6도가 되었다면? 이론상으로는 온도가 극적으로 떨어졌을 가능성도 있지만 이 경우에는 온도계가 고장 났을 확률이 높다. 다시 10분 후 24도가 되었다면? 우리는 당연히 세상이 아니라 온도계가 이상하다고 확신한다. 데이터 세트의 신뢰성을 평가하기 위해 우리가 해볼 수 있는 다양한 통계 실험이 있다. 그러나 측정 대상이 바뀌지 않는 한 데이터 수집 도구가 내놓는 데이터가 변하지 않으면 우리는 보통 데이터 수집 도구를 신뢰한다. 신뢰성 없는 데이터는 저 혼자 움직이는 것처럼 보이는 불안정한 데이터다. 현실 세계에서 실제로 변한 것이 전혀 없는데 바뀐 데이터를 뱉어내는 측정 도구는 고장 난 온도계처럼 신뢰할 수 없다.

360도 피드백 도구를 신뢰할 수 없는 이유가 여기에 있다. 그것이 내놓는 데이터는 어떤 사람에게 특정 역량이 있는지 측정해야 하지만 데이터를 검토해보면 저 혼자 동요하는 것이 분명하다. 실제로 그 도구는 평가자의 특이성에 반응한다.

변동이 심한 데이터는 자연스러운(강제성이 없는) 다양성이 있는, 즉 현실 세계의 실제 다양성을 반영하는 데이터다. 우리는 현

거짓말 #6

실의 다양성을 측정하고 보여주는 능력으로 측정 도구의 질을 판단할 수 있다. 예를 들어 우리가 상점에서 구입한 평범한 온도계가 최저 온도 영하 10도를 가리킨다고 해보자. 이 온도계를 남극으로 가져가면 온도계는 매일 영하 10도를 가리킬 것이다. 물론 실제로는 그보다 훨씬 더 춥다. 우리가 측정하려 하는 온도의 전체 범위를 측정할 수 없는 온도계는 측정 도구로써 가치가 없다. 이것은 고장 난 것이 아니지만 맡은 과제에 맞지 않는다.

직장에서 훈련 과정을 이수한 뒤 그것을 평가하라는 요구를 받아본 적이 있다면 불변 데이터를 내놓는 측정 도구에 익숙할지도 모른다. 훈련 참가자들에게 '전체적으로 좋은 배움의 기회였다'는 질문에 매우 그렇다는 5점, 전혀 그렇지 않다는 1점인 5점 만점 척도로 응답하라고 요구해보라. 거의 모든 응답자가 4나 5로 응답할 확률이 높다. 위의 온도계는 남극에 맞지 않고 이 훈련 측정 도구는 잘못 설계한 것이다. 그렇지만 효과는 동일하다. 이 측정 도구가 내놓는 데이터에는 다양성도 없고 자연스러운 변화도 없다.

실적 평가 도구도 설계가 부실하기는 마찬가지다. 팀 리더에게 팀원을 5점 만점 척도로 평가하라고 요구하면 데이터는 3점 척도 도구에서 나온 데이터의 모습을 띤다. 팀 리더는 최하 두 점수를 좀처럼 사용하지 않기 때문이다(많은 기업이 상대평가의 필요성을 느끼는 이유가 여기에 있다. 그렇지 않으면 그 실적 평가 도구는 다양한 데이터를 산출하지 않는다).

평가 도구로 다양한 결과를 얻으려면 극단적 표현이 들어간 질문을 만들어야 한다. '내 직업이 내 능력에 맞는다고 느낀다'는 질문에는 다양한 답이 나오기 힘들다. 대다수가 그렇다 혹은 매우 그렇다는 답을 한다. 강점과 역할의 조화 문제를 측정할 때 우리가 질문에 '직장에서 매일 내 장점을 활용할 기회를 얻는다'는 표현을 선택한 것도 그 때문이다. '매일'이라는 극단적 표현에는 응답자를 평가 척도의 극단으로 몰아붙이는, 다시 말해 다양한 결과를 내는 효과가 있다.

엄밀히 말하면 사람마다 다른 특정 경험을 보다 정확히 식별하게 함으로써 현실 세계에 이미 존재하는 다양성을 더 잘 포착하는 효과를 낸다. 1장에서 살펴본 8가지 항목을 돌아보면 각 질문에 극단적 표현이 들어 있음을 확인할 수 있다. 예를 들어 사명과 목적을 측정하는 질문은 '나는 우리 회사에 가치 있는 비전이 있다고 믿는다'가 아니라 '나는 우리 회사의 사명에 큰 열정이 있다'이다.

이것은 작은 차이지만 현실 세계의 다양성을 포착하는 데이터를 산출하는 도구의 능력은 이런 것이 좌우한다.

믿을 수 없는 데이터가 폭발하는 시대

마지막으로 우리는 믿을 만한 데이터 속에 나타난 이 변화 범위에 의미가 있는지 자문해보아야 한다. 측정 도구에 나타난 높은 점수가 현실 세계의 다른 것도 높은 점수를 예측하는가? 그 도구에 나타난 변화가 현실 세계 다른 어떤 것의 변화와 관련이 있는가? 데이터 전문가들에게 성배(이 단어가 그리 설득적이지 않지만)나 다름없는 이것의 적절한 이름은 '기준 관련 타당성criterion-related validity'이다. 도구가 산출한 데이터의 변화 범위가 다른 것의 변화 범위를 예측하면, 즉 그것이 다른 도구를 사용해 측정한 다른 결과와 관련이 있거나 그 다른 결과를 예측하는 어떤 것을 측정한다는 점을 거듭 증명하면 어떤 도구의 데이터가 타당하다고 말할 수 있다. 예를 들어 아마존은 한 품목을 구매한 사람들이 실제로 다른 품목도 구매했음을 입증하는 경우 고객 추천 자료가 타당하다고(혹은 기준 관련 타당성이 있다고) 말할 수 있다. 또 웹페이지 클릭 수가 다른 페이지 전체의 클릭 수와 관련이 있음을 확실히 알 경우 아마존은 타당한 데이터라고 확신하는 것이 가능하다.

어떤 도구에서 자신의 업무 몰입도를 보다 긍정적으로 평가하는 사람들이 결국 회사에 오래 남는다면 우리는 그 측정 도구 데이터가 타당하다고 말할 수 있다. 이 경우 업무 몰입도 점수의 변화 범위는 자발적 퇴사에서의 변화 범위를 예측한다. 믿을 만한 하나의 데이터는 또 다른 믿을 만한 데이터를 예측하기 때문에 우리는 세상에 관한 타당한 지식 창고에 보물을 하나씩 늘려갈 수 있다.[8]

신뢰성, 다양성, 타당성은 좋은 데이터 징후로 이 3가지 개념은 당신이 접하는 모든 데이터의 질을 이성적으로 진단하는 데 도움을 준다.

예를 들어 누군가가 자기 데이터의 타당성을 주장하면 그 데이터가 현실 세계에서 다른 것으로 측정한 다른 것을 예측했음을 증명할 수 있는지 정중히 물어보라. 한 웹페이지 클릭 수가 다른 웹페이지 클릭 수와 관련이 있는 것처럼 그가 이를 입증한다면 그것은 타당한 데이터다.

누군가가 당신에게 데이터 세트에 주의를 집중하라고 요구할 경우 그 데이터가 자연스러운 변화 혹은 다양성을 보여주느냐고 물어보라. 산포도scatter plot를 보여달라고 요청하라. 산포도의 데이터 포인트가 척도의 한쪽 끝에 모여 있다면 그것은 좋은 데이터가 아니다. 가령 누군가가 고과 조정 회의에서 상대평가로 만든 가짜 변화 범위 데이터라면 예외 없이 나쁜 데이터다. 합의로 오염되고 변화 범위에 강제성이 있는 데이터는 나쁜 데이터다.

출발점은 언제나 신뢰성이다. 무언가를 측정할 때는 측정 도구 혼자 움직이며 데이터를 산출하지 않는지 확인해야 한다. 만약 혼자 움직인다면 변화 범위를 신뢰하기 어렵고 그 변화 범위가 현실 세계에서 우리가 관심을 두는 다른 것의 변화 범위를 예측할 수 있음을 증명하는 것도 불가능하다. 신뢰성이 없다는 것은 타당성 혹은 지식이 없다는 뜻이다. 그 어떤 것에 관해서도 '전혀' 말이다.[9]

당신을 포함해 사람과 관련된 거의 모든 데이터의 문제는 신뢰성 부재에 있다. 실적 달성 비율을 보고하는 목표 데이터, 추상 개념에 비교하는 역량 데이터, 실적과 잠재력을 신뢰할 수 없는 증인의 눈으로 측정하는 평가 데이터는 모두 혼자 움직이며 측정한다고 말하는 것을 실은 측정하지 못한다.

　지금 같은 빅데이터 시대에 어떤 조직도 무엇이 실적(최소한 지식 노동자의 실적)에 동력을 제공하는지 말하지 못한다는 것은 이처럼 체계적인 신뢰성 부재에서 비롯된 이상한 결과다. 매출과 산출량에 관해서라면 지적인 무언가를 말할 수 있을지도 모른다. 이 2가지는 본질적으로 확실하게 측정 가능하기 때문이다. 그러나 그 외의 다른 일, 즉 대부분의 일에서는 무엇이 실적을 추진하는지 파악할 방법이 없다. 실적을 측정할 신뢰할 만한 방법이 없어서다.

　우리는 소규모 팀보다 대규모 팀이 더 실적 향상을 자극하는지 혹은 그 반대인지 알지 못한다. 우리는 멀리 떨어져서 일하는 노동자가 같은 장소에서 일하는 노동자보다 더 좋은 실적을 내는지 혹은 그 반대인지 알지 못한다. 우리는 문화가 다양한 팀이 그렇지 않은 팀보다 더 높은 실적을 내는지 혹은 그 반대인지 알지 못한다. 우리는 계약직 직원이 정규직 직원보다 더 높은 성과를 올리는지 혹은 그 반대인지 알지 못한다. 심지어 직원 훈련과 개발에 투자하는 것이 실적 향상으로 이어지는지 보여주지 못한다. 우리는 이러한 문제 앞에서 아무것도 말할 수 없다. 그 정확한 원인은 실적을 측정하는 믿을 만한 방법이 없다는 데 있다.

　그러므로 이런 것의 확정적 진술을 읽는다면 혹은 실적의 다른 측면에서 확정적 진술을 읽는다면 당신의 귀에 데이터 품질을 향한 경보신호가 울려야 한다. 이들이 참일 수도 있지만 그 정반대 역시 참일 수 있다. 간호사든 소프트웨어개발자든 교사든 건축노동자든 지식노동자 개개인의 실적을 측정하는 신뢰할 만한 방법을 만들기 전에는 어떠한 실적 추진 주장도 타당하지 않다. 그것은 아무도 알지 못한다. 안다고 주장하는 사람들은 나쁜 데이터와 좋은 데이터를 구분하지 못하는 것일 뿐이다.

리더에게 꼭 필요한 4가지 질문

이 문제에 직면한 당신이 할 수 있는 일은 무엇일까? 먼저 질문하는 것으로 시작해야 한다. 당신의 실적 혹은 잠재력 평가가 어디에서 비롯된 것인지 물어라. 당신이 평가받는 역량이 어떤 것인지 물어라. 평가항목의 질문을 직접 확인하겠다고 요청하라. 평가항목이 평가자에게 특정 행동이나 역량을 기준으로 당신을 평가해달라고 요청하는 질문으로 채워져 있다면 그 평가가 '평가자 특성 효과'를 고려했는지 물어라. 어쩌면 멍한 표정을 보게 될지도 모른다. 그러니 이 장의 내용을 활용하거나 관련 언론 기사를 하나쯤 다운로드하라. 도구나 절차에서 즉각 변화가 일어나기를 기대하기는 힘들지만 적어도 당신은 자각할 테고 데이터에 이성적이면서도 날카로운 질문을 던지는 사람이란 평판을 얻을 것이다. 그것은 분명 당신에게 도움을 주는 평판이다.

어느 정도 영향력 있는 사람은 조직에서 '인적 사안' 측정 방법을 바꾸는 것도 가능하다. 사람들의 데이터를 포착하는 더 나은 방법, 더 신뢰성 있는 방법이 있기 때문이다. 이는 우리가 타인을 신뢰성 있게 평가하는 평가자는 아니지만 자신의 경험은 정확히 평가할 수 있다는 진실에 기반한다.

우리가 당신에게 지역대표의 정치적 수완을 평가해달라고 요청할 경우 당신의 평가는 '정치적 수완'에 관한 믿을 만한 측정이 아니다. 당신에게는 그의 심리를 파악할 능력이 없고 추상적 자질의 유무를 신뢰성 있게 따질 능력도 없다. 그렇지만 오늘 우리가 당신에게 누구에게 투표할 계획이냐고 묻는다면 당신의 대답은 오늘 누구에게 투표할지 판단하는 신뢰성 있는 수단이다. 오늘 투표의 선호도만 응답하는 질문이므로 훨씬 더 겸손한 측정 수단이자 측정하고 있다고 말하는 것을 측정하는 신뢰성 있는 수단이다.

마찬가지로 우리가 당신에게 팀원 1명의 '성장 잠재력'을 평가해달라고 요구한다면 당신의 평가는 신뢰할 만한 평가가 아니다. 당신은 성장 잠재력이 무엇인지, 그것을 어떻게 판단할 수 있는지 확실히 알지 못하기 때문이다. 그러나 우리가 당신에게 오늘 그 팀원을 승진시킬 예정인지 묻는다면 그에 따른 당신의 대답에는 신뢰성이 있다. 그 팀원의 마음을 들여다보거나 그의 성장 잠재력을 인식하지는 못해도 자기 자신의 생각은 알 수 있다. 자신의 생각에서 나온 대답은 믿을 만하다(자기 경험을 말할 때 우리는 필요한 모든 데이터를 갖고 있다). 당신의 대답은 그 말이 주장하는 바와 정확히 일치한다. 그 사람과 관련된 당신의 주관적(정확히 측정한) 반응이기 때문이다. 이것은 겸손한 데이터일 뿐 아니라 보다 신뢰성 있는 데이터다.

같은 맥락에서 당신이 내리는 팀원의 '실적' 평가에는 신뢰성이 없다. 당신이 내린 실적의 정의가 당신 고유의 것이라서 그렇다. 반면 "뛰어난 결과를 원할 때 이 팀원에게 의지합니까?"라는 질문에 당신이 하는 대답은 전적으로 신뢰할 수 있다. 이 질문으로 우리는 당신에게 상사로서 감정에 좌우되지 않고 그의 실적을 평가하라고 요구하기보다 무언가 뛰어나게 완수하고 싶은 것이 있을 때 자신 있게 그에게 가는지만 밝혀달라고 요구하는 셈이다. 여기에는 잘못을 저지를 여지도, 옳고 그른 것도 없다. 이 팀원과 관련해 당신이 할 일과 그렇지 않은 일에 관한 느낌만 있을 뿐이다. 당신과 의견이 다른 사람도 있을 수 있겠지만 그렇다고 그가 옳은 것은 아니다. 그저 그 팀원에게 보이는 그 사람의 반응이 당신과 다른 것뿐이다.

다시 말하자면 여기에서 데이터는 더 겸손한(당신은 자신의 경험을 평가한다) 동시에 더 신뢰성이 있다(당신은 자기 경험을 잘 알고 있다).

일반적으로 좋은 데이터를 찾는다면 질문이 자신의 경험이나 의도한 행동을 평가하게 하는지 세심히 살펴야 한다. 이 질문의 타당성은 알 수 없을지도 모른다. 즉, 그 질문에 따른 대답이 현실 세계의 다른 어떤 것을 예측하는지 모를 수도 있다. 하지만 적어도 당신은 그 대답이 믿을 만하다는 것은 알 것이다. 여기서 분명히 해둘 것은 신뢰성이 있다는 게 정확하다는 뜻은 아니라는 점이다. 신뢰성이 있다는 말은 어떤 것이 무작위로 변동하지 않는다는 의미다. 따라서 우리가 당신을 자기 경험과 의도를 신뢰성 있게 평가하는 평가자라고 말할 때, 그것은 당신이 자기 성격이나 실적을 정확히 평가하는 평가자라는 의미가 아니다. 우리가 당신에게 당신의 실적, 성장 지향, 학습 민첩성을 평가하라고 요구하는 경우 당신이 그것을 평가하는 가장 정확한 평가자는 아니다. 대신 당신은 자신의 내적 경험과 의도를 믿을 만하게 평가하는 평가자다. 그것이 전부다.

이 렌즈로 보면 우리는 '지식노동자 실적을 어떻게 평가할 것인가'라는 골치 아픈 문제에 답을 도출할 수 있다. 스스로 경험한 사람은 자신의 신뢰성을 바탕으로 다른 유형의 질문을 고안하는 것이 가능하다. 그 비결은 질문의 방향을 뒤집는 데 있다. 다른 사람에게 해당 자질이 있는지 묻는 대신 그에게 그런 자질이 있다면 우리가 어떻게 반응해야 할지 물어야 한다. 즉, 다른 사람이 아닌 자신에 관해 물어야 한다. 이런 질문을 고안할 경우 분기마다 혹은 프로젝트가 끝날 때마다 팀 리더에게 각 팀원과의 경험이 어땠는지 물으면 그만이다. 실제 모습은 아마 이럴 것이다.

팀원이 처리하는 업무의 질에서는 "뛰어난 결과를 원할 때 항상 이 팀원에게 의지합니까?"라고 묻는다. 어떤 사람이 얼마나 팀 지향적인지 알고 싶을 때는 팀 리더에게 협력이나 협동을 기준으로 그 사람을 평가해달라고 요청할 게 아니라 협동심 강한 사람이 있을 경우 그가 무엇을 할지, 어떤 느낌일지 물어야 한다. 가령 "이 팀원과 함께 일할 기회가 가능한 한 많았으면 좋겠습니까?"라고 묻는다. 팀원의 향후 가능성을 물을 때도 팀 리더에게 그 사람의 잠재력이나 다른 추상 특성을 평가하라고 요구하지 않고 "가능하다면 오늘 이 사람을 승진시키겠습니까?" 같이 의도를 물어야 한다. 마지막으로 어떤 사람의 작업과 관련해 팀 리더에게 우려하는 바가 있는지 물을 수도 있다. 이때는 "이 사람에게 당신이 당장 처리해야 하는 실적 관련 문제가 있다고 생각합니까?"라고 질문해야 한다.

이것이 팀 리더에게 자신의 느낌과 의도한 행동을 말하게 하는 4가지 질문이다.[10] 이들 질문에 따른 대답은 각 팀원이 마무리한 실적을 완벽하게 측정하지 못한다. 그럴 방법도 없거니와 완벽한 측정이 무엇인지 정의할 방법도 없다. 그러나 이들 질문은 각각의 팀 리더가 개별 팀원에게 어떤 감정을 느끼는지, 각 팀원과 어떤 일을 함께하고 싶은지와 관련해 믿을 만한 시각을 제공한다.

우리는 데이터 속의 주관성은 오류이고 우리가 추구하는 특성은 객관성이라고 생각하는 경향이 있다. 그렇지만 측정에서는 객관성 추구가 오류이며 믿을 만한 주관성이야말로 측정의 특성이다. 이들 질문은 믿을 만하고 주관적인 데이터를 내놓는다. 사람의 몸무게를 측정한다고 그의 건강 상태를 완벽하게 측정할 수 있는 것은 아니다. 그렇지만 몸무게는 적어도 건강의 일면을 분명히 보여주는 믿을 만한 척도이며 이 4가지 항목도 명백히 실적의 일면을 신뢰성 있게 파악하도록 해준다.

누구도 단지 하나의 숫자일 수는 없다

질문 '실적이란 무엇인가?'는 질문 '건강이란 무엇인가?'만큼이나 추상적이고 유용하다. 현재 우리는 사실상 건강을 측정하려 하지 않고 일련의 개별 척도를 이용한다. 가령 우리는 체질량지수BMI가 지나치게 높지 않은지 묻는다. 혈당 수치도 묻고 운동 후의 회복 속도를 측정하기도 한다. 이들 정보는 모두 유용하다. 구체적인 정보에서 보다 유용한 질문과 조치를 이끌어낼 수 있기 때문이다. 반면 건강에 4점을 주기로 결정하는 것은 전혀 도움이 되지 않는다. 실적을 이해하는 열쇠는 실적을 광범위한 추상 개념으로 생각하지 않는 것이다. 신뢰성 있게 측정 가능하고 그에 따라 우리가 유용한 조치를 취할 수 있는 실적 요소를 찾아야 한다.

물론 건전한 판단이 불가능한 팀 리더도 있지 않을까 하고 우려할 수도 있다. 그러나 어떤 리더를 신뢰해야 하고 또 어떤 리더를 그렇지 않아야 하는지 데이터에 근거해 파악할 효과적인 방법을 찾는 것은 불가능하다. 최선의 행동 방침은 모든 팀 리더에게 개별 팀원에 관해 이들 질문이나 이와 비슷한 질문에 분기마다 답하게 하는 것이다.

이 경우 인재 심사 때마다 모든 팀 리더가 느끼는 것, 개별 팀원과 하고자 하는 것을 정확히 볼 수 있다. 우리는 진실한 것이 아닌 측정 가능한 것을 목표로 하므로 이렇게 얻은 데이터를 확신할 수 있다.

실제로 믿을 만한 실적 데이터는 〈그림 6-1〉과 같은 모습이다. 이것은 시스코에서 일하는 팀 리더들이 2가지 질문, 즉 눈에 띄는 결과와 가능한 한 함께 일하고 싶은 팀원 관련 질문에 내놓은 대

그림 6-1 ───────────────────────────────

표준점수분포

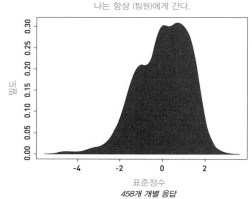

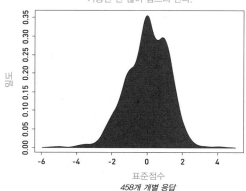

답이다. 시스코는 각 질문에 리더가 관대한 평가를 하는지 엄격한 평가를 하는지, 범위를 넓게 사용하는지 좁게 사용하는지 통제하는 개별 팀 리더 고유의 평가 '지문' 알고리즘을 적용했다. 덕분에 이 데이터는 개별 팀 리더가 생각하는 것을 비교적 정확히 포착하고 있다.

당신도 확인할 수 있듯 이들 질문은 신뢰성 외에도 자연스러운 변화를 만들어낸다. 시스코는 상대평가를 강제할 필요가 없다. 주의 깊게 표현한 이들 질문에 팀 리더가 답변한 내용이 자연스러운 변화 범위를 만들고 있기 때문이다.

겸손하고 신뢰성 있으며 현실적 데이터를 갖춘 시스코는 재미있는 질문에 답하고 그 대답에 따라 행동한다. 이제 이 회사는 개인별 실적과 업무 몰입도 2가지 측면에서 모두 믿을 만하고 가변적이며 타당한 데이터를 보유해 둘 사이의 관계를 찾는 일을 시작할 수 있다. 또한 시스코는 팀원들이 자신이 어떤 기대를 받고 있는지 파악하고 있다. 팀원들이 자신의 강점을 자주 활용하고 훌륭한 성과를 인정받으며 끊임없이 성장을 요구받는다는 느낌을 강하게 받을 때, 팀 리더는 실적 질문에 팀원에게 높은 점수를 주는 경향을 보인다. 다시 말해 팀원에게 뛰어난 성과를 기대하고 그들에게 가는 경향이 짙다. 이것은 팀원들이 가치관을 공유하는 사람들과 함께하고 팀 동료들이 자신을 지지한다는 느낌을 강하게 받을 때도 마찬가지다.

이 모든 것이 난해한 비전祕傳처럼 보일 수도 있다. 팀원에게 기대, 강점, 인정, 성장을 이야기해서 개인적 기여도를 높이고자 하는 팀 리더 혹은 팀 기여도를 높이기 위해 해당 팀원과 팀 전체에 탁월성의 의미나 모든 일에서 모두가 서로를 지원할 방법을 이야기하는 팀 리더가 되기 전까지는 말이다(더 자세한 내용은 〈부록〉에서 시스코와 ADP의 자세한 연구 결과를 보라).

당신은 사실상 당신의 참모습이 회의실 안에 있기를 바라지 않는다. 당신은 회의실에 있는 어느 누구도 당신을 신뢰성 있게 가늠하는 척도를 갖고 있는 척하는 것을 원치 않는다.

마찬가지로 당신은 단 하나의 실적 평가를 몹시 싫어한다. 당신은 단순히 3점일 수 없다. 즉, 당신은 단지 하나의 숫자일 수 없다. 그러므로 당신은 당신의 모든 핵심 역량을 포착한다고 주장하는 새로운 도구를 소리 높여 비난할지도 모른다. 그러한 도구는 그렇게 하지 못한다. 아니, 결코 그렇게 할 수 없다. 그 도구들은 당신을 대변한다고 주장하는 나쁜 데이터라는 불에 기름을 부을 뿐이다. 당신이 누구인지 드러내는 척하는 모든 도구는 거짓이다.

당신이 회의실에 원하는 것은 그런 게 아니다. 당신의 참모습이 아니라 그저 진실이다. 당신은 건방지게도 데이터가 당신이 누구인지 대변하려 하는 것을 원치 않는다. 대신 당신은 당신에 관한 팀 리더의 반응을 단순하고 신뢰성 있으며 겸손하게 포착한 데이터가 대변하기를 원한다.

거짓말
_____ #7

사람들에게는
잠재력이 있다

조는 사업가다. 인터넷 초기 그는 지도 제작 기술과 디렉토리 리스팅을 통합하는 선구적 미디어회사를 설립하고 벤처캐피털의 자금 지원을 받았다. 투자자가 으레 그렇듯 그들은 기존 임원진에게 회사의 미래를 이끌어갈 잠재력이 있는지 평가했다. 안타깝게도 그들은 조에게 그런 잠재력이 많지 않다고 판단했다. 그는 고등학교와 대학 시절에 리더십을 발휘한 적이 없고 학생회장이나 라크로스팀 주장을 맡아본 경험도 없었다. 현재의 일과 스타일을 살펴본 투자자들은 그에게 미래 비전을 세우고 적절한 팀을 구성할 잠재력이 부족하다고 판단했다. 결국 그들은 그를 수석 프로그래머로 내려앉히고 전문 경영인을 영입했다.

　조는 새로운 역할에서도 두각을 나타내지 못했다. 그에게는 소프트웨어 기술이 있었지만 이는 예측 불가능했고 더 숙련된 개발자들이 분해하거나 풀어야 하는 엉망의 스파게티 코드(컴퓨터 프로그램 제어 흐름이 복잡하게 얽혀 있는 모습을 스파게티 면발에 비유한 표현 – 옮긴이)를 만들기 일쑤였다. 그것도 어찌나 엉망인지 회사 제품의 전체 코드 기반을 다시 써야 했다. 모두가 조에게는 분명 추진력이 있지만 회사의 선두 소프트웨어 엔지니어가 되기는 어렵다는 데 동의했다. 그는 그렇게 충분한 잠재력을 갖추지 못했다는 평가를 받았다.

운신의 폭이 좁아지면서 불만이 커지고 투자자들이 자신의 미래에 큰 기대를 걸지 않자 조는 회사가 인수되기를 기다렸다가 금융서비스회사를 차렸다. 그는 저돌적으로 일을 추진하면서 열심히 일했고 모든 것에 도전했다. 그 새로운 회사가 크게 성장하자 더 큰 회사가 그 회사를 인수했다. 그런데 그 새로운 회사 리더들도 조의 잠재력을 인정 혹은 확신하지 않았고 그는 다시 회사를 떠났다.

그는 이번에는 기계와 전기 엔지니어링 분야에서 흥미로운 작업이 가능할지 알아보고 싶어 했다. 그 새로운 벤처회사는 아직 이렇다 할 평가를 받지 않았고 장부상에도 실제 이윤이 드러나지 않았지만 조는 현재 수백 명의 직원과 함께 그야말로 혁신적인 제품을 만들고 있다. 만약 그가 새로운 일을 추진하지 않았다면 수백 명의 직원과 혁신적인 제품은 존재하지 않았을 것이다. 그런 의미에서 조는 우리가 원하는 팀 리더의 모습과 정확히 일치한다. 그는 자기만의 강점을 최대한 이용해 모두에게 더 나은 미래를 만들어주는 사람이다.

조의 경험은 상당히 의미가 있다. 이 장이 전적으로 미래와 관련된 것이기 때문이다. 그것은 당신의 미래이자 당신 팀원들의 미래 그리고 조처럼 크고 작은 조직에 있는 모든 사람과 회사에서 오해를 받고, 낙인찍히고, 잘못된 관리를 받고 결국 회사에서 나온 사람들의 미래다.

잠시 모든 팀원을 생각해보자. 그들의 얼굴과 이름을 떠올려보라. 지금 그들이 어떤 일을 하고 있는지, 일을 얼마나 좋아하는지, 즐기면서 잘 해내는 일이 무엇인지, 힘들어하는 일이 무엇인지, 갈망하는 것이 무엇인지 상상해보라. 가능하면 이 질문에 답해보라. 그들 중 가장 잠재력이 큰 사람은 누구인가?

팀 리더는 언제든 9개 영역의 잠재력 축에 답을 표시해보라는 말을 듣게 마련이다. 그 해답을 생각하다 보면 당신은 곧 몇 가지 문제에 부딪힌다. 잭이 지금 일을 잘하고 있지만 그것이 그에게 잠재력이 있다는 의미인지 확신하지 못할 수 있다. 질 역시 일을 잘하고 있으나 그녀의 일은 잭의 일과 다르다고 생각할 수도 있다. 두 사람 중 1명에게 잠재력이 있을 경우 다른 사람은 어떨까? 잠재력이 어떤 보편적 특질이라면 다른 2가지 일을 하는 다른 두 사람의 잠재력은 어떻게 측정해야 할까?

실은 질이 현재의 역할에서 어려움을 겪고 있다면 어떨까? 아마 현재 성과가 미래 잠재력과 동일한지 혹은 미래 잠재력의 단초인지, 아니면 놀랍게도 2가지가 전혀 관련이 없는지 의문이 들 것이다. 당신은 질에게 다른 일을 정말로 잘할 잠재력이 있지 않은지 생각할지도 모른다. 그렇다고 이 문제를 오래 고민할 가능성은 낮다. 어떤 역할이나 또 다른 어떤 역할에서 잠재력이 없어 보이면 전혀 다른 역할에서 그녀가 잠재력을 보이리라고 확신하기는 어려우니 말이다. 그녀가 현재 어려움을 겪고 있을 경우 어디에 가서 어떤 일을 하든 어려움을 겪지 않을까?

반면 그녀가 어려움을 겪지 않고 심지어 현재 높은 실적을 올리면서도 더 성장하려 도전하길 원한다면 어떨까? 아마 그녀가 똑같이 잘할 수 있는 또는 더 잘할 수 있는 다른 팀의 다른 일자리를 생각할 것이다. 그녀가 당신에게 자신의 미래를 물을 경우 당신은 안개 속을 헤맬지도 모른다. 당신은 다른 팀원들과 마찬가지로 다른 팀의 다른 일은 거의 알지 못한다. 그러니 그녀에게 다른 곳에서 뛰어난 활약을 보일 잠재력이 있는지 어떻게 알 수 있겠는가? 좋은 팀 리더인 당신은 현재 눈앞에 있는 그녀의 현재 실적은 명확히 파악하고 있다. 하지만 그녀의 잠재력을 가늠하라는 요구를 이행하려면 당신이 잘 알지 못하는 세계에 그녀를 투영해봐야 한다.

이것은 대단히 부담스러운 일이다. 당신이 가늠하거나 평가한 질의 잠재력이 오랫동안 질을 따라다닐 것이라는 사실을 알고 있어서 그런 것만은 아니다. 당신이 그녀를 높이 평가하면 그녀의 '높은 잠재력'이 동료 팀 리더들에게 전해지면서 일반적으로 인정받는 정보로 자리 잡아 그녀가 어딜 가든 그 평판이 따라다닌다. 결국 그녀는 다른 팀 리더에게 더 관심을 받고 더 기회를 얻고 더 많은 훈련과 투자를 받는다. 설령 그녀의 실적이 떨어져도 선의의 해석이 더 많이 주어진다. 반대로 당신이 그녀의 잠재력을 낮게 평가하는 경우 그녀는 '잠재력이 낮은' 사람으로 소문이 난다. 이 것은 그녀가 아무리 노력해도 벗어나기 힘든 꼬리표다.

당신이 평가한 그녀의 잠재력, 정확히 말해 미래에 그녀가 회사에 기여할 가치를 평가한 당신의 추측은 온갖 방식으로 그녀의 미래를 만든다. 이것은 감당하기 벅찬 책임이다.

한편 머지않아 또 다른 인재 심사가 있다는 것을 아는 질은 자신이 '높은 잠재력이 있는 직원' 명단에 들어갈지 궁금해 한다. 그러나 그녀는 당신과 마찬가지로 잠재력이나 높은 잠재력이 무엇인지 확실히 알지 못한다. 그녀는 그저 매일 일을 잘 해내려고 노력할 뿐이다. 그녀는 잠재력은 '있으면 좋은 것'이라는 점을 알지만 내심 그녀가 정말 알고 싶어 하는 것은 현재 자신이 일을 충분히 잘 해내고 있는지, 자신의 경력이 어디로 향할 것인지의 문제다.

당신의 잠재력 평가가 그녀의 경력에 도움을 준다면 좋겠지만 반대로 잠재력이 낮다는 꼬리표가 붙으면서 장래에 도움이 되지 않는다면 그녀는 좌절할 것이다. 어느 순간 그녀는 당신에게 자신을 어떻게 평가했는지 물을 것이고 당신은 어떻게든 당신의 결정을 정당화해야 한다. 이것은 대단히 까다로운 일이다. 애초에 잠재력이 무엇인지 확신도 없고 어떤 단초로 결정을 내렸는지 확실치도 않으며 어떤 척도로 잠재력을 평가해야 하는지 분명히 파악한 것도 아니기 때문이다.

하지만 그것은 나중 문제고, 당신은 질의 불가피한 질문을 머릿속에서 밀어내고 9개 영역 그리드를 꺼내 그녀와 그녀의 미래를 공정하게 평가하고자 최선을 다한다.

'잠재력'이라는 대단히 이상한 개념

물론 각 직원에게 잠재력 평가 점수를 부여하는 것은 좋은 의도의 산물이다. 당신의 회사는 극대화 기계다. 회사는 한정된 자원을 최대한 이용하길 원한다. 이에 따라 회사는 정확히 누구에게 어떻게 투자해야 하는지 알아내는 일에 관심이 크다.

문제는 회사가 이 좋은 의도를 현실로 옮기는 방법에 있다. 왜 회사는 특정 사람에게서만 큰 이익을 얻을 수 있다고 생각하는 걸까? '직원들은 우리의 가장 귀중한 자산'이라는 상투적인 문구는 모든 직원에게 적용된다. 우리가 살펴보았듯 인간의 두뇌는 성인기에도 학습하고 성장하는 능력을 잃지 않는다. 각각의 두뇌는 다른 속도와 다른 방식으로 성장하지만 이는 제각각 다르게 학습한다는 의미일 뿐, 어떤 사람은 학습하고 또 어떤 사람은 그렇지 않다는 뜻이 아니다. 제 값어치를 하는 모든 극대화 기계에 가장 좋은 행동 방침은 선택한 몇몇 두뇌에만 집중하고 다른 두뇌는 없애기보다 각 두뇌가 어디에서, 어떻게 최대 성장을 이룰지 알아내는 것이다.

그러나 안타깝게도 대부분의 기업은 이런 자연스러운 다양성에서 점차 멀어진다. 이는 다양성을 개별적인 것으로 보는 탓이다. 가장 현실적인 접근법은 모든 사람을 잠재력이라는 포괄적 자질로 평가해 그 자질을 많이 갖춘 사람에게 가장 많이 투자하고 그렇지 못한 사람에게는 적게 투자하는 것이다. 사람들에게 잠재력이 있다는 거짓말은 조직의 통제 욕구와 개인의 차이를 참아내지 못하는 인내 부재에서 파생한 산물이다.

사실 잠재력이라는 포괄적 자질 개념은 대단히 이상하다. 주위를 둘러보면 수백 가지 다른 정의를 발견할 수 있다. 하지만 〈하버드 비즈니스리뷰〉의 정의 외에 굳이 다른 것을 찾아볼 필요는 없다.

잠재력이 큰 사람은 다양한 배경과 환경에서 지속적으로 눈에 띄게 동료들보다 더 나은 결과를 낸다. 뛰어난 수준의 실적을 달성하는 동안 그들은 회사 문화와 가치를 모범적으로 반영한다. 더구나 그들은 조직 내에서 경력을 쌓는 내내 강력한 성장과 성공 능력을 동료들보다 빠르고 효과적으로 보여준다.[1]

아주 바람직한 특성처럼 보이지 않는가. '다양한 배경과 환경에서' 자기 역할을 다하는 것은 물론 '동료들보다 더 나은' 탁월함으로 일을 수행하고 '회사 문화와 가치를 반영'하며 그 과정에서 '강력한 성장 능력'을 보이는 사람을 누군들 원치 않겠는가. 높은 실적을 올리고 회사 문화를 구현하며 빠른 학습 능력과 성공 기질을 갖춘 사람은 모든 팀 리더가 꿈꾸는 유형이다.

그렇지만 이 정의는 공허하게 들린다. 무엇보다 팀에 그런 사람이 있기를 바라더라도 정의 그 자체를 인식할 수가 없다. 최선의 자기 모습을 생각하면 자신이 가장 좋아하는 특정 활동, 자신이 가장 잘하는 기술에 이른다. 반면 이 정의는 실제 일과 동떨어진 모호한 것으로 보인다. 또한 이 설명은 당신이 '다양한 배경과 환경에서', 즉 어디에서든 사실상 모든 것을 대단히 잘한다고 암시하는 듯하다. 이것만으로도 가능성이 낮은데다 더 중요한 문제가 있다. 실제로 이처럼 팔방미인이 되려는 사람이 있을까? 만약 우리에게 이러한 자질이 있다면 그것은 우리가 독특하거나 특별하지 않고 학습에 능숙하지만 특색이 없으며 배경과 환경이 우리를 정의해주길 바라는 빈 그릇이나 깨끗한 도화지와 다름없다는 뜻이다. 이 얼마나 우울한 일인가!

더구나 이 정의는 공허함 외에 무척 해로운 함의도 담고 있다. 그것은 잠재력이라는 자질이 타고나는 것이며 사람들이 이 상황에서 저 상황으로 잠재력을 가져간다고 가정한다는 점이다. 이에 따르면 잠재력이 큰 사람은 어떤 배경이나 상황과 마주치든 빠르게 학습하고 더 많이 성장하며 더 많은 것을 이루게 해주는 특별한 힘의 축복을 받은 사람이다. 어디에서든 잠재력과 함께하는 당신은 다른 사람에게 허락되지 않는 힘과 접근권을 얻는다.

4장에서 우리는 사람에게 내재하는 자질과 사람 안에서 변화 가능한 상태를 구분했다. 이 틀을 적용하면 우리는 분명 잠재력을 자질로 여긴다. 만약 잠재력이 자질이라면 크게 변하지 않을 텐데 왜 매년 사람들의 잠재력을 재평가하는 걸까? 아무튼 사람에게 내재된 잠재력은 사람마다 크고 작음에 차이가 있고 잠재력이 큰 사람은 어딜 가든 그것과 함께한다.

우리의 미래를 결정하는 최악의 데이터

잠재력을 자질이라고 가정할 경우 먼저 그것을 어떻게 측정해야 하는지의 문제와 맞닥뜨린다. 가령 다른 사람에게 당신의 자질을 평가해달라고 요청할 수 없다. 어떤 평가자든 당신의 심리 혹은 내면을 파악해 그것을 어떤 숫자로 표현할 만큼 통찰력이 있거나 객관적일 수 없기 때문이다. 잠재력은 훨씬 더 측정하기가 어렵다. 평가자에게 현재 행동에 나타나는 자질이 아닌 미래의 어떤 상황에서 나타날 것을 바탕으로 확률에 따라 당신을 평가해달라고 요구하는 것이니 말이다. 평가자가 이 일을 신뢰성 있게 해낼 가능성은 전혀 없다. 결국 그가 당신을 평가해 어떤 데이터를 만들든 그것은 나쁜 데이터 중에서도 최악일 것이다. 그럼에도 불구하고 질의 사례에서 보았듯 이 데이터가 우리의 미래를 결정한다.

그런데 측정 대상이 존재하기는 하는 걸까? 잠재력은 측정 가능한 존재일까? 운 좋은 소수에게 배경이나 환경에 관계없이 더 많이 성장하고, 더 많이 배울 수 있는 능력을 부여하는 자질이 존재한다고 생각하는가? 어떤 상황에든 큰 잠재력과 함께 달려들면 잠재력이 그가 적응하고 번영하도록 만드는 것일까? 이 일반적인 잠재력이 터보과급기 역할을 해서 세상의 어떤 일을 인풋하든 그것을 뛰어난 실적으로 만드는 것일까?

이 생각에는 아무런 증거가 없다. 지난 100년 동안 우리는 일반 지능이 존재하는지 궁금해 했는데 설령 그것이 존재할지라도 찾을 수 없다는 것을 알아냈다. 물론 IQ를 신뢰할 만하게 측정하는 테스트를 만들 수는 있다. 하지만 IQ가 무엇인지는 잘 알지 못한다. IQ만으로 교육에서의 성공, 직업상의 성취, 건강, 행복을 예측할 수는 없다.[2] 그것은 그저 테스트 점수일 뿐이다. 이 테스트를 활용하는 최선은 점수가 아주 낮은 경우 인지장애 가능성이 커서 학습에 어려움이 따르리라는 것이다. 결국 IQ는 번영과 성공의 예측 변수가 아닌 문제의 예측 변수로 기능한다.

마찬가지로 일반적인 잠재력이 존재한다는 증거는 없다. 오히려 증거는 그 반대 방향을 가리킨다. 우리는 두뇌가 시냅스 연결을 늘려가면서 성장하고 개개인의 시냅스 패턴이 유일무이하며 각각의 두뇌가 서로 다르게 성장한다는 것을 알고 있다. 또한 우리는 1) 우리 모두에게 학습 능력이 있고 2) 각자 학습 능력이 다르며 3) 모두가 어떤 것에서든 더 나아질 수 있지만, 모든 것에 탁월하도록 두뇌 배선을 바꿀 수는 없다는 것도 알고 있다. 간단히 말하면 우리는 모두 나아질 수 있다. 그것도 다른 것에서, 다른 방식으로, 다른 속도로 나아진다.

따라서 잠재력이 있다는 것은 말도 안 되는 일이다. 더 정확히 말하면 그럴 수 있을지라도 아무런 의미가 없다. 그건 우리가 인간이라는 것 이상의 어떠한 의미도 없다. 잠재력이 있다는 것은 당신에게 다른 모든 사람과 마찬가지로 학습, 성장, 발전 능력이 있다는 뜻이다. 불행히도 이것은 당신이 학습하고 성장하고 발전할 수 있는 부분이 어디인지, 그 방법이 무엇인지, 얼마나 빠르게 할 수 있는지, 어떤 조건에서 할 수 있는지 알려주지 않는다. 잠재력은 당신이 어떤 특정한 인간인지, 장래에 당신과 같은 종류의 인간에게 최선의 방향이 어디인지 전혀 알려주지 않는다. 잠재력이 있다는 것이 단순히 인간으로 존재하는 것과 동일하다면 우리는 당신의 잠재력을 평가할 수 없다. 당신이 인간이라는 것으로 당신을 평가하거나 인간 됨됨이로 투자 규모를 정할 수 없듯 직원들을 잠재력이 큰 사람과 그렇지 않은 사람으로 나눌 수는 없다.

이런 차별은 회사에 큰 피해를 끼친다. 사람들에게 잠재력이 크거나 작다고 경솔하게 꼬리표를 붙이는 것은 대단히 비도덕적인 일이다. 그것은 현재 실적 측정이 아니라 평가 대상도 아닌 것에 신뢰할 수 없는 평가를 내린 탓에 생긴 '기준에 못 미친다'는 낙인이다. 이 실체가 아닌 것을 대상으로 내린 평가는 일부 사람에게 기회를 주고, 일부 사람의 위신을 높여주고, 일부 사람을 승진시키고, 일부 사람에게 보다 밝은 미래를 약속하는 반면 다른 사람들은 인간에 못 미치는 지위로 끌어내린다. 정말 끔찍하다.

이 차별은 비생산적이다. 극대화 기계는 극히 일부가 아닌 그 안에 있는 모든 개인을 최대한 활용해야 한다. 일부에게는 큰 잠재력이 있지만 다른 사람은 그렇지 않다는 개념에 사로잡히면 팀원 한 사람 한 사람, 심지어 첫눈에 팀의 미래에 보탬이 될 것 같지 않은 사람에게 숨은 특별한 가능성을 잃을 수 있다. 머릿속에 잠재력이 큰 사람은 이래야 한다, 이런 느낌이어야 한다, 이렇게 행동해야 한다는 식의 선입견이 있으면 팀원 개개인이 만들어낼 수 있는 미래 가능성에 호기심을 보이기 어렵다. 〈하버드비즈니스리뷰〉의 정의 같은 상세한 묘사 역시 선입견이다.

앞의 사례에서 조의 투자자들이 바로 이런 모습을 보여주었다. 그들의 머릿속에는 잠재력이 큰 CEO의 모습, 잠재력이 큰 소프트웨어 엔지니어의 모습이라는 선입견이 들어 있었고 그것은 둘 다 조와 맞지 않았다. 그들은 조를 살피지 않았고 조바심을 냈으며 그의 역할을 줄이다가 급기야 그를 사이드라인 밖으로 밀어냈다. 그들은 조가 흥미롭고 도전적인 다른 일을 찾아 떠나자 매우 만족해했다.

조는 가명이며 그의 진짜 이름은 일론 머스크다.[3] 컴팩Compaq은 그의 미디어회사를 3억 700만 달러에 인수했다. 금융서비스회사 엑스닷컴X.com은 이후 페이팔Paypal로 널리 알려졌고 이베이eBay가 150억 달러에 이 회사를 인수했다. "그래요. 하지만 그가 최근에 한 일을 당신도 알지 않나요?"라며 미 증권거래위원회SEC의 제재를 받고 팟캐스트에서 대마초를 피운 것을 비롯해 우리가 글을 쓰는 시점부터 당신이 글을 읽는 시점 사이에 일어났을지도 모를 여러 가지 일탈 행위를 지적하는 사람이 있을지도 모르겠다. 그렇다면 우리는 "그래요. 하지만 그가 최근에 한 일을 당신도 알지 않나요?"라며 그가 행한 자동차업계 재창조, 우주산업 활성화, AI의 위험을 향한 반직관적 경고를 지적할 것이다. 2018년 SEC의 제소 직후 〈뉴욕타임스〉는 다음 결론을 내렸다.

"전기차의 미래는 일론 머스크 덕분에 더 밝아졌다."[4]

그렇다. 충동적이고 결점이 있는 행동으로 보면 그는 완고하고 유별난 리더다. 그렇다고 그의 잠재력을 묵살하는 것은 그가 행하는 의미 있는 모든 것을 거의 모두 잃는 짓이다. 만약 일론 머스크가 잠재력이 없다는 평가를 받았다면 이제 그것이 아무 의미도 없다는 것을 인정해야 할 때가 아닐까?

중요한 것은 잠재력이 아니라 추진력

여하튼 당신은 여전히 회사에서 사람들의 잠재력을 평가하라는 요청을 받을 테고 팀원에게도 더 도전적인 일로 자신들을 이끌어달라는 요청을 받을 것이다. 도대체 당신은 무슨 일을 해야 할까? 개별 직원을 최대한 활용하려는 회사의 니즈를 존중하면서 잠재력이 크고 작다는 인위적이고 비하하는 듯한 범주로 팀원을 구분하지 않을 방법은 무엇일까?

예를 들어 당신이 스코틀랜드의 어느 작은 마을에 정착해 열기구 관광 사업을 시작했다고 해보자. 스코틀랜드의 아름다운 황야지대를 내려다볼 수 있는 열기구 사업이 제법 쏠쏠해 당신은 5명의 뛰어난 열기구 조종사를 고용했다. 그중 한 사람이 모린이다. 비가 부슬부슬 내리는 어느 날 그녀가 당신을 찾아와 말한다.

"저는 지금의 일이 좋긴 하지만 계속 성장하길 원해요. 더 도전해 경력을 보다 풍부하게 쌓고 더 많이 기여할 수 있는 사람이 되고 싶어요. 그래서 글라이더 조종사에 도전하려고요. 저를 도와주실 수 있나요?"

당신은 뭐라고 말하겠는가? 최소한 "당신에게 그럴 만한 잠재력이 있나요?"나 "글라이더 조종사로서 충분한 잠재력이 있나요?" 같은 말은 피해야 한다. 이것은 현실 세계에서 인간이 다른 인간에게 할 수 있는 말이 아니기 때문이다. 대신 당신은 의식적이든 무의식적이든 그녀에게 2가지 계통의 질문을 해야 한다. 이들 질문은 우리를 포괄적인 잠재력에서 멀어지게 하고 모린을 이해하는 한편 그녀의 경력을 인도하는 데 도움을 주는 훨씬 유용한 개념으로 이끈다.

첫 번째 계통의 질문은 한 인간으로서 모린이 누구인가에 초점을 맞춰 묻는 것이다.

"지금 하고 있는 일에서 당신이 가장 좋아하는 점이 뭔가요? 열

거짓말 #7

기구 조종에서 가장 마음에 드는 부분이 뭐예요? 조종하는 것이 좋은가요? 공중에 떠오를 때의 설렘이나 공중에 떠 있는 듯한 기분인가요, 아니면 항해하는 부분인가요? 차가운 북쪽 바람을 타는 가벼운 기구의 움직임인가요? 정확한 고도를 잡기 위해 불꽃을 조종하는 일인가요? 그것도 아니면 손님들에게 경치를 보여주고 그들이 알지 못하는 세상 이야기를 흥미롭게 전해주는 부분을 좋아하나요?"

또한 당신은 그녀가 즐겁게 할 수 있을 것이라고 생각하는 글라이더 조종사가 된다는 것이 무엇인지 물어야 한다. 그녀가 생각하는 '완벽한 일자리'가 어떤 것인지 물을 수도 있다. 이들 질문은 각각 모린이 어떤 사람인지, 그녀가 좋아하는 것이 무엇인지, 큰 관심을 두고 있는 것이 무엇인지, 커리어 측면에서 그녀가 동경하는 것이 무엇인지 다룬다. 당신은 기본적으로 직장인 모린이 어떤 사람인지에 구체적인 호기심을 보이는 셈이다.

두 번째 계통의 질문은 그녀가 지금까지 세상을 어떻게 헤쳐 왔는지, 그 과정에서 그녀가 얻은 것은 무엇인지에 초점을 맞춰야 한다. 먼저 그녀에게 기존 실적을 묻는다. 그녀가 얼마나 많은 열기구 여행을 마쳤는지, 한 달에 얼마나 많은 손님을 태우는지 말이다. 또 과거 실적, 즉 그녀가 열기구 조종사로 얼마나 활동했는지, 얼마나 비행했는지, 안전기록은 어떤지, 지정한 착륙 범위 안에서 기구를 착륙하는 빈도는 어떠한지 묻는다.

그 후 당신은 그녀의 기술에 흥미를 보인다. 다만 평가나 360도 점수를 묻는 게 아니라(현실 세계에서 그런 것을 묻는 사람은 없다) 열기구 조종 자격증이 몇 급인지, 더 나아가 대형 수소 열기구 자격증을 땄는지, 글라이더 조종사에 도전할 자격이 있는지 묻는다. 이 각각의 질문으로 당신은 모린이 세상을 어떻게 살아왔는지, 그녀가 눈에 띄게 이루고 배운 것이 무엇인지 알 수 있다.

이들 질문의 응답으로 당신은 직장에서 모린이 어떤 사람인지 발견할 것이다. 바로 이것이 그녀의 자질이다. 그 자질은 그녀에게 지속적으로 내재하며 전혀 바뀌지 않는 것은 아니지만 변화에 잘 견딘다. 이것이 그녀 특유의 애정과 열망이며 그녀가 어디를 가든 몸처럼 늘 함께하는 것들이다. 그녀가 어디에 가든 그것은 그녀와 함께하므로 이것을 그녀의 '질량mass'이라고 할 수 있다.

그다음으로 당신은 현재와 과거 실적, 자격 등 그녀가 특정 방향에서 얻은 것을 밝혀내야 한다. 분명 그녀는 이 모든 것을 바꿀 수 있으므로 이것은 상태다. 하지만 그것은 그녀가 어떻게 세상을 살아왔는지, 어떤 방향에서 얼마나 빨리 얼마나 좋은 성과를 올렸는지 설명하므로 여기에 '속도velocity'라는 명칭을 붙일 수 있다.

물리 세계에서는 질량과 속도가 결합할 때 산출되는 측정값과 한정적이고 방향이 있는 것에 '추진력momentum'이라는 이름을 붙인다. 팀과 팀원의 세계도 마찬가지며 모린에게는 추진력이 있다. 팀 리더인 당신은 모린의 질량과 속도를 분리하고 그 조합을 추진력으로 설명함으로써 갑자기 그녀에게 도움을 주는 온갖 유용한 일을 할 수 있다.

첫째, 당신은 팀원을 잠재력이 큰 사람과 그렇지 않은 사람으로 구분하는 잠재력 차별을 거부한다. "당신에게는 잠재력이 있습니까?"는 (의도는 좋으나 잘못된 판단을 내리는) 회사에 존재하는 질문이다. 이것은 팀 리더인 당신에게 도움을 주지 않으며 모린에게는 전혀 흥미롭지도 유용하지도 않다. 그녀는 자신에게 중요한 것이 단순한 학습과 성장 문제가 아니라 어떤 방향으로 얼마나 효율성 있게 학습하고 성장하느냐의 문제임을 알고 있기 때문이다. 잠재력 있는 사람은 소수지만 추진력은 누구에게나 있다. 어떤 팀원의 추진력이 다른 사람보다 크거나 빠르거나 다른 방향을 향할 수도 있지만 분명 누구에게나 존재한다. 문제는 커다란 추진력을 타고났느냐 아니냐에 있지 않다. 바로 이 순간 당신에게 얼마만큼의 추진력이 있느냐가 문제다.

둘째, 당신은 그녀에게 실제적인 것을 전달한다. 이 순간 그녀의 추진력 속도와 궤적은 인지할 수 있고 가변적이며 그녀의 통제 범위 안에 있다. 그녀에게 그녀의 추진력을 말할 때 당신은 그녀가 지금 이 순간 어디에 있는지 이해하도록 돕는 셈이다. 그녀가 목록화·범주화의 대상이 되거나 이런저런 영역에 속하지 않고 다음에 가능한 길이 어떤 것인지 파악하도록 말이다. 그러면 그녀의 경력은 특정 속도로 특정 궤도를 따라 움직인다. 그녀는 당신의 도움으로 자신이 이룬 것이나 자신이 좋아하는 것과 싫어하는 것을 알아내고 자신의 기술과 지식을 가속해야 하는 곳, 경로를 약간 조정해야 하는 곳, 큰 도약을 시도해야 하는 곳이 어디인지 파악할 수 있다. 잠재력이 고정적이고 내재적인 특질이라면 추진력은 그 정의상 언제나 변화 상태에 있다. 따라서 모린이 원한다면 속도를 높이거나 방향을 바꾸는 것이 가능하다.

셋째, 당신은 현재 경력의 어느 부분이 그녀가 어떤 사람인가에 관한 함수(상황이 달라져도 항상 그녀와 함께하는 부분)고 또 어느 부분이 전적으로 상황에 좌우되어 그녀의 선택으로 바뀔 수 있는지 파악하는 데 도움을 준다. 우리가 자신의 실적과 얼마나 친숙한지, 경력을 추구할 때 우리가 때로 얼마나 잘못된 판단을 하는지 고려하면 이 미묘하고 구체적인 통찰은 그녀가 경력에서 무분별하게 행동하는 것을 효과적으로 막는 데 큰 도움을 준다.

에너지를 끌어내는 가장 적절한 방법

마지막으로 모린의 경력을 추진력 측면에서 파악하는 것은 그녀에게만 유익한 것이 아니다. 팀 리더인 당신은 허구를 기반으로 그녀의 미래 전체를 결정해야 하는 끔찍한 부담을 덜 수 있다.

사람들에게 잠재력이 있다는 생각은 참이 아니다. 이런 생각은 유용하지도 않다. 진실은 사람에게는 추진력이 있다는 것이다. 잠재력은 한쪽으로 치우친 평가지만 추진력은 상시적인 대화다. 잠재력 세계에서는 일단 모린이 낮은 잠재력이라는 지하 교도소로 밀려들어간 뒤에는 경력 관련 대화가 어떤 모습일지 정확히 상상하기 어렵다. 반면 추진력은 업오어아웃up-or-out(일정 연한 내에 승진하거나 아니면 조직에서 떠나야 한다는 일부 기업의 불문율─옮긴이) 식 사고와 정반대다. 추진력은 업무 몰입도와 실적을 측정하는 핵심 항목 '일에서 늘 성장을 위한 도전에 직면한다'를 다루는 최고 개념이다. 잠재력은 그렇지 않다. 잠재력은 성장을 위한 도전의식을 촉진하지 않으며 그저 성장할지 성장하지 못할지만 이야기한다.

잠재력을 평가할 때 사람들은 자신이 처리 대상이 된 느낌을 받는다. 추진력을 평가할 때 그들은 이해받는다는 느낌을 받는다. 더 중요한 것은 추진력이 정체 지점이 아닌 목적의식을 가지고 세상을 헤쳐 나가는 유일무이한 인간으로서 자신이 지금 어디에 있는지 생각하게 해 자신을 이해하도록 돕는다는 점이다.

현실 세계에서 미래에 관해 솔직한 대화가 이뤄지면 우리가 잠재력이라는 차별을 낳는 기이한 이론 세계에 어떻게 빠져들었는지 의문이 생길 수도 있다. 사람들에게는 잠재력이 있다는 거짓말은 유용하게 쓰이다가 쓸모없어진 것의 또 다른 예다. 모린에게 특정한 일을 잘 해낼 잠재력이 있느냐고 묻는 것은 얼마든지 가능하다. 하지만 모린의 잠재력이라는 아이디어를 특정한 일자리에 따르는 구체적인 요구나 보상과 분리하는(모린이 어떤 사람인지, 그녀가 어디로 향하고 있는지, 그것이 그녀가 다음에 할 일과 어떻게 맞물리는지 생각하기를 멈추는) 대신, 그것을 추상적이고 신비롭고 중요한 그녀의 특성으로 취급하는 즉시 우리는 거짓으로 빠르게 곤두박질친다.

만약 조직의 예측 가능성과 통제력을 높인다는 명목으로 이 사고를 인재 관리 절차와 체계에 제도화하면 분명 기업의 균일성이라는 제단 앞에 상식과 인간성을 제물로 바쳤음을 발견할 텐데, 그 결과로 직원들이 불만을 품고 짜증을 내도 놀랄 필요는 없다. 또한 우리가 편견과 투영을 성문화하고 증폭한 '잠재력이 가장 큰' 사람들이 결국 우리와 비슷하게 행동하는 시스템을 만들었다는 것도 발견하리라.

인재 관리 도구와 절차는 나쁜 팀 리더를 상쇄하지 못한다. 우리는 팀 리더가 우리를 무시해도 크라우드소싱을 이용한 피드백이 우리가 어떻게 일하는지 말해줄 거라고, 팀 리더가 우리의 경력에 관해 전혀 묻지 않아도 인재 심사가 일을 계속할 무언가를 줄 것이라고 생각한다. 이런저런 흔한 접근법에서 이미 본 결함이 아니어도 대규모 시스템이 팀 리더가 제공 가능한 특정하고 구체적인 관심을 복제할 것이라고 기대하기는 힘들다. 팀은 우리가 함께하는 곳이고 팀 리더는 우리에게 그 경험을 만들어줄 수도 깨뜨릴 수도 있다. 그러므로 관리자가 원할 경우를 대비해 시스템과 절차에 투자할 것이 아니라 1) 잠재력 평가를 없애고 2) 팀 리더에게 인간의 성장 분야를 가르치며 3) 그들이 직원과 추진력 측면, 즉각 팀원이 어떤 사람인지, 각자 세상을 얼마나 빠르게 헤쳐 왔는지 측면에서 경력을 논의하게 해 팀원이 리더가 원하는 일을 하도록 돕는 데 투자하는 것이 훨씬 낫다. 물론 이것은 최신판 기업용 소프트웨어를 구입해 직원들에게 그것을 사용하라고 간청하는 것보다 훨씬 어려운 일이다. 그렇지만 꼭 해야 하는 일이다. 팀 리더들이 현실 세계의 경력 구축 과정을 이해하면 앤디처럼 생각할 것이기 때문이다.

앤디는 시스코의 팀 리더로 얼마 전부터 각 팀원이 자신의 미래가 어떤 모습일지 파악하는 데 도움을 주기 시작했다. 그는 팀원에게 그들의 꿈을 묻고 함께 숙고하는 시간을 보냈다. 그 후 링크트인LinkedIn 검색으로 그 꿈을 현실화하는 일에 나서도록 했다. 그가 팀원들에게 맡긴 과제는 짝을 이뤄 2시간 동안 자신의 이상에 맞는 일자리를 찾아보는 것이었다. 어떤 회사인지, 어떤 업계인지, 어떤 계통의 업무인지에는 제한이 없었다. 그는 팀원들에게 파트너와 함께 목록 범위를 가장 마음을 사로잡는 한두 개 역할로 좁혀보라고 했다.

그 뒤 그는 팀원들에게 그 일자리를 그들이 의지하는 기술·경험·자격 측면에서 분석하고 그 목록을 그들이 보유한 기술·경험·자격과 비교한 다음, 그들이 추구하고자 하는 새로운 기술·경험·자격을 생각하도록 했다.

그가 한 일은 그들의 잠재력을 평가해 어떤 식으로든 성장할 수 있는 사람과 그렇지 않은 사람으로 나누는 게 아니었다. 대신 그는 그들 각자가 자신이 누구이고 가고자 하는 곳이 어디인지(질량), 그들이 가고 있고 획득하고자 하는 측정 가능한 기술과 경험은 무엇인지(속도) 명확히 하는 데 도움을 줬다. 그는 모든 사람에게 추진력이 있으며 그들이 그것을 어떻게 지휘할지 파악하는 데 도움을 주는 것이 자신의 일이라고 생각한다. 앤디는 이렇게 말했다.

"나는 우리 팀 내에 쓰이지 않는 에너지가 많이 있다고 생각합니다. 내게는 적절한 상황, 적절한 업무, 적절한 고객이 주어지면 그 에너지를 공유하거나 그것을 끌어내도록 만드는 것을 찾아낼 사람이 많이 있습니다."

그 결과는 대단히 흥미로웠는데 앤디는 우리에게 다음과 같이 설명했다.

"우리는 사무실을 둘러보고 우리의 커리어가 시스코보다 중요하며 그 단계를 더 진행해 시장 내에서 스스로를 전문가로 규정할 수 있음을 깨달았습니다."

그 외에도 팀원들은 그의 독려를 받아 현재 직무의 일환으로 많은 기술을 익혀 일 자체가 미래를 대비한 기술을 구축하도록 했다. 앤디의 말을 들어보자.

"그것이 우리의 대화를 바꿔놓았습니다. '어떻게 외부에서 다른 일자리를 얻을까'에서 '우리의 습관을 어떻게 구축하면 최고의 전문가가 될 수 있을까, 즉 내부에서 더 나은 서비스를 제공하고 이양 가능한 기술을 구축할 수 있을까'로 말입니다."

이것이야말로 진정 인간—극대화people-maximizing 회사가 원하는 것이다.

NINE LIES ABOUT WORK
CHAPTER 8 ———

거짓말
——— #8

일과 생활의
균형이
무엇보다
중요하다

일은 힘들다. 당신은 매일 실적을 올리고, 목표와 대상에 맞춰 납품하고, 가족을 뒷바라지할 만큼 돈을 벌고, 어떻게 하면 돈을 더 벌 적절한 방법을 찾을 수 있을까 하는 문제 때문에 스트레스를 받는다. 또 회사가 정책을 바꿔 당신이 맡은 역할을 외부에 맡기거나 당신이 하는 일을 더 잘, 더 빠르게, 더 싼 비용에 할 수 있는 기계를 찾을지도 모른다는 위협이 항상 머릿속을 떠나지 않는다. 함께 일하는 사람들과의 문제도 있다. 늘 바뀌는 등장인물들 말이다. 그들 중에는 복도 건너편에 있는 사람도 있고 지구 반대편에 있는 사람도 있다. 그들과 협력해서 일해야 하지만 그들을 움직이는 동기나 그들이 사용하는 방법은 여전히 수수께끼다.

통근하는 것도 괴로움이다. 당신은 기차나 지하철, 고속도로에서 당신과 신세가 비슷한 다른 사람들과 매일 전쟁을 치른다. 모두가 서둘러 들어서고 나가면서 도시의 동맥을 꽉 채워 당신의 스트레스 수치를 올린다. 편도로만 45분, 1시간, 90분이 걸린다. 큰 자문회사에서 일하는 사람이면 클라이언트들이 있는 곳으로 가기 위해 2시간 동안 비행기를 타는 일도 흔하다. 이 모든 일을 거친 후에야 직장에서의 진짜 생활을 시작한다. 집으로 돌아오는 길에 아주 잠깐 긴장을 푼다. 집에 오면 가족과 재빨리 저녁을 먹고 쏟아지는 이메일과 문자를 해결하기 위해 다시 전화기를 꺼낸다. 마지막 요청을 놓치지 않아 새벽에 샤워하기 전부터 즉각 조치를 취해야 하는 일이 없기를 바라면서 말이다.

일은 정말 힘들다. 의사들은 더 그런 것 같다. 많은 사람이 의사는 다른 사람보다 나을 것이라고 생각하지만 정신없이 바쁘게 돌아가는 그 모든 일이 의미 있는 서비스는 아니다. 흥미롭게도 우리는 우리가 일의 세계에서 의미와 명분이 있는 일을 갈망한다고 여긴다. 우리는 의사가 서류를 작성하고 온갖 행정업무를 처리하는 것은 맞지만 그래도 의사는 자신의 모든 노력과 전문 지식을 동원한 치료를 받고 일상으로 돌아가는 환자를 볼 수 있다고 생각한다. 그처럼 명확하게 그토록 자주 일의 핵심과 마주하는 것이 가능한 일일까? 좋아하는 일을 한다는 것이 가능한 일일까?

데이터를 살펴보면 그 반대의 현실이 나타난다. 순수하고 고결한 목적에도 불구하고 의사는 우리보다 더 힘들게 현실을 경험하는 듯하다. 적어도 그들은 그렇게 느낀다. 최근 메이오 클리닉Mayo Clinic의 보고에 따르면 의사의 52%가 번아웃 현상burn out (의욕적으로 일에 몰두하던 사람이 극도의 신체적·정신적 피로감을 호소하며 무기력해지는 현상-옮긴이)을 경험한다고 한다. 의사들의 심리적 외상 후 스트레스 장애PTSD, Posttraumatic Stress Disorder 발생 비율은 15%로 일반 노동자의 4배인데 이는 이라크와 아프가니스탄 참전용사에게 나타난 수치보다 3% 높다.[1]

이렇게 높은 스트레스 수준은 환자와 의사 모두에게 수량화할 수 있는 부정적 효과를 미칠 수밖에 없다. 메이오 클리닉은 에너지 소진 비율 1% 상승이 환자 만족도 20~30% 저하로 이어진다는 것을 발견했다. 더 심각한 문제는 전체 의사의 15%가 직장생활 중 약물 남용 문제를 안고 있으며 우울증과 자살률이 국가 평균의 2배에 달한다는 점이다.

의사들은 상황이 점점 악화되고 있다고 말한다. 메이오 클리닉의 이 연구는 의사의 80%가 의사라는 직업이 사양길을 걷는 중이라 생각하고, 전체 의사의 60%는 의사로 활동하는 동안 직업 관련 소송을 경험하며, 73%의 의사가 자녀에게 의사라는 직업을 추천하지 않는다는 것을 보여준다. 만약 현재의 추세가 이어지면 2025년 미국은 2만 명 이상의 의사 부족 현상을 겪을 것이다. 데이터에 따르면 의사보다 더 힘든 유일한 직업은 응급실 간호사다. 이들은 번아웃과 우울증 비율이 대단히 높고 PTSD 발생 비율이 19%로 전쟁에서 전투를 겪은 군인들보다 2배 높다.

워크는 나쁘고 라이프는 좋은 것?

의료서비스 업계는 이 데이터를 진지하게 받아들여 그토록 사람들의 사기를 꺾는 이유가 무엇인지, 어떤 조치를 취할 수 있는지 파악하기 위해 컨퍼런스·연구·실제 실험에 상당한 시간과 돈을 투자하고 있다.

대개는 전혀 놀라울 것 없는 접근법을 사용한다. 의료 체계마다 방법과 우선순위가 다른데도 불구하고 이들 조치는 대체로 의사와 간호사의 일이 매우 어려우므로 병원은 이들이 일에 따른 스트레스에서 회복하는 데 도움을 주는 모든 일을 하고, 주당 근무시간을 60시간 이하로 제한해 스트레스가 더 커지는 것을 막아야 한다는 게 기본 전제다. 이에 따라 응급실 옆에 명상실을 마련하는 병원이 있는가 하면 전자 기록 장치를 지원하거나 동료, 가족과 함께하는 외식비를 제공하는 병원도 있다.

의사와 간호사의 세계는 스트레스 수준이나 스트레스 관련 문제에서 여타 직업 세계의 극단적인 본보기 역할을 한다. 알고 있다시피 일은 스트레스를 안겨주고 에너지를 소진시키는 주요 원인이다. 주의하지 않으면 일은 육체 피로, 감정적 공허, 우울증, 번아웃으로 이어질 수 있다. 이것은 하나의 거래다. 즉, 우리는 시간과 재능을 팔아 좋아하는 물건을 사고 아끼는 사람들을 뒷바라지할 돈을 번다. 실제로 우리는 이 거래에서 버는 돈을 '보상compensation'이라고 표현한다. 법적 관점에서 부당한 대우를 받거나 피해를 보았을 때 받는 것에 사용하는 단어와 동일하다. 우리의 봉급은 단순한 돈이 아니라 일에 담긴 나쁜 점을 보상하는 돈, 어려움을 참고 견디게 하는 뇌물이다.

업무에서 벗어나 기분을 전환하는 것도 일이다. 우리는 판에 박힌 일상에서 벗어나지 않고는 일에 집중하기 어렵다는 생각이 들면 잡음과 일의 스트레스에서 벗어나 다른 일에 더 집중할 수 있도록 리더십 워크숍을 떠난다.

일의 영향에는 높은 잠재적 독성이 있다. 그러므로 책상 앞에서 죽음을 맞이하지 않으려면 일과 다른 것이나 보다 나은 것, 다시 말해 삶과의 균형을 유지해줄 명백하고 합리적인 예방책을 세워야 한다. 우리는 일에서 자기 자신을 잃고 삶에서 자기 자신을 되찾는다. 일에서는 살아남지만 삶은 살아간다. 일은 우리를 비워내지만 삶은 우리를 다시 채워준다. 일은 우리를 고갈로 이끌지만 삶은 우리를 회복으로 안내한다.

세상은 일 문제의 해답이 워라밸, 즉 일과 삶의 균형Work-life balance이라고 말한다. 여기서 우리는 일을 단순화하고 있다. 어떤 이는 일에서 큰 만족감을 얻고 또 어떤 이는 일에서 엄청난 스트레스를 받으며 살아간다. 우리는 본질적으로 어렵고 지루한 일이 있다는 것을 안다. 어느 누구의 일과 삶도 완벽하게 즐겁거나 완벽하게 통제가 가능하지는 않다. 그런데 우리의 직업 세계에는 '일은 나쁘고 삶은 좋은 것'이므로 무엇보다 일과 삶의 균형이 중요하다는 의식이 만연해 있다.

구직자가 직장을 구할 때 '회사가 일과 삶의 균형을 지원하는가?'는 그들의 질문 목록에서 '회사 문화는 어떠한가?'의 바로 윗자리를 차지하고 있다. 이 빡빡한 노동 시장에서 기업들이 구내에 세탁소, 은행, 탁아소, 조용한 휴게실, 마사지 의자, 수면 캡슐, 고급스런 셔틀 버스를 두는 이유가 여기에 있다. 엄청나게 의도가 좋고 종종 직원들에게 높은 평가를 받는 이런 특전은 일의 비중이 훨씬 크지만 현명한 조직이라면 그 비중을 줄여 저울이 삶 쪽으로 기울게 만드는 모든 일을 해야 한다는 발상에 기반을 두고 있다.

달성하기 어려워서 더 매력적인 '균형'

이 모든 문제는 균형이라는 개념에서 비롯된다. 균형은 인류 역사에 오랫동안 이어져온 개념이다. 균형은 항상 얻기 위해 애써야 하는 옳고 고결하며 현명하고 건강한 상태로 여겨졌다. 어쩌면 달성하기 어렵다는 점 때문에 오히려 매력이 더 커진 것인지도 모른다. 결함을 고치는 것과 마찬가지로 균형 달성도 현실에서 성취하기가 극히 어려운 일이다. 당신은 균형을 찾기 위해 노력해왔다. 그렇지 않은가? 당신은 자신의 니즈와 가족, 친구, 동료, 상관, 지역 공동체의 니즈 사이에서 미묘한 균형을 찾기 위해 노력해왔다. 이들이 당신에게 요구하는 것이 각각 다르거나 때로 상충하기 때문이다. 당신은 그들 각각에게 마땅히 주어야 할 관심을 주고자 애쓰며 그들의 서로 다른 니즈를 충족하는 한편 자신의 니즈도 처리한다. 당신은 운전을 하며 거래처와 통화하면서 뒷좌석에 있는 아이들에게 입모양으로 "미안해!"라고 말한다. 연휴에 가족과 놀러가자는 약속을 지키지 못하면 '어차피 나가봐야 고생인데'라며 합리화한다.

당신은 한계가 명확치 않은 임무도 떠안는다. 그 일로 봉급 인상 아니 최소한 보너스라도 받아 가족을 위해 쓸 수 있을지 모르니 말이다. 늘 할 일이 많고 일에 매달려야 하는 탓에 당신에게는 아이들과 놀아주거나 온라인 경영 강좌를 들을 시간이 없다. 삶은 거래고 당신이 택한 것은 일이다.

당신은 일에 파묻혀 곡예를 하듯 삶을 이어간다. 아주 많은 사람이 이런저런 요구를 하는 바람에 당신은 늘 시간에 쫓긴다는 느낌을 받는다. 그래도 당신은 곡예를 무사히 이어가면 관심과 에너지를 잘 분산해 가정과 직장에서 누구도 당신이 무심하다고 여기지 않고 최소한 자신이 노력한 만큼 적절한 보상을 받을 것이라고 생각한다.

남성이든 여성이든, 젊은이든 노인이든, 부유한 사람이든 빠듯하게 살아가는 사람이든, 사는 곳이 어디든 실제로 삶에서 균형을 찾은 사람이 있을까?

우리는 아직 그런 사람을 만나보지 못했다. 균형이 이득보다 골칫거리인 이유가 바로 여기에 있다. 실제 삶에서 균형을 찾느라 애쓰는 것은 우선순위 분류처럼 여겨진다. 우리는 시간을 잠식하는 수많은 침해 요인과 계속 높아지는 일의 기대치에 맞서 일종의 방책을 둘러 세우는 한편 누군가는 균형을 찾는 더 좋은 방법을 알아내지 않았을까 염려한다.

우선순위 분류가 삶의 필수 요소일 수도 있으나 그것만으로는 충분치 않다. 우선순위 분류로 상황을 통제하는 것은 가능하겠지만 이는 우리를 자신에게서 멀어지게 만든다. 결국 균형은 도달할 수 없는 목표다. 더구나 세상이 끊임없이 변화하는 바람에 균형도 찰나에 불과하다. 정확한 균형을 찾아도 금세 어떤 일이 생기면서 균형은 무너져버리고 그러면 우리는 다시 균형을 찾기 위해 공을 들여야 한다.

이상적인 균형은 우리의 인간성, 즉 우리가 어떤 사람인지, 어떤 사람이 되고자 하는지의 핵심을 없애고 그 자리에 완수할 수 없는 전략을 끼워 넣는다.

그렇다면 우리는 어떻게 해야 하는가? 일은 힘들 수 있다. 이것은 삶도 마찬가지다. 그런데 2가지 모두 너무 많은 시간을 필요로 한다. 모든 것의 균형을 찾는 일이 해답이 아니라면 답은 어디에 있을까?

우리에게는 새로운 사고방식이 필요하다. 일에서도, 삶에서도 말이다.

건강하게 발전하고 있다는 증거

우리는 이 책에서 우리가 바라는 세상 모습이 아니라 현실 그대로의 세상을 진단하려 노력함으로써 그 해답을 찾았다. 처음에는 특정 요소에 균형이 필요한 듯했으나(가령 인체의 인슐린 수치나 산성도) 더 자세히 들여다보니 흐름이 보였다. 오늘날 우리는 모든 물질이 4가지가 아닌 엄청나게 많은 입자로 이뤄져 있고 그 수백만 입자의 균형보다 그들의 지속적인 관계와 그 관계가 형성하는 생물학, 화학, 물리학 과정이 훨씬 더 중요하다는 것을 알고 있다. 어떤 존재가 '건강하다'는 말을 들으려면 그 프로세스가 세상에서 인풋을 얻어 그 인풋 대사로 유용한 것을 만들고 이것이 지속 가능해야 한다.

당신도 그런 프로세스 중 하나다. 당신이나 당신의 삶에 균형은 없으며 앞으로도 없을 것이다. 대신 당신은 세상에서 인풋을 얻어 그것을 어떻게 해서든 대사해 유용한 것을 산출하는 존재다. 나아가 그런 방식으로 그 일을 지속할 수 있는 유일무이한 존재다. 적어도 당신이 건강하고 최선을 다하고 있으며 재능이 허락하는 한 모든 것을 바치고 있다면 말이다. 건강하게 발전할 때 당신은 세상에 영향을 주며 세상 역시 당신에게 영향을 준다. 당신의 세상은 삶의 모든 부분에 활동, 상황, 결과 같은 원료를 제공하는데 그 중 일부는 활기를 북돋우고 에너지를 준다. 이 특별한 원료를 찾아 받아들이고 그것을 삶의 양분으로 삼아 세상에 기여할 때 에너지가 높아지면서 당신은 가장 건강한 상태를 유지한다.

우리는 균형이 아니라 바로 이런 상태를 추구해야 한다. 이 상태를 무엇이라고 불러야 할까? 그리스인은 이를 에우다이모니아Eu-daimonia라고 칭했는데 이것은 '가장 기분 좋은 상태의 가장 충만하고 순수한 표정'을 의미한다. 그리스인은 우리에게 각자 독특하고 가능성이 큰 타고난 강점과 재능을 구현하는 다이몬daimon(영혼)이 있고 모두가 자신의 역할, 기술, 팀, 배경을 적절히 조합해 가능성을 기여로 바꿈으로써 좋은 영혼을 해방시킨다고 생각했다.

에우다이모니아는 길고 복잡한 단어지만 그 의미가 적절하니 일단 에우다이모니아와 그리스어를 고수하기로 하자. 너무 바쁘고 산만해서 우리의 고유한 '영혼'에 그리 관심이 없는 듯 보이는 현실 세계에서 이 상태가 실제로 어떤 모습인지 알아보고 그것이 우리가 좀 더 실제적인 것을 발견하는 데 도움을 주는지도 확인해 보자.

마일스는 마취과전문의다. 마취과전문의anesthesiologist를 마취사anesthetist라고 부르는 영국에서 20년 동안 일해 온 그는 자기 일을 좋아한다. 그의 동료 수만 명은 번아웃으로 고통을 겪지만 그는 자기 일을 몹시 즐기는 것 같다. 우리는 일반 병원의 일반 병동에서 일하는 일반 의사가 다른 많은 의사와 심리 상태가 어떻게 다른지 알아보기 위해 그를 인터뷰했고 그 과정에서 예상치 않던 발견을 했다. 사실 마일스는 환자를 좋아하지 않는다. 구체적으로 말하면 그는 환자가 낫도록 돕는 일에 만족감을 느끼는 것 같지 않다. 이것을 발견하게 해준 그와의 인터뷰는 다음과 같이 이뤄졌다(마커스와 애슐리는 마·애로 표기한다).

마·애: 당신의 일에 당신을 의기소침하게 만들거나 좌절감을 주는 것이 있습니까? 일 자체에 말입니다.

마일스: 음, 저는 후속조치를 정말 싫어합니다. 수술 후 환자들과 만나 그들이 어떻게 지내는지 보고, 그들의 회복 상태를 확인하고, 증상 완화를 위해 집에서 할 수 있는 일을 알려주고, 얼마 후 그들을 다시 만나 진전 상태를 추적하는 일을 좋아하지 않습니다. 아주 싫어합니다.

마·애: 왜 그것을 그토록 싫어하는 거죠?

마일스: 부담 때문이죠. 그들을 낫게 해야 한다는 부담이지요. 그들이 건강해지지 않으면 어떻게 하죠? 신체는 복잡하고 개별화한 유기체라 변수가 대단히 많습니다. 환자의 생활방식, 환경, 심리, 행운도 영향을 미치죠. 그들이 정말로 건강해질지 누가 알겠습니까? 제게는 너무 무거운 부담입니다.

왠지 꽤 성공한 의사가 환자의 병이 낫고 있는지 확인하는 일에서 가장 스트레스를 받는다고 폭로하는 듯한 모양새다. 의사의 만족감과 관련해 사람들이 흔히 생각하는 것과 전혀 딴판이다. 다른 직업인과 마찬가지로 의사도 '명분'에 뿌리를 두고 직업에서 얻는 즐거움은 대부분 사명 실현에서 비롯되어야 한다는 신화와 배치되는 이 이야기에 우리는 당혹감마저 느꼈다.

마·애: 그러면 당신이 일에서 가장 즐기는 부분은 무엇입니까?

마일스: 우선 저는 스트레스를 좋아합니다.

마·애: 뭐라고요? 스트레스를 싫어한다고 말하지 않았나요?

마일스: 아닙니다. 환자를 낫게 해야 한다는 부담이 싫다고 했죠. 저는 환자를 생사의 기로에 붙잡아두는 일이 빚어내는 스트레스를 좋아합니다. 우리는 아직도 마취가 어떻게 작용하는지 잘 알지 못합니다. 제가 처음 일을 시작했을 때는 대부분 티오펜탈thiopental을 사용했죠. 요즘에는 마이클 잭슨이 사용한 프로포폴을 많이 쓰죠. 훨씬 나은 약물입니다. 그러나 그것이 어떻게 작용하는지 제대로 아는 사람은 없습니다. 두 약물 모두 혈액계의 미네랄 흐름을 느리게 해서 심장을 멈추지 않고 의식만 잃게 하는 것이라고 생각하지만 사실 각 약물이 어떻게 그런 일을 하는지 별로 아는 바가 없습니다. 누군가를 길게는 한 번에 16시간씩 잠들게 해서 삶과 죽음의 경계 상태에 놓이게 만들지만 어떻게, 왜 그렇게 되는지는 알지 못하는 것이죠. 저는 그런 도전을 정말 사랑합니다!

마·애: 일의 그런 측면을 항상 좋아했던 건가요?

마일스: 그렇습니다. 처음부터 그랬지요. 사람을 마취했다가 서서히 의식을 찾게 만드는 일에 질겁하는 이들도 있지만 저는 항상 거기에 마음이 끌렸습니다. 저는 위험한 일을 즐깁니다. 가령 상어와 함께 헤엄치거나 비행기에서 뛰어내리는 것 같은 일이지요. 일의

이런 측면이 제게 활기를 불어넣고 살아 있음을 느끼게 합니다.

마·애: 그 외에 좋아하는 부분이 또 있나요?

마일스: 솔직히 그 역할에 따르는 책임을 좋아합니다. 마취사는 호흡기, 심혈관, 위장 등 몸 전체를 이해해야 합니다. 이 모든 기관이 환자가 약물에 보이는 반응과 수면 상태 유지에 영향을 줍니다. 무의식 상태는 그저 의식이 없는 상태가 아니기 때문입니다. 인체는 계속 변화합니다. 제 일은 사람 전체에 정교하게 대응하고 몸 전체를 파악해 무의식 상태를 잘 유지하게 하는 것입니다. 마취사가 하는 일은 비행기를 조종하는 것과 비슷합니다. 한 번의 잘못된 조치로 나선강하를 할 수도 있고 또 다른 작은 실수로 강하 속도가 빨라지면 환자가 무의식 깊은 곳으로 하강해 삶에서 멀어지고 맙니다. 저는 이런 종류의 책임을 사랑합니다. 수술실에 있는 12명이 환자 전체를 알고 지키기 위해 마취사에게 의존합니다.

마·애: 무시무시한 이야기인데요.

마일스: 무섭기보다 놀라운 이야기죠. 매일이 감탄스럽습니다. 사랑하지 않을 수 없죠.

우리는 직장에서 성공적으로 즐겁게 일하는 사람과 인터뷰할 때면 늘 이야기에 귀를 기울이고 모든 것을 적은 다음 그것을 곰곰이 생각한다.

우리는 사람들이 일에서 느끼는 것을 다룬 이론 모델과 특정인이 정말로 느끼는 것은 거의 일치하지 않는다는 결론에 도달했다.

마일스는 대단히 성공한 의사지만 환자의 회복을 돕는 일이 주는 중압감을 싫어한다. 반면 죽음의 문턱에서 환자를 붙들고 있는 생사의 스트레스는 즐긴다. 그 일의 내막을 정확히 이해하지 못하면서도 말이다. 어쩌면 마일스를 이렇게 평가하는 사람이 있을지도 모른다.

"의사라면 환자가 건강해지는 것을 보면서 만족감을 느껴야 해. 그게 의사의 사명이잖아."

이런 판단이 무슨 소용이란 말인가. 마일스는 마일스다. 그는 자신이 의사가 된 이유와 마취사가 된 이유를 알고 있고 마취사의 일 중에서 자신이 어떤 부분을 가장 좋아하는지도 정확히 알고 있다. 당신을 무의식 세계로 데려갈 의사가 어떤 의사이기를 원하는가? 우리는 자신의 일에서 커다란 즐거움을 느끼고 자기가 맡은 책임의 미묘한 복잡성에 매료되어 있으며, 삶과 죽음의 경계 이쪽에서 우리를 붙잡아주는 일에 큰 만족감을 느끼는 의사를 원한다. 바로 마일스 같은 마취사를 말이다.

당신이 하는 일에서 사랑을 발견하는 기술

당신이 우리와 함께 그의 이야기를 실제로 듣지 못해 아쉽다. 이야기할 때 그의 어조와 태도는 계속 바뀌었다. 그가 자신의 일에서 좋아하는 부분을 말할 때 직접 들었다면 그 특별한 마음 상태,

정말로 행복한 마음, '좋은 영혼'의 존재를 느꼈으리라. 모든 의사가 일에 이런 감정을 보일 수 있을까?

당신은 당신의 일을 어떤 식으로 느끼는가? 아마 마일스 같은 감정을 느끼기를 바랄 것이다. 물론 매일 일이 신나고 즐거울 수는 없다. 마일스에게도 힘들고 지치고 마음 아픈 날이 있었을 터다. 그러나 당신은 그가 느끼는 즐거움이 어떤 것인지 알며 당신도 그런 즐거움을 원한다.

그렇다고 그것을 자신에게 적용하려 하면 이는 순진하거나 비현실적인 얘기가 되어버린다. 유튜브에서 유명한 졸업식 연설을 듣거나 멘토와 긴 점심시간을 즐기다 보면 꼭 듣는 충고가 있다.

"당신이 좋아하는 것을 하세요. 그러면 남은 평생 다시는 일하지 않아도 됩니다."

이런 말을 들으면 가슴이 철렁한다. 일리는 있다. 우리 모두 좋아하는 것만 할 수 있다면 얼마나 좋겠는가. 그러나 지금 같은 시대에 좋아하는 것만 하다니! 사치스러운 얘기다. 좋아하는 것을 하면서 성공하는 건 운 좋은 사람의 이야기일 뿐이다. 나머지 보통사람에게는 일이 필요하고 애정은 아주 드문 보너스다.

그렇지만 잠깐 생각해보자. 우리는 애정 부분을 면밀히 고려할 생각이다. 당신을 일의 세계라는 힘든 현실과 떼어놓거나 신뢰할 만한 데이터의 요구와 발견을 묵살하지 않고 2가지 모두에 깊이 들어가 보겠다는 얘기다. 일과 삶의 균형을 찾는 것보다 일을 향한 사랑을 찾는 것이 중요하다는 사실을 공유하고 싶어서다.

'일터 사랑'은 에우다이모니아보다 발음하기가 쉽지만 부드럽고 이상적이며 생각이 자유로운 리더의 현실적인 실용주의와는 굉장히 동떨어진 느낌을 준다. 조금만 참아보자. 사랑, 특히 단순히 좋아하는 것이 아닌 당신이 하는 일에서 사랑을 발견하는 기술은 우리를 실용주의의 전형으로 이끌기 때문이다.

표면적으로 조직은 사랑에 크게 신경 쓰지 않는 것 같다. 사우스 웨스트 항공은 비행기마다 하트 모양을 그려놓고 페이스북은 '사랑 전달'이 자사 사명이라고 주장하지만 둘 다 다른 경우와 마찬가지로 사랑은 고객에게 보내는 것이지 직원과 관련된 게 아니다. 대다수 조직은 실적, 목표, 성취, 규율, 수행, 정확 같이 좀 더 충실하고 딱딱한 문제를 훨씬 많이 고민한다. 이 모든 것을 다루고 필요한 수준의 품질로 시한을 맞춘 후에야 당신은 사랑에 쌓인 먼지를 터는 일에 겨우 시간을 할애할 수 있다.

이것이 조직을 바라보는 당신의 시각이라면 당신의(이런 시각을 공유하는 조직도) 겨냥은 빗나가 있다. 가장 냉철하고 실적 지향적인 조직도 당신이 자신의 일에서 큰 사랑을 찾길 간절히 원하기 때문이다. 단지 그것에 사랑이란 이름을 붙이지 않을 뿐이다.

깊은 사랑에 빠져본 적 있는가? 그때를 돌이켜보라. 사랑하는 사람이 몹시 보고 싶고 함께 있으면 시간이 쏜살같이 흘러가며 헤어지면 다시 보고 싶어 안달하던 때를 말이다.

사랑에 빠지면 다른 사람이 된다. 사랑은 정신을 고양하고 당신을 새로운 차원으로 끌어올린다. 그것은 당신의 생산성, 창의성, 개방성, 관대함, 회복력, 혁신, 협력, 효과가 가장 뛰어난 차원이다. 사랑에 빠져 있을 때 당신은 참으로 아름답다. 여기에 나열한 자질을 한번 보라. 이것은 삶에서 당신 자신과 가족, 조직의 CEO가 당신에게 바라는 자질이다. 사랑에 빠진 사람의 특징 목록과 CEO가 원하는 이상적인 직원의 자질 목록을 나란히 놓으면 두 목록이 동일하다.

기록하는 것만으로는 이것을 경험할 수 없다. 이는 조직이 교육 과정에서 당신과 이런 자질을 논의한다고 자질을 만들어낼 수 없는 것과 마찬가지다. 당신 스스로 자질을 만들어야 당신과 조직이 그것을 얻을 수 있는데 그것은 오로지 사랑으로만 만들어진다. 사랑에 빠진 시인 파블로 네루다Pablo Neruda는 "봄이 벚나무와 함께 하는 것을 너와 함께하기를"이라고 적었다. 이것이 사랑의 힘이다. 사랑과 함께라면 당신은 꽃을 피운다. 당신은 견실하게 성장하고 앞으로 할 일을 고대한다. 그 일을 하는 동안 시간은 쏜살같이 흐른다. 일을 마친 뒤 당신은 곧바로 다시 시작하고 싶은 충동을 느낀다. 한마디로 당신은 에우다이모니아를 경험한다.

조직은 대부분 '사랑'이라는 단어를 사용하길 꺼린다. 그보다는 헌신이나 의욕, 재량적 노력 같이 보다 비즈니스에 적합한 단어를 선호한다. 그러나 현실 세계에서 사람들에게 바라는 모습과 느낌 문제에 접근할 때는 희석 버전이 아닌 실제 그대로를 다뤄야 한다. 사람들이 성공하길 바란다면, 사람들이 강한 창의성·호기심·

관대함·회복력을 발휘하길 바란다면 그들이 마일스가 찾은 걸 찾도록 도와야 한다.

일에도 사랑이 존재하므로 반드시 그 단어를 사용해야 한다. 각자 그것을 어떻게 찾을 것인지에 호기심을 보여야 한다. 조직이 직원 대신 그것을 찾아줄 수도, 규정할 수도 없음을 인정해야 한다. 우리는 너무 오랫동안 사랑, 열정, 흥분, 전율 같은 인간적인 단어를 도용한 조직이 진정 인간적인 감정을 만들어냈다고 여기도록 내버려두었다. 사실 그들은 그렇게 하지 못했다. 아마 앞으로도 그렇게 하지 못할 것이다.

조직은 허구며 1장의 용어를 사용하자면 '상호주관 현실'이다. 조직은 당신이 직장에서 어떤 활동을 좋아하는지 알 정도로 실제적이지도 인간적이지도 않다. 그것은 오로지 당신만 알 수 있다. 당신의 사랑을 어디에서 발견하고 발견할 수 없는지 마일스처럼 상세히 알려면 당신과 아주 가깝고 당신을 잘 아는 사람이어야 한다. 그 사람은 오직 당신 자신뿐이다. 마일스의 이야기는 본질적으로 이런 내용이다.

"나는 저런 특정한 일이 아닌 이런 특정한 일을 좋아한다."

그가 고용되기 전이든 고용된 후든 이 점을 알았던 사람은 아무도 없다. 이것은 마일스만 알 수 있는 그의 초경험 측면이다.

당신도 마찬가지다. 당신에게는 조직이 손을 대거나 알거나 보거나 느낄 수 없는 부분이 있다. 바로 그 부분, 즉 당신의 사랑과 감정이 직장에서 살아 있음을 느끼게 해준다. 또 당신을 놀라게 하는 것, 즐겁게 만드는 것, 터무니없을 정도로 좋고 조금도 예상하지 못한 것이라 팀을 깜짝 놀라게 하는 것, 당신을 내면에서부터 빛나게 하는 것을 알게 해준다.

조직에 힘이 없는 것은 아니지만 그들의 힘(그리고 그들의 이름organization)은 이미 분명하게 존재하는 것을 조직하는organize 능력에서 비롯된다. 조직은 부주의하게 당신의 영혼을 짓밟거나 당신의 다이몬을 약화하거나 무시할 수 있다. 그 다이몬에 생기를 불어넣는 일은 당신만 할 수 있다. 오로지 당신만 직장이라는 세계에 사랑을 끌어들일 수 있다.

당신이 그렇게 하면 온갖 좋은 일이 일어난다. '일터 사랑'에 담긴 힘을 계량화하는 데 성공한 메이오 클리닉은 의사들에게 일터에서 자신이 가장 좋아하는 활동을 하는 데 쓰는 시간이 얼마나 되는지 물었다. 좋아하는 일을 하는 데 근무시간의 적어도 20%를 쓰는 사람은 번아웃 위험이 극적으로 낮았다. 20% 수준에서 1%씩 하락할 때마다 그에 비례해 거의 선형적으로 번아웃 위험이 증가했다. 의사의 일에서 사랑을 제거하면 일은 계속 더 짜증스러워지다가 결국 감정에 상처를 입힌다.

나만의 붉은 실을 찾고 매일 하는 일에 짜넣기

어떻게 이런 일이 일어날까? 일터 사랑이든 에우다이모니아든 일을 '일'이라고 하는 데는 이유가 있다. 일은 바쁘고 때로 반복적이며 더 중요하게는 대개 스스로 만들어내는 것이 아니다. 어떤 결과를 예상하는 특정 직업이 있다면 그 결과는 당신의 책임이다. 사랑은 여기에 어떤 영향을 줄까?

메이오 클리닉의 연구는 사랑으로 할 수 있는 일이 대단히 많다는 것을 보여준다. 어떤 역할을 맡고 있든 당신은 일에 사랑을 엮어 넣을 수 있고 그렇게 해야 한다. 데이터는 대체로 일에 사랑이 결여되는 것은 우리의 직업이 몹시 제한적이어서가 아니라 어떻게 사랑을 엮어 넣을지 알지 못하기 때문임을 보여준다. ADP 연구소에 따르면 근로자의 16~17%만 매일 자신이 강점을 발휘할 기회를 얻는다고 한다. 그런데 미국 노동인구의 대표 표본조사에서는 근로자의 72%가 "내게는 내 강점과 더 잘 맞게 역할을 조정할 자유가 있다"고 말한다. 심리학은 이것을 태도-행동 일관성 문제라고 부른다. 우리는 자신의 강점과 더 잘 맞게 역할을 조정할 자유가 있음을 알지만 대부분 그렇게 하지 않는다.

그러면 의도적으로 사랑을 책임감 있게 일에 엮어 넣는 방법으로 문제를 해결해야 한다.

당신이 아는 성공한 사람을 생각해보라. 금전적 측면이 아니라 팀과 조직에 기여하는 측면에서 대단히 성공하고 창의적이며 회복력 있고 일과 하나인 것처럼 보이는 사람이 있다. 사람들은 보통 이런 사람을 보며 운이 좋다고 생각한다. '그녀는 어떻게 그 역할을 찾았을까? 어떻게 그 일을 찾았을까? 어떻게 그런 삶을 찾았을까? 그녀처럼 내게 잘 맞는 일을 찾았으면 좋겠는데' 하는 식으로 생각하는 것이다.

당신도 그러한가? 자신에게 잘 맞는 일을 특별하고 귀중한 것으로 인정하는 것은 바람직하지만 여기에는 한 가지 문제가 있다. 그녀는 일을 찾은 게 아니다. 그녀는 완벽한 모습으로 자신을 기다리고 있던 일과 마주친 것이 아니다. 그녀는 그 일을 만들었다! 일반적인 직업을 선택한 뒤 그 안에서 자신의 사랑을 진지하게 받아들이고 긴 시간에 걸쳐 조금씩 가장 좋은 부분을 직업의 대부분으로 바꿨다는 얘기다. 전부는 아니지만 분명 많은 부분을 그렇게 바꾸었다. 그 일이 자신이 누구인지 드러내줄 때까지 말이다. 그녀는 일이 가장 중요한 부분에서 그녀를 닮도록 역할을 바꾸고 또 바꿔 자신을 표현하는 하나의 방식이 되도록 만들었다.

당신도 똑같이 할 수 있다. 1년에 2번 일과 사랑에 빠져 일주일을 보내보자. 직장생활을 하다가 한 주일을 골라 그 주일 내내 메모장 하나를 가까이에 둔다. 그 메모장의 중앙에 세로선을 그어 2칸으로 만든 뒤 한 칸 위에는 '좋았던 것', 다른 칸 위에는 '싫었던 것'이라고 쓴다. 여기서 핵심은 당신의 경험 중 그저 그런 것이 아닌 가장 긍정적인 것과 가장 부정적인 것을 찾아야 한다는 점이다. 그 일주일 동안 무언가를 하기 전 그것을 고대했거나 일하는 동안 깊이 몰입해 시간이 빨리 지났거나 일을 마치고 다시 할 기회를 원했을 경우, 한마디로 사랑의 징후가 나타났을 경우 '좋았던 것' 칸에 그 일을 정확히 기록한다.

반대로 어떤 일을 하지 않고 질질 끌다가 그것이 자기계발에 도움을 줄 거라며 신참에게 넘겼거나 그 일을 하는 동안 10분이 치열한 1시간처럼 느껴질 정도로 시간이 천천히 흘렀거나 일을 마치고 두 번 다시 하지 않기를 바랐을 경우에는 '싫었던 것' 칸에 적어둔다.

어느 칸에도 들지 않는 활동도 많겠지만 일과 사랑에 빠진 일주일을 보내면 그 한 주일을 마칠 때 '좋았던 것' 칸에 있는 활동 목록이 나머지 일과 다르게 느껴진다. 그것은 당신 내면에서 특별하고 유난히 긍정적인 감정, 몰두하게 하고 마음을 끌어당기는 서로 다른 감정 결합으로 나타난다.

이 활동을 당신의 '붉은 실red threads'로 생각해보자. 당신의 일은 많은 실로 이뤄져 있는데 그중에는 유난히 소재가 강력해 보이는 붉은 실도 있다. 이는 당신이 사랑하는 활동으로 당신은 그것을 정확히 찾아내 다음 주에 다시 만들고 다듬고 추가해야 한다. 당신은 일이라는 천에 한 번에 한 가닥씩 붉은 실을 짜 넣는다. 천 전체를 붉은색으로 만들어야 하는 것은 아니다.

메이오 클리닉의 연구진은 의사들이 근무시간의 20% 이상을 자유롭게 쓰는 경우 더 이상 번아웃 위험이 감소하지 않는다는 것을 발견했다. 20% 수치가 한계다. 즉, 약간의 사랑을 찾는 것만으로도 큰 효과를 볼 수 있다는 얘기다. 일이라는 천에 붉은 실을 짜넣으면 더 강해진 느낌이 들고 더 나은 성과를 올리며 빠르게 회복할 것이다.

실패한 느낌이 들수록 붉은 실에 매달려라

이 붉은 실은 당신의 강점이다. 사람들은 보통 강점은 잘하는 것, 약점은 못하는 것으로 생각하며 팀 리더나 동료가 이 2가지를 가장 정확히 판단할 수 있다고 여긴다. 그렇지만 우리가 4장에서 보았듯 이것은 강점이나 약점을 가장 잘 정의한 게 아니다. 강점은 당신의 힘을 북돋우는 활동(마취과의사 마일스의 경우 환자를 삶과 죽음의 경계에 붙잡아두는 것)이고 약점은 당신이 잘하는 것일지라도 당신을 약화하는 활동(마일스의 경우 환자의 회복을 돕는 것)이다. '성과'는 당신이 훌륭하게 혹은 형편없이 마친 일이며 팀 리더는 그것을 판단할 수 있다. 그러나 팀 리더와 동료는 무엇이 당신을 강화하고 무엇이 당신을 약화하는지 판단할 수 없다.

일과 사랑에 빠진 일주일을 보내며 당신이 데이터에서 패턴을 찾는 일을 좋아한다는 것을 알았더라도 팀 리더가 당신에게 "당신은 그 패턴을 충분히 설명하지 못하는군", "유용한 패턴을 찾지 못하고 있군", "패턴을 파워포인트 슬라이드에 적절히 담지 못하는군"이라고 말할 수 있다. 하지만 마일스에게 "당신은 사람들을 삶과 죽음의 경계에 붙잡아두는 것을 좋아하지 않아"라고 말할 수 없는 것처럼 "당신은 데이터에서 패턴을 찾는 일을 좋아하지 않아"라고 할 수는 없다. 즉, 리더는 당신의 붉은 실을 붉은 실이 아니라고 말할 수 없다. 그것을 판단할 수 있는 사람은 당신뿐이다

같은 역할을 맡고 있는 팀 동료들의 붉은 실이 당신과 같을 것이라고 생각지 마라. 다시 마일스의 이야기로 돌아가 보자. 우리는 마일스와 나이도 같고 같은 병원에서 일하는 다른 마취사들을 인터뷰했다. 그런데 그들이 좋아한다고 말하는 것은 마일스가 좋아하는 것과 전혀 달랐다. 수술 전에 침상 환자와 대화하는 것이나 환자를 괴롭히는 극심한 공포 없이 마취 환자의 의식을 부드럽게 되돌리는 데 필요한 차분한 감성을 사랑하는 사람이 있는가 하면, 마취 기제의 복잡함에 끌려 각각의 약물이 어떻게 작용하는지 정확히 규명하는 일에 헌신하는 사람도 있었다. 그가 '의식'이 정확히 무엇인지 이야기하기 시작하면 마일스가 스트레스의 전율을 설명할 때 보여준 것과 같은 열정을 보일지도 모른다.

아무튼 마일스를 지켜볼지라도 그의 붉은 실이 무엇인지 절대 알아낼 수 없다. 그는 그저 중년의 다른 영국 의사들과 전혀 다를 게 없어 보인다. 그의 붉은 실은 인종, 성별, 나이, 종교와 아무런 관련이 없다. 붉은 실은 그의 유일무이함이 만든 결과다. 마일스가 일의 어떤 측면은 좋아하고 다른 측면은 싫어하는 데는 염색체 충돌 이외에 다른 특별한 이유가 없다. 따라서 붉은 실을 찾아내

그것이 무엇인지 확인하고 그것을 일의 나머지 부분에 엮어 넣는 것은 그의 책임이다. 누구도 그 일을 대신 해줄 수 없다. 오로지 그 자신만 자제력과 지성과 목적으로 그의 일에 사랑을 끌어들일 수 있다.

당신도 마찬가지다. 당신은 세상과 고유의 관계를 맺고 있다. 세상은 오로지 당신만 볼 수 있는 것을 당신에게 드러낸다. 이 관계는 항상 실을 엮어 넣을 기회를 제공하지만 그것이 붉은지 아닌지 알아볼 수 있는 사람은 당신뿐이다. 세상은 당신 대신 실을 엮어 넣지도, 당신의 붉은 실에 마음을 쓰지도 않는다. 당신은 하던 일을 멈추고 이 실을 찾아내 일이라는 천에 영리하게 짜 넣을 정도로 마음을 쓰는 유일한 사람이다. 가끔 "자신의 커리어에 주인의식을 가져라"라는 말을 들었을 것이다. 이것이 그 실제 의미다. 다시 말해 당신의 붉은 실을 엮어 넣는 일에 주인의식을 가지라는 뜻이다.

이것은 직장생활에만 해당하는 얘기가 아니다. 전반적인 당신의 생활도 마찬가지다. 어떻게 생각할지 모르겠지만 생활에는 각기 주의 깊게 균형을 맞춰야 하는 구획이 그리 많지 않다. 당신에게는 하나의 삶, 하나의 커다란 천, 붉은 실을 엮어 넣어야 하는 한 장의 옷감이 있다. 당신이 일, 취미, 친구, 가족의 어떤 부분을 좋아하는지 파악하는 것은 당신에게 달려 있고 그것은 사람마다 다르다. 그러므로 사람들이 "아빠/친구/동료로서 말하는데 나는 네가 이렇게 혹은 저렇게 해야 한다고 생각해"라는 말을 할 때, 의도는 좋지만 당신이 자신을 아는 만큼 그들이 당신을 알지 못한다는 것을 기억하라. 당신의 세계는 1분의 n이고 1은 바로 당신이다.

하루 15시간씩 일할 것인가? 서른이 되기 전에 아이 셋을 낳을 것인가? 앞으로 필요해질 양육비를 감당하기 위해 모든 시간을 커리어에 투자할 것인가? 1년에 6주 휴가를 챙길 것인가, 휴가를 전혀 챙기지 않을 것인가? 일을 그만두고 서핑을 하거나 밴으로 여행을 다닐 것인가? 이것은 모두 당신 자신만 선택할 수 있다. 현명하게 선택하는 유일한 방법은 당신이 이행해야 할 책임, 활동, 행사의 감정 반응에 주의를 기울여야 삶이 당신에게 강점을 부여한다는 사실을 존중하는 것이다.

'싫었던 것' 목록은 어떨까? 이것은 당신을 긴장하게 만드는 약한 실로 당신은 자신의 삶이라는 옷감에 이 실을 가능한 한 적게 엮어 넣는 것을 목표로 해야 한다. 그 활동을 완전히 중단하거나, 힘들이지 않고 그 일을 해내는 누군가와 짝이 되거나, 좋아하는 활동과 결합(붉은 실 중 하나를 땋아 넣어)해 지켜보는 시도를 하면 그것이 당신을 덜 고갈시킬 수 있다. 삶을 이렇게 생각하면 '균형'이 도움을 주지 않는 아이디어일 뿐 아니라 우리가 범주를 잘못 잡았음을 바로 깨달을 것이다. 사랑과 미움을 깔끔하게 구분할 수 있는가? 현실 세계에서 우리가 매일 씨름하는 일과 삶도 마찬가지다.

당신의 붉은 실을 주시하고 그것을 진지하게 받아들여라. 그것은 당신의 것으로 가볍고 강하고 진실하다. 지치거나 진이 빠졌

거짓말 #8

거나 위태롭거나 계획이 실패로 돌아갔다는 느낌이 들면 붉은 실에 매달려라. 당신이 뭔가 새로운 것을 엮어낼 강점을 얻을 때까지 그것은 당신을 꽉 잡아줄 것이다. 당신이 만드는 새로운 것, 즉 새로운 아이디어, 프로젝트, 직업, 관계, 삶은 다른 사람이 보기에 균형 잡히지 않았을 수도 있다. 그것은 다른 사람이 만들려 하거나 인정하는 삶이 아닐지도 모른다. 또 쉽지 않을 수도 있지만 어쨌거나 당신의 것이다. 이는 당신 자신만 느끼는 강점의 근원에서 만든 것이므로 강력하고 성공적이며 시들지 않는다. 당신도 마찬가지다.

일로 사람을 완성할 수 있다면

일이 사랑을 위한 것이라면 멋지지 않겠는가? 일의 목적이 우리 각자가 좋아하는 것을 발견하는 데 있다면 멋지지 않겠는가? 지금 우리는 일을 그런 식으로 생각하지 않는다. 우리는 일을 거래로 여긴다. 일을 마쳐야 좋아하는 것을 할 돈을 얻는다. 그렇지만 우리가 일에 완전히 열중한다면 어떨까? 우리가 일의 목적을 좋아하는 것을 발견하는 데 둔다면 어떨까? 우리가 미국 경영협회 표어를 '사람으로 일을 완성한다'에서 '일로 사람을 완성한다'로 바꾼다면 어떨까? 물론 우리에게는 실패도 있을 것이다. 사람들은 복잡하고 일도, 삶도 그렇기 때문이다. 또한 사람은 결코 '완성'할 수 없지만 그런 시도를 일의 핵심으로 만들면 어떨까? 청소년, 대학 졸업자, 젊은 근로자, 나이든 근로자, 첫 직장에서 11~20년째를 맞은 사람, 세 번째 직장에서 첫해를 보내는 사람 들에게 일이라는 원료로 그들만의 붉은 실을 찾는 방법과 그것을 엮어 넣어 정교하고 강한 것을 만드는 방법을 가르치면 어떨까?

분명 생산성 손실은 없으리라. 아니, 오히려 생산성이 높아질 테고 메이오 클리닉의 데이터가 보여주듯 이는 회복력과 충족감으로 보강한 건전한 생산성일 것이다. 결국 그것이 일의 목적이어야 하지 않을까?

20여 년 전 열세 살의 체조선수 세르게이 폴루닌Sergei Polunin은 빈곤에 허덕이는 우크라이나의 고향 마을을 떠나 런던 리치몬드 파크 중앙에 있는 유소년 왕립발레학교 화이트 로지White Lodge로 갔다. 이후 왕립발레의 기법을 배우면서 천부적 재능을 보인 그는 로열발레단 역사상 가장 어린 남성 주역 솔리스트가 되었다. 런던의 모든 사람이 그가 바리시니코프Baryshnikov나 누레예프Nureyev보다 낫고 심지어 기술이 가장 완벽한 20세기 최고의 무용수 니진스키Nijinsky보다 뛰어나다는 데 동의했다. 런던은 그를 발굴해 육성한 것에 자랑스러움을 느꼈다.

그러나 그를 정말로 아는 사람은 없었고 아무도 그에게 진심으로 관심을 보이지 않았다. 그는 열정적이면서도 서정미를 갖춘 무용수로 강한 동시에 유려했고 감정적인 한편 거칠었다. 문신을 한 그의 몸은 무용의 지평을 넓히려는 그의 목표를 명확히 드러내고 있었다. 그런데 로열발레단은 이 모든 것을 외면하고 비범한 인재들에게 늘 하던 대로 그에게 로열발레단 방식을 따르게 했다. 그는 클래식 발레 형태와 틀대로 발레 레퍼토리를 공연해야 했다. 로열발레단은 그가 이것을 계속 반복하게 해서 발레단에는 영광을, 런던 사람들에게는 기쁨을 줄 생각이었다. 그는 춤을 추고 또 추어 사람들에게 기쁨과 놀라움을 주었다. 스물한 살의 나이에 주역으로 올라간 지 2년밖에 지나지 않은 어느 날 갑자기 춤을 그만둘 때까지는 말이다.

로열발레단 무용수에게는 완벽한 패턴이 있었고 그 패턴은 세르게이 폴루닌이 사랑한 것에 관심을 두지 않았다. 그 패턴은 그의 붉은 실이 무엇인지 신경 쓰지 않았으며 안타깝게도 그는 붉은 실을 꼭 붙잡는 것이 자신에게 반드시 필요한 일이라고 생각할 만큼 강하지 않았다. 패턴을 따르도록 강요당한 그는 자신의 붉은 실이 떠나게 놓아두었다. 얼마 지나지 않아, 정말이지 얼마 지나지 않아 그는 완전히 망가졌다. 알다시피 발레는 상당히 기술적이고 힘든 기교다. 사랑 없는 토대에 기술적 기교만 쌓아올리면 진이 빠져 번아웃을 낳는다. 번아웃은 균형 부재가 아닌 사랑 부재에서 온다.

로열발레단은 인재 전쟁에서 승리했다. 그들은 1세기에 한 번 나오기도 힘들 만큼 기술과 정서 면에서 가장 큰 재능을 보유한 무용수를 발굴했으나 그의 사랑을 이해하지 못해 그를 망쳐버렸다. 세르게이는 부모가 이혼한 뒤 런던에도 우크라이나에도 머물지 않고 혼자 정처 없이 몇 년을 방황했다.

그 후 그는 자신이 사랑하는 것 하나를 발견했다. 그것은 다 해어진 붉은 실 한 가닥인데 그는 그 실이 이끄는 방향으로 나아갔다. 그는 안무가 친구에게 그가 정말 사랑할 수 있는 춤, 즉 기술적이고 서정적이며 정교하면서도 열정적인 안무를 만들어달라고 부탁했다. 그 작품을 연습한 그는 어느 후덥지근한 오후 하와이에서 춤추는 장면을 두 차례 찍어 그 영상을 친한 친구와 가족이 보도록 유튜브에 올렸다. 그는 그다음에 어떤 일이 일어날지 전혀 예상치 못했다. 그저 실 하나를 붙잡고 그것을 진실한 어떤 것에 엮어 넣은 뒤 그것이 자신의 인생행로를 되돌려놓을 만큼 힘을 얻길 소망했을 뿐이다.

2015년 밸런타인데이 다음 날 그는 호지어Hozier의 '테이크 미 투 처치Take Me to Church' 영상을 세상에 내놓았다. 그 어떤 팡파르도 없이 춤을 춘 영상이었다. 본 적 없다면 잠깐 시간을 내 유튜브에서 이 영상을 확인해보라. 당신은 그 4분 8초짜리 영상을 절대 잊지 못할 것이다. 발레 팬이든 아니든 이 작품이 한계에 내몰린 사람의 노력일 뿐 아니라 기술적 기교와 주저 없는 즐거움의 순수한 표현이기도 하다는 것을 단박에 알아보리라. 그 동영상에는 자신의 사랑을 진지하게 받아들여 기교와 자제력으로 감쌈으로써 우리에게 열정적이고 순수한 것을 내보이는 남자가 있다. 당신은 내

282   거짓말 #8

면의 눈으로 이 독특한 사람의 가장 충만하고 진실하며 풍성한 표현을 볼 수 있을 것이다. 당신 팀원에게 이런 느낌이 있다면, 그들이 붉은 실을 진지하게 받아들이도록 당신이 도울 수 있다면, 당신과 당신 팀은 대단히 아름답고 영속적인 기여를 할 확률이 높다. 팀원들이 자기 자신을 좋게 느끼는 것을 넘어 세상과 더 많은 것을 공유할 수 있을 것이기 때문이다.

동영상을 포스팅한 이후 세르게이 영상의 조회수는 2,300만에 이르렀다. 그는 다양한 무대에서 이 작품을 선보였고 유럽 유수 발레단의 초대 무용수로 활동하며 자신의 기교에서 사랑을 재발견했다. 또한 그가 클래식 레파토리에 얽매이지 않고 일에서 사랑을 재발견한 덕분에 우리 모두 그 혜택을 보았다.

우리는 당신에게도 같은 것을 기대한다. 일과 사랑에 빠진 한 주를 보내보라. 당신의 붉은 실을 단단히 붙잡아 당신도 꽃을 피울 수 있다. 당신 고유의 것을 나머지 사람들과 공유할 방법을 찾아보라.

인간 본성의 힘은 개개인의 본성이 유일무이하다는 데 있다. 이것은 오류가 아닌 특색이다. 따라서 당신 고유의 특색을 진지하게 받아들이고 다른 사람들도 자발적으로 그렇게 하도록 가장 영리하고 솔직하며 효과적인 방법을 고안해야 한다. 당신의 팀원, 가족, 공동체, 회사는 당신이 고유의 사랑을 공유해주기를 기다리고 있다. 너무 오래 기다리게 하지 마라.

NINE LIES
ABOUT WORK
CHAPTER 9 _____

거짓말
_____ #9

리더십은
중요한
것이다

테네시주 멤피스에는 국립인권박물관National Civil Rights Museum이 있다. 몇 년 전 우리는 이 박물관을 방문해 2~3시간 동안 머물며 조직적인 차별을 끝내고 평등을 달성하기 위한 아프리카계 미국인의 오랜 고투를 배웠다.

박물관 배치, 아니 방문객의 경험 배치는 대단히 흥미로웠다. 관람객이 둘러볼 일련의 방이 늘어선 게 아니라 주요 전시가 큰 공간 전체를 감싸는 경로였다. 관람객은 높은 벽으로 이뤄진 일종의 미로를 걸으며 다채로운 전시와 인공물을 만날 수 있다. 전시물은 미국 남북전쟁 결말로 시작하는데 그 짧은 순간의 희망과 가능성은 곧바로 짐 크로법Jim Crow Law에 밀려난다. 이후 브라운 대 교육위원회 판례Brown v. Board of Education(1954년 미연방 대법원의 공립학교 흑백 분리 부당 판결 – 옮긴이)로 이어지는 차별 금지 투쟁이 이어진다. 코너를 돌면 실물 크기로 재현해놓은 버스가 보인다. 낡고 거칠게 다룬 그 버스는 우리가 생각에 잠겨 전시실을 둘러보는 동안 우리를 한 장소에서 다른 장소로 데려다놓는, 즉 우리 삶의 여러 부분을 묵묵히 왕복하는 그런 버스다. 1955년 그 버스 안에는 일터에서 힘든 하루를 보낸 로자 파크스Rosa Parks가 타고 있었다. 그녀는 운전기사의 지시에도 불구하고 백인에게 자리를 양보하지 않았다. 그리고 지방의 한 젊은 목사가 이끈 몽고메리 버스 보이콧이 그 뒤를 이었는데 이 사건은 인권 투쟁 초기의 한 발화점이었다.

여기는 리더십을 논하는 장이 아니다. 리더십이 정말 중요한 주제인지 혹은 확대 해석한 주제인지 확인해주는 비즈니스 관련 책과 문헌의 엄청난 양을 한탄하고 방대한 기사, 블로그 포스팅, 동영상, 연설을 지적하는 것은 너무 진부한 일이다. 이 모든 글과 이야기의 정수를 뽑아 간단히 요약하면 이렇다. 리더십에는 영속적 매력이 있고 우리는 리더십이 직장에서 대단히 중요하다는 것을 믿는다!

사람들은 마치 세상에 리더십이라는 의미 있는 특질을 보이는 사람이 있다고 광범위하게 합의한 것 같다. 코드를 잘 쓰든 영어를 잘하든 구체적인 역량보다 어떤 면에서 좀 더 상위에 있는 특질을 갖춘 사람 말이다. 그 특질은 영업을 잘하거나 협상을 잘하는 대인적인 기술도 초월한다.

모든 뛰어난 리더에게는 일련의 자질이 있고 리더십은 다른 사람들을 이끌거나 어떤 식으로든 그 능력을 책임지는 사람들 안에 존재한다는 데 동의하는 경향도 있다. 그 결과 우리는 대부분 리더가 되려면 일련의 자질을 갖추고 있어야 한다고 생각한다.

이 논의에는 다음과 같이 혼란스러운 순환 논리가 있다.

'우리는 리더십이라고 불리는 것이 있고 그것이 중요하다는 것을 안다. 리더에게는 그것이 있으며 그렇지 않다면 그들은 리더가 아니었을 것이다.'

이것은 '당신의 고양이는 고양이다운 특질을 지니고 있다. 그것은 고양이이기 때문이다'라고 말하는 것과 다를 바 없다. 이는 진실일지도 모르지만 언젠가 고양이가 되기를 꿈꾸는 당신의 햄스터에게는 거의 도움이 되지 않는다. 이처럼 '보면 안다' 식의 모호함은 리더십을 그토록 많이 다루면서도 그 이해가 왜 유용한 방향으로 더 발전하지 않는지, 리더십을 훨씬 잘 발휘하게 하지 못하는지 설명해준다.

그 모호함과 싸우려면 한 걸음 더 나아가 리더십을 이루는 자질을 명확히 하고자 노력해야 한다. 영감을 주는 것과 비전을 만들고 분명히 하는 것은 대단히 중요하다. 전략을 짜는 능력, 좋은 전략과 그렇지 않은 전략을 구분하는 능력도 좋다. 때로는 익숙하게 통달한 실행 능력, 다시 말해 일처리 역량도 목록에 들어간다. 조직이 나아갈 방향을 설정하고 그에 맞춰 모든 사람이 그 방향으로 향하게 하며 그들에게 전진할 동기를 부여하는 것도 중요하다. 의사결정 역시 분쟁 조정과 함께 목록의 상위에 있다. 커뮤니케이션 능력도 상위에 자리하고 혁신과 파괴도 얼굴을 내민다. 대개 '리더의 존재감'이라고 표현하는 것도 중요하게 느껴진다.

이 긴 특징의 조합에 개인적 자질까지 더해진다. 리더십은 진정성('진실한' 사람이라는 인상을 주는 능력)과 가끔은 취약성(사람들 앞에서 틈을 보이는 용기, 함께하는 사람들 중 가장 똑똑하고 항상 옳은 사람이어야 한다는 생각을 포기하는 용기)까지 필요로 한다. 그래야 리더가 다른 사람들과 효과적으로 관계를 구축할 수 있다고 한다.

보다시피 이러한 특징은 별나게 제한적이다. 진정성은 리더가 무엇을 해야 할지 모르겠다는 말을 진정성 있게 해서 그의 비전을 파괴하는 시점까지만 중요하다. 리더가 자신의 결점을 편하게 받아들이는 취약성 역시 우리가 리더를 의심하고 충분히 영감을 주는 사람인지 의문을 보이기 전까지만 유효하다. 이 2가지는 서로 모순을 보이지만 우리는 진정한 확신과 불안감을 없애주는 취약성을 동시에 요구한다. 이 목록을 이루는 개인적 특성은 너무 뜨겁지도 또 너무 차갑지도 않은 딱 적당한 상태를 의미하는 골디락스Goldilocks(영국 전래동화 《골디락스와 곰 세 마리Goldilocks and the Three Bears》에 나오는 황금색 머릿결의 주인공 이름에서 유래한 용어 - 옮긴이) 특성이다.

그런데 이 작은 모순은 일터에서 리더십이 대단히 중요한 것이란 확신 앞에서 빛을 잃고 만다. 사람은 리더십 특성이 많을수록 좋고 조직에는 리더십을 갖춘 리더가 많을수록 좋다는 확신이 굳게 자리를 잡고 있다. 그 결과 '리더십 계발'이 커리어 발전에 가장 중요한 일이라는 말을 듣는 것이다.

다른 속성을 선택하는 사람도 있을 테지만 지금까지 나열한 특성 정도면 이론 세계에서 다루는 리더십 관련 견해를 적절히 요약한 편이다. 여기가 리더십을 논하는 장이 아닌 이유는 나열한 특성이 유용하지 않거나(사실 유용한 특성이다) 이 주제를 지겹도록 다뤘기(거의 그렇다) 때문이 아니라, 비판적으로 바라보면 우리가 리더십을 크게 오해했음을 깨달을 수 있어서다.

우리가 직장에서 마주치는 마지막 거짓말은 '리더십은 중요한 것'이라는 말이다.

리더십은 추상도 평균도 아닌 현실

2004년 6월 앨라배마 몽고메리의 한 보안관보는 지하실을 정리하다가 범인식별용 얼굴 사진이 실린 여러 권의 책을 발견했다. 오래된 책 안의 사진은 성별과 인종별로 세심하게 분류되어 있었다. 그중 '흑인 남성'이라는 제목의 책에는 1956년 2월 22일 몽고메리 버스 보이콧 도중 체포된 89명의 사진이 담겨 있었다.

책 한 쪽에는 정장을 한 사람 그렇지 않은 사람, 젊은 사람 나이 든 사람, 걱정스런 표정을 지은 사람 체념한 듯 보이는 사람 그리고 반항하는 듯한 사람 12명이 있었다. 그들 앞에는 체포 번호가 있었는데 어떤 이는 그것을 손으로 잡고 있고 또 어떤 이는 목에

걸고 있었다. 그 쪽에 실린 12명의 이름은 널리 알려져 있다. 그들이 뒤에 있는 사람들과 달리 널리 알려진 이유는 그들이 행한 일, 즉 우리가 리더십을 달리 생각하게 만든 일 때문이다.

범인식별용 얼굴 사진 책에 실린 사람들의 공통점이 무엇인지는 그들 중 한 사람의 신원이 설명해준다. 맨 윗줄에 번호 7089가 붙은 남자가 렌즈 뒤를 응시하고 있는데 그는 밝은색 양복 단추를 모두 채웠고 타이도 비뚤어지지 않았으며 손은 무릎 위에 올려놓았다. 이 사진을 찍을 때 그는 스물일곱 살로 몽고메리 덱스터 애비뉴 침례교회 목사였다. 로자 파크스가 체포되고 며칠 뒤 그는 이 보이콧을 이끌어달라는 요청을 받았다. 1955년 시작된 이 보이콧 활동은 폭넓은 참여를 이끌어냈고 시내 수송 체계에 상당한 경제 문제를 야기했다. 1956년 초 카운티의 대배심은 앨라배마 반보이콧법 위반을 이유로 보이콧 참가자들에게 기소 평결을 내렸고 목사는 다른 88명과 함께 체포되었다.

그의 이름은 바로 마틴 루서 킹이다. 하지만 여기서 우리가 들어야 할 것은 7089번 이야기가 아니라 다른 11명 이야기다. 이것은 안타깝게도 리더십의 모든 이론, 모든 경쟁 목록과 역량, 모든 기사와 조사와 평가와 책, 모든 해부와 분석과 분류가 놓치고 있는 이야기다. 리더십이 추상도 평균도 아닌 현실이기 때문이다.

우선 사람들을 이끄는 능력은 드물다. 마틴 루서 킹이 몽고메리 버스 보이콧으로 수백만이 따르는 국민 리더로 등장한 것은 필연이 아니었다. 몇 년 전 루이지애나 배턴 루지에서 있었던 것처럼 몽고메리 진보연합회를 이끈 다른 훌륭한 사람도 많았다. 그러나 몽고메리의 킹에게는 특별한 것이 있었다. 우리가 특별한 능력자를 떠받든다는 사실, 우리가 그런 능력을 찾고 그것을 더 많이 갖추려고 많은 시간을 투자한다는 사실, 그 능력이 조직 관련 사고방식에 큰 영향을 준다는 사실은 그 능력이 상당히 희소한 것임을 보여준다. 그러한 희소성 때문에 우리는 그 능력을 쉽게 향상시킬 수 있다고 착각한다. 사람을 이끄는 일이 쉬웠다면 더 많은 좋은 리더가 있었을 테고, 좋은 리더가 더 많았다면 우리가 그 능력에 조금 덜 집착하지 않았을까?

그다음으로 리더에게는 단점이 있다. 무엇보다 그들의 역량은 완벽하지 않다. 킹이 완벽한 리더가 갖춰야 할 모든 자질을 갖추지 않았음을 증명하기 위해 J. 에드거 후버 J. Edgar Hoover(미국 연방 수사국 국장 – 옮긴이)의 감시 서류까지 들출 필요는 없다. 이는 꼭 갖춰야 하는 리더십 특성 목록이 존재한다는 일반 개념에 반한다. 우리는 특성 목록 하나하나를 놓고 그것이 부족한 현실 세계의 훌륭한 리더를 사례로 들 수도 있다.

리더십에서 영감 불어넣기와 통찰력 발휘가 그렇게 중요하다면 워런 버핏은 어떻게 이해해야 할까? 리더인 그의 주된 활동은 네브래스카주 오마하의 사무실에 앉아 체리 코크를 마시며 사들일 기업을 찾는 일이다. 리더십에서 성공 전략을 짜는 게 핵심이라면 윈스턴 처칠은 어떻게 생각해야 할까? 1920년대와 1930년대의 형편없는 정책은 결국 그의 출각으로 이어졌다. 실행과 소통이 리더십의 주요 자질이라면 대영제국의 조지 6세는 어떻게 생각해야 할까? 2차 대전 중 그는 리더십을 인정받았지만 그는 사람들 앞에서 거의 말을 하지 못했고 일을 직접 실행하는 자리에 있지도 않았다. 리더십이 성공적인 연합체 구축에 꼭 필요한 것이라면 수전 B. 앤서니Susan B. Anthony는 어떻게 생각해야 할까? 그녀와 여성참정권 운동을 하는 동료들 사이가 틀어지면서 20년간 운동에 분열이 생겼다.

리더십이 윤리와 관련된 것이라면 등록을 피해 원할 때마다 장애인 주차공간에 차를 세우려고 6개월마다 새 차를 구입한 스티브 잡스는 어떻게 생각해야 할까? 자신의 책임 아래 있는 사람들을 보살피는 일이 리더십에서 중요한 부분이라면 외상 후 스트레스 장애가 있는 병사를 폭행한 조지 패튼George Patton 장군은 어떻게 생각해야 할까? 리더십에서 진정성이 중요하다면 존 F. 케네디의 감춰진 병들과 치정 문제는 어떻게 받아들여야 할까? 목록과 사례의 특질이 필수가 아닌 선택적인 것이라면 여기에는 과연 어떤 의미가 있을까? 현실 세계의 경험에 따르면 특정 특성의 조합을 모두 갖춘 리더는 존재하지 않는다. 우리가 아는 모든 리더에게는 명백한 결점이 있다. 리더는 완벽한 사람이 아니며 완벽과 거리가 멀다.

마지막으로 리더십은 다재다능한 사람들 중에서도 가장 다재다능한 사람이 발휘하는 것이 아니다. 우리가 4장에서 보았듯 다재다능한 사람이 최고의 직원인 것도 아니다. 현실 세계에서 만나는 리더도 마찬가지다. 리오넬 메시처럼 훌륭한 성과로 존경받는 리더는 전인격을 갖추려 노력하지도, 자신에게 부족한 능력을 계발하려 애쓰지도 않는다. 대신 그들은 자신이 이미 보유한 것을 최대한 활용하려 노력한다. 그들의 성과를 자세히 살펴보면 그들이 사람을 이끄는 일을 다른 방식으로 수행한다는 것을 알 수 있다. 그 점에서 리더십은 인간이 노력하는 다른 모든 분야와 동일하다. 높은 성과는 특이함에서 나오고 성과 수준이 높을수록 특이함 수준도 높아진다.

킹 역시 이끄는 일에 대단히 특이하게 접근했다. 그의 천재성과 유효성은 스스로 다재다능해지기 위해 애쓰고 로자 파크스, 말콤 X, 랠프 애버내시Ralph Abernathy 같은 역량을 얻고자 노력해서 얻은 게 아니라 리더로서의 특별한 재능으로 시작해 그것을 키우고 위기 순간 거기에 의지한 덕분에 얻은 것이다.

이것은 리더십이 중요한 것이라는 아이디어가 왜 거짓말인지 설명해준다. 리더십 정의를 현실 세계에 대입할 경우 우리는 예외의 예외의 예외와 마주친다. 우리가 내릴 수 있는 최소한의 결론은 설령 어떤 마법 같은 리더십 자질 세트가 있더라도 우리는 아직 그것을 발견하지 못했고 또 그것 없이도 많은 리더가 다양하게 리더십을 발휘하고 있다는 점이다. 결국 우리가 리더십을 구성한다고 여기는 것은 우리의 관련 이해를 넓혀주지도, 그것을 잘 파악하게 도움을 주지도 않는다.

무엇이 그를 따르게 만드는가?

그렇다면 현실 세계가 '이것은 리더십이 아니다'라고 보여주는 것에서 실마리를 얻을 수는 없을까? 아니면 리더십은 무질서하고 여전히 미스터리로 남아 있는 서로 다른 기술, 속성, 상태, 자질이 들어 있는 보물 뽑기 주머니와 다를 바 없다고 말해야 할까? 무슨 일이 벌어지고 있는지 파악할 다른 방법은 없을까?

1956년 몽고메리에서 벌어진 사건 중 가장 주목해야 할 것은 자신의 신념을 밝힌 한 개인이 투옥되었다는 점이 아니다. 중요한 것은 그 한 사람의 말과 행동이 아니다. 그보다는 다른 사람들이 그를 따르기로 결정했다는 점이다. 범인식별용 얼굴 사진 책에서 문제의 12명은 그 리더와 추종자들이다. 60년 후 우리가 그 11명의 이름을 알고 있는 것은 그날 그들이 '추종'을 선택했기 때문이다. 폭력과 위협, 화염병이 난무하는 와중에 킹에게서 무언가 특별한 것을 본 그 11명은 그를 따르기로 결정했다. 바로 그들이 한 일 그리고 이후 여러 해에 걸쳐 수천, 수백만이 한 일 덕분에 우리가 그를 리더로 인정하는 것이다.

이것은 현실 세계에서 얻은 참된 교훈이다. 단순하고 간단히 말해 리더에게는 따르는 사람들이 있다. 어떤 사람이 리더의 위치에 서느냐 아니냐를 결정하는 유일한 조건은 다른 사람이 그를 따르느냐다.

우리는 이를 지극히 당연한 말로 여겨 거기에 함축된 의미를 쉽게 간과한다. 이상하게도 전략, 실행, 비전, 웅변, 인간관계를 말할 때 거기에는 늘 추종자들의 니즈·감정·두려움·희망이 빠져 있다. 리더십 아이디어 어디에서도 추종자 아이디어는 찾아볼 수 없다. 우리가 가장 중요하게 다루는 주제, 즉 인간이 다른 사람에게 자신의 에너지를 바치고 그를 위해 위험을 감수하는 이유가 인간관계 문제라는 생각이 빠져 있는 것이다. 그 점에서 전부가 빠져 있는 것과 다를 바 없다.[1]

리더에게는 추종자가 있다는 개념은 기술, 기법, 역량 목록에 나오지 않는다. 이것은 조직 내 서열과 일치하지 않으며 리더 자신의 본성을 말해주지도 않는다. 대신 리트머스 종이처럼 리드 조건을 정확히 포착한다. 매우 분명한 그 조건은 추종자가 존재하느냐 그렇지 않느냐의 문제다.

따라서 우리는 다음을 자문해야 한다. 우리는 왜 따르는가? 무엇이 우리가 늦은 밤까지 기대받는 것 이상을 해내게 만드는 것일까? 무엇이 누군가를 대열 앞에 서도록 만드는 걸까? 무엇이 우리 운명의 일부를 다른 사람의 손에 자발적으로 맡기게 만드는 걸까? 무엇이 다른 사람에게 목숨을 맡기게 만드는 걸까? 무엇이 11명에게 자신의 행복과 희망을 7089번에게 맡기도록 만들었을까?

우리는 앞서 다룬 8가지 항목에서 그 답의 일부를 찾을 수 있다. 성과가 좋은 팀에서는 8가지 항목으로 측정한 감정이 더 많이 보이며 우리는 추종자들이 팀 리더에게 무엇을 원하는지 알고 있다.

대체로 우리는 자신이 자신보다 더 큰 '최고의 우리' 중 일부라는 느낌을 원한다. 또 우리가 유일무이한 개인으로서 '최고의 나'라는 것을 리더가 알고 우리의 가치를 인정한다는 느낌을 원한다. 더 구체적으로 말하면 우리는 자신을 스스로 믿는 사명과 연결해주고, 우리에게 기대하는 바를 분명히 말해주고, 탁월성에 보이는 반응이 같은 사람들이 주위에 있게 해주고, 우리의 장점을 높이 평가해주고, 팀원들이 언제나 내 편이라는 것을 보여주고, 성공하는 플레이를 부지런히 반복하고, 우리가 더 나아지도록 채찍질하고, 우리에게 미래를 향한 자신감을 심어주는 리더를 따른다.

이것은 리더에게 있는 특질 목록이 아니라 추종자가 받는 일련의 느낌이다. 우리가 리더십을 '보면 알 수 있는' 대단하고 중요한 것이라고 말할 때 이는 다른 사람의 한정된 어떤 특질을 의미하는 게 아니다. 사실 우리가 '보는' 것은 추종자로서 우리가 느끼는 느낌이다. 그러므로 좋은 리더에게는 모두 같은 특질과 역량이 있을 것으로 예상해서는 안 되며 모든 좋은 리더는 팀에서 동일한 지지 감정을 만들어낸다고 봐야 한다.

실제로 이 감정은 특정 리더가 자신이 좋은 리더인지 파악하는 데 도움을 준다. 1장에서 소개한 8가지 항목은 리더십의 유효성을 평가하는 정당한 척도다. 우리는 각 리더의 행동 방식을 지시할 필요는 없지만 모든 좋은 리더가 그들의 추종자에게 어떤 감정을 만드는지는 규정할 수 있다. 리더가 갖춰야 할 추상적 자질 목록에 따라 리더를 평가하는 대신 추종자가 자신의 경험을 평가하는 것이므로 이는 리더의 유효성을 보여주는 믿을 만한 측정이다.

리더십은 실체가 아니다. 신뢰성 있게 측정할 수 없기 때문이다. 반면 추종자의 지지는 실체다. 신뢰성 있게 측정 가능하기 때문이다.

리더십이 실체라는 것은 거짓말이다. 두 리더가 같은 방식으로 지지자를 만드는 것은 불가능한 일이다. 그만큼 현실 세계에서 사람을 리드한다는 것은 굉장히 다양한 활동이다. 리더인 당신이 도전해야 할 과제는 추상적 자질을 완벽하게 갖추고자 노력하는 것이 아니다. 이 경우 진정성이라는 첫 번째 허들부터 넘지 못해 실패하고 만다. 대신 당신의 과제는 팀 내에서 8가지 감정적 결과를 이끌어내는 당신만의 방법을 찾아 다듬는 일이다. 이것을 잘 해낼 경우 팀을 성공적으로 이끌 수 있다.

흥미롭고 다행스럽게도 현실 세계 연구는 이 2가지가 서로 연결되어 있음을 드러내준다. 추종자들에게서 당신이 원하는 결과를 이끌어내는 능력은 당신이 자신의 특이성을 얼마나 진지하고 영리하게 육성하는지, 그 목적이 어디에 있는지에 직접 영향을 받는다. 당신의 특이성이 깊이 있게 발전할수록 추종자들은 더 열정적으로 당신을 따른다. 특정 리더의 목적과 뜻을 같이하지 못할 때는 추종자들이 좌절감을 느끼겠지만 말이다.

어떤 종류의 극단주의자가 될 것인가?

몽고메리 버스를 뒤로하고 계속 전시물을 관람한 우리는 이윽고 앨라배마 버밍햄의 교도소 모형에 도착했다. 1960년대 버밍햄은 미국에서 가장 인종 차별이 심한 곳으로 유명했다. 1963년 초 앨라배마 기독교인권운동은 마틴 루서 킹의 남부기독교연합회의와 함께 인종 차별에 반대하는 비폭력 운동을 시작했다. 지방 판사는 그 시위에 금지 명령을 내렸지만 인권운동 리더들은 그 명령을 따르지 않겠다고 발표했고, 1963년 4월 12일 킹을 비롯한 가두행진 참가자들은 체포·투옥되었다. 같은 날 앨라배마의 백인 성직자 8명이 킹과 그의 방법을 비판하는 공개 항의서를 발표했다. 이 항의서를 인쇄한 신문 한 부가 킹이 있는 감방으로 몰래 들어갔고 그것을 읽은 킹은 글을 쓰기 시작했다. 처음에는 신문 여백에, 그다음에는 감방에 있는 휴지에, 이어 동료 재소자들이 준 종잇조각에, 마지막으로 변호사들이 가져온 편지지에 글을 썼다. 그렇게 완성한 것이 '버밍햄 교도소에서 온 편지Letter from Birmingham Jail'다. 우리는 감방 외벽 위에 적힌 그 글을 읽었다.

열정적이고 긴 그 편지는 해결, 타협, 최소한의 저항의 길을 항변하고 있다. 그리고 그 안에서 킹은 과격주의를 이야기했다.

"문제는 우리가 극단주의자가 될 것인지가 아니라 어떤 종류의 극단주의자가 될 것인가에 있다."

300

활기를 찾아보기 어려운 오마하의 콜라 마니아 워런 버핏은 극단주의자다. 그는 기업을 선별해서 구매하는 데 특출하다. 윈스턴 처칠은 형편없는 정책을 만들었을지 모르지만 타협 없는 저항심을 고취하는 데 특출했다. 수전 B. 앤서니는 자신과 주위 사람들이 특정 목표에 집중하게 하는 데 탁월했다. 스티브 잡스는 뛰어난 하드웨어와 소프트웨어를 만드는 데 탁월했다. 조지 패튼은 그날 자신에게 무슨 일이 있든 전력을 다해 싸우는 데 뛰어났다. 존 F. 케네디는 미래를 보편적으로 느끼게 만들고 도덕적인 정신 고양을 잘했다. 이 리더들의 공통점은 무언가에 정말로 뛰어나다는 점이다. 한마디로 이들은 각자 다른 방식에서 극단주의자다.

우리는 최고의 직원이 다재다능한 사람이 아닌 유난스럽고 특출한 사람이라는 것을 이미 살펴보았다. 그들은 한두 가지 특출한 능력을 갈고닦아 세상에 이름을 떨쳤다. 우리가 최고의 리더들에게서 본 것도 그와 비슷한 극단주의, 즉 오랜 시간에 걸쳐 다듬은 몇 가지 현저한 능력이었다. 이들 능력은 굉장히 두드러지며 리더는 그 능력을 세상에 전달하는 데 능숙해 금세 눈에 띈다. 사실을 말하자면 우리는 특출한 사람을 따른다.

뭔가에 완전히 통달한 리더는 그 일을 뛰어나게 잘할 뿐 아니라 우리가 생각하는 미래 방식까지 바꿔놓는다. 인간이 보편적으로 지닌 특성은 그리 많지 않다. 인류학자 도널드 브라운Donald Brown의 책 《인간의 보편성Human Universals》은 67가지 보편성을 나열하고 있다. 그중 하나가 지금까지 연구 대상이었던 모든 인간사회가 죽음을 의례화한다는 점이다.[2] 사회마다 그 방식은 다르지만 모든 사회는 죽음을 의례화한다. 이러한 의식은 완전한 미지로 남아 있는 죽음을 통제하는 듯한 환상으로 두려움을 줄여주는 역할을 한다. 사실 장례의식은 인간이 미지의 것을 두려워한다는 점을 명확히 보여준다. 과거는 있는 그대로고 현재는 우리가 있는 곳이지만 미래는 불확실하고 두려운 곳이다. 그 불확실성 때문에 우리는 안심을 주는 말과 행동을 찾으며 무엇보다 궁극적 종말인 죽음을 의례화해 안심을 추구한다.

이 인간 고유의 특질은 리더인 당신에게 도전 과제를 남긴다. 당신은 팀을 결집해 더 나은 미래를 향해 나아가야 할 책임을 맡고 있지만 많은 팀원이 그 미래에 두려움을 보인다. 두려움이 생기는 것은 당연하며 두려움에는 순응성이 있다. 두려움이 적었던 인류 조상은 "나는 태양이 잠드는 곳이 어디인지 궁금해"라며 수평선으로 작은 뗏목을 저어 나아갔다. 그러나 이들은 살아 돌아와 자신의 유전자를 후세에 넘겨줄 기회를 잡지 못하는 경우가 많았다. 조심스럽고 신중한 것은 분별 있는 행동에 가깝다.

리더인 당신은 두려움을 떨쳐버릴 수 없다. 당신은 팀원들에게 "변화를 수용하고 모호함에 익숙해지라"고 말할 수 없다. 물론 할 수도 있겠지만 그 뒤 팀원들이 변화와 모호함을 더 깊이 생각하면서 불안감이 커져 당신의 유효성은 떨어지고 만다. 컨설턴트가 변화를 요구해도 팀원들이 미래의 불확실성보다 생생한 그림을 원한다는 것을 아는 현실 세계 리더는 그 단어를 거의 사용하지 못

거짓말 #9

하는 아이러니가 발생하기도 한다.

리더인 당신에게 가장 큰 과제는 각자의 정당한 두려움을 존중하는 동시에 그 두려움을 기백으로 전환하는 것이다. 당신을 따르는 사람들은 현재의 편안함을 좋아하지만 사건 흐름이 자신을 가차 없이 미지의 세계로 몰아넣으리라는 것도 알고 있다. 그래서 사람들은 아무리 사소한 것이라도 불확실성을 줄여주는 것을 발견하면 거기에 필사적으로 매달린다.

우리가 1장에서 본 최고의 팀이 갖춘 마지막 특질은 각 팀원이 '회사의 미래에 강한 자신감이 있다'는 것이었다. 이러한 자신감은 보편적 불확실성의 해독제로 우리가 누군가를 따르는 이유를 설명한다. 추종이라는 행동은 물물교환이다. 우리는 뭔가를 대가로 받을 수 있을 때만 미래의 일부를 리더에게 맡긴다. 그 대가는 바로 확신이다. 미래를 확신하려면 리더에게서 자신이 신경 쓰는 부분과 관련해 확고하고 눈에 띄는 수준의 능력을 발견해야 한다.

우리는 자신에게 중요한 어떤 것에 대단히 뛰어난 사람을 따른다. 즉, 우리는 특출한 사람을 따른다. 특출한 사람은 우리의 마음을 끄는 무언가가 있는 것 같다. 우리는 자신의 결점을 잘 알고 인생에서 우리 앞에 무엇이 놓여 있는지 알 수 없다는 것도 안다. 또 우리는 다른 사람과 협력할 경우 여정이 더 쉬워진다는 것도 안다. 다른 사람에게서 자신의 결점을 보완하고 미래의 안개를 조금이라도 거둬주는 능력을 발견하면 우리는 거기에 매달린다.

우리가 비전, 전략, 실행, 관계 구축을 비롯한 리더십 관련 요소를 반드시 따르는 것은 아니다. 그렇지만 우월성은 예외다. 우리는 우월성을 추종하며 그 대상을 찾기만 하면 우월성이 어떻게 드러나든 그것은 문제가 되지 않는다. 존 F. 케네디는 가까운 미래를 보게 하고 거기에 관심을 모으도록 만드는 데 통달해 있었다. 그것을 도덕적으로 확대하는 방식으로 말이다.

쿠바 미사일 위기(1962년 10월 22일부터 11월 2일까지 소련의 중거리 핵미사일을 쿠바에 배치하려는 시도를 둘러싸고 미·소가 대치해 핵전쟁 직전까지 간 국제 위기 – 옮긴이) 동안 그는 "나는 대다수 쿠바인이 진정 자유로운 시대, 즉 외국의 지배로부터 자유롭고, 자신의 리더와 시스템을 선택할 자유가 있고, 자국 땅을 소유할 자유가 있고, 두려움과 퇴보 없이 자유롭게 말하고 쓰고 종교를 선택할 수 있는 시대를 고대한다는 것을 의심치 않습니다"라고 쿠바인을 직접 언급하며 연설을 마무리했다. 반면 그의 동생 로버트 F. 케네디는 이런 특출함을 공유하지 않았고 그의 초점은 지금 당장의 문제를 바로잡는 데 있었다.

진정 성공적인 리더는 확실하고 생생한 것을 소통하는 방식으로 자신의 뛰어난 역량을 계발한다. 우리는 리더가 우리보다 더 많은 문을 열고, 더 많이 구석진 곳을 살피고, 더 깊이 몰두하고, 더 진지하게 자신을 받아들인다는 것을 증명할 때라야 리더를 깊이 신뢰한다. 또한 그 진지함과 예측 가능성을 신뢰하고 특별함에 끌린다. 나아가 그 진정성을 감지하며 뛰어난 역량의 아름다움과 명료성과 짧은 경외의 순간에 끌린다. 그 외의 것은 다 무시한다.

'당신은 누구인가?'에서 리더십은 시작된다

9가지 거짓말이 주는 교훈 중 하나는 주위에 존재하는 것에는 눈을 감은 채 세상이 어떠해야 한다(세상이 이러저러하면 좋겠다)는 이론만 내세우면 내 사람이 사라진다는 것이다. 그들에게 시선을 두지 않고 호기심을 밀어낸 뒤 그 자리를 독단적 신조로 채울 경우 그런 일이 벌어진다. 이는 리더도 마찬가지다. 리더가 이론을 세우기 시작하는 순간 리더의 사람들은 떠나간다. 그리고 그들과 함께 다음과 같은 진실도 사라진다.

같은 일을 같은 방식으로 하는 리더는 절대 없다.

어떤 리더도 완벽하지 않으며 최고 리더는 자신의 결점을 피해 일하는 방법을 배운 사람이다.

리더도 좌절을 안겨줄 수 있으며 그들이 우리가 원하는 모든 능력을 갖춘 것은 아니다.

추종은 용서라는 활동의 일부며 용서는 눈에 보이는 결점에도 불구하고 그에게 눈길과 노력을 주는 것이다.

모든 사람이 리더가 되어야 하는 것도 리더가 되길 원하는 것도 아니며 세상은 추종자, 그것도 위대한 추종자를 필요로 한다.

내게 위대한 리더가 다른 사람에게는 그렇지 않을 수 있다.

어떤 팀이나 회사에서는 훌륭한 리더가 다른 곳에서는 그렇지 않을 수 있다.

리더가 반드시 선의의 힘은 아니며 그들은 그저 추종자가 있는 사람이다.

리드는 일련의 특질이 아니고 추종자의 눈으로 보는 일련의 경험이다.

그들은 성자가 아니며 추종자가 있다는 점이 오히려 자만심, 오만 등으로 이어질 수 있다. 리더는 선도 악도 아니며 그들은 그저 세상에서 자신의 명확한 모습을 찾아내 추종자가 확신하게 하는 방식으로 자기 모습을 유지하는 사람일 뿐이라는 진실. 그들의 모습은 선도 악도 아니며 그저 그대로의 모습일 뿐이다.

이 모든 것에도 불구하고 우리는 자신의 경험을 더 낫고 더 희망차게 만드는 사람들에게 자기 세계의 특별한 장소를 내준다. 그리고 그 모든 과정에서 우리는 리더의 특출함을 따른다.

기업계는 리더의 훈련과 성장 과정에 엄청난 돈을 쓴다. 미국의 경우 매년 이 분야에 140억 달러라는 어마어마한 액수를 투자한다.[3] 보통 리더십 코스는 이런 식으로 진행한다. 먼저 사람들이 리더를 주제로 이야기하거나 세상의 실제 리더가 나오는 비디오를 보여준다. 그 비디오는 흥미롭고 자극적이며 감동적이다. 그래서 우리는 영감을 받고 호기심을 느끼며 에너지를 얻는다. 뭔가 중요한 것을 배우고 그 중요한 것을 직접 느끼는 것이다.

이후 진행자가 앞쪽으로 나가 시각 자료 모델을 보여주며 설명한다. 그것은 우리가 방금 보고 경험한 것을 모두 지루하게 만들어버린다. 그 모델은 보통 사사분면으로 나뉘어 있고 각 사분면에는 공감, 진정성, 비전 등이 적혀 있다. 진행자가 우리 삶을 설명하는 다음 몇 시간 동안 우리는 각 사분면을 돌아가며 그 안에 적힌 추상적인 것을 배우고 그것을 더 많이 얻는 방법을 익힌다. 때로 그 과정에 앞서 평가시험을 치르고 중간 중간 그 결과를 사분면과 어떻게 비교하는지 확인한다. 더러는 사분면 내용과 관련해 실시간 피드백을 받기도 한다. 행동 계획을 세우고 노트에 사분면 내용을 어떻게 더 잘 실천할지 선의의 약속도 적는다. 그 과정이 끝나면 약속은 '치실을 더 자주 사용한다'처럼 평생 지키지 않을 결심 목록으로 곧장 들어간다는 것을 알면서도 말이다.

우리는 모든 과정이 끝나면 모두가 처음에 본 리더의 모습에 더 가까워져 있을 것이란 이야기를 듣는다. 하지만 계속 진행할수록 불만만 늘어갈 뿐이다. 사분면의 어떤 것도 처음에 비디오에서 본 특정 리더에게서 느낀 감정의 정확한 위치를 찾는 데 도움을 주지 않는다. 사분면에 있는 것은 우리가 본 실제 리더와 전혀 관련이 없어 보인다. 우리는 실생활에서 리더를 감정적으로 접한다. 그런데 리더십 훈련에서 우리가 리더십을 이해하기 위해 첫 번째로 시도하는 것은 그것에서 감정적 삶을 걷어내는 일이다.

이 과정이 '당신은 누구인가?'라는 질문으로 시작하는 경우는 없다. 사분면의 추상적인 단어와 관련된 모델과 비교할 때만 당신이 누구인지 물을 뿐 살아 숨쉬고, 성장하고, 걱정하고, 기뻐하고, 불안정하고, 사랑하고, 분투하는 특출한 인간으로서 당신이 누구인지는 묻지 않는다. 여러 특질의 특정 조합인 당신을 누군가가 뒤따르는 이유가 무엇인지 묻지 않는다. 당신이 어떻게 사람 됨됨

이와 독특한 자질로 주위 사람들의 경험을 창조하는지, 세상을 더 나은 감정으로 느끼려면 무엇을 사용해야 하는지, 어떤 측정값을 제공해야 당신이 경로를 조정할 수 있는지 결코 묻지 않는다.

모델도 360도 분석도 포기해야 한다. '효과적인 커뮤니케이션' 점수를 3.8에서 3.9로 올릴 방법을 분석하는 한편 동료들은 당신에게 전략 점수 4.1을 주었는데 상관은 3.0을 준 이유를 알아내려 하는 하찮고 의미 없는 일을 멈춰야 한다. 추상적 목록에 진정성이 있는지, 그것이 최신의 어떤 리더십인지 따지는 일을 그만두어야 한다. 모든 경우에 적용할 한 가지 방식을 찾는 일을 포기해야 한다. 대신 겸손해져야 한다. 사람들이 팀과 조직에서 경험하는 것은 진실이며 그것이 무엇인지 우리가 결정할 수는 없다.

그 경험과 우리의 행동이 그것을 어떻게 형성하는지에 호기심을 보여야 한다. 현실 세계 사람들에게 보이는 우리 자신의 반응을 따라야 한다. 누군가의 말이나 행동 덕분에 사기가 높아졌을 때, 누군가와 이야기를 나눈 후 신선한 에너지가 솟구치는 것을 느꼈을 때, 다른 사람에게서 설명하기 힘든 어떤 끌림을 느꼈을 때는 하던 일을 멈추고 그 이유를 따져볼 필요가 있다.

우리는 추종자 입장에서 실제 세계의 실제 리더를 알아야 한다. 그래야 배움을 시작할 수 있다.

"하지만 저는 거기서 멈출 수 없습니다!"

계속 걸음을 옮긴 우리는 전시장 바닥에 깔끔하게 배치한 킹의 항로를 내려다봤다. 킹의 주장은 "이 운동은 멈추지 않을 것입니다. 신이 이 운동과 함께하기 때문입니다"에서 "정의가 강물처럼 흐르고 공정함이 거대한 물줄기가 되어 흐를 때까지 우리는 만족할 수 없습니다"로, 또다시 "나는 도덕이라는 세계의 긴 궤적이 정의를 향해 휘어진다고 확신합니다"로 이어졌다. 이런 이야기를 거치며 우리는 킹이 간디의 비폭력 시위 방법을 킹 특유의 끈질긴 인내와 연결하는 것을 보았다. 또 그가 개인의 용기와 희생을 그의 산문에 접목하는 것을 보고 설교단의 리듬과 생동감을 빌려와 보편적인 희망의 시로 변형하는 것도 지켜보았다.

그럼 몽고메리에 있는 킹의 교회에 지역 성직자들이 모여 그에게 보이콧 주도를 요청하던 때로 돌아가 그 회의가 지금의 비즈니스 조직 어딘가에서 벌어진다면 어떠할지 상상해보자. 다시 말해 우리가 회사의 핵심 계획을 이끌 리더를 선정하는 자리에 있다고 해보자.

우선 우리는 모인 사람들에게 리더에게 어떤 특질이 필요한지 알아보라고 요청한다. 성직자들에게 예를 들어 결과 지향, 전략 지향, 협력과 영향력, 팀 리더십, 조직 역량 개발, 리더십 변경과 시장 이해를 제시하고 리더가 성공하는 데 이러한 특질이 얼마나 필요한지 가늠해달라고 요구하는 것이다.[4]

다음으로 우리는 그들에게 킹 박사를 비롯한 후보자들을 이 특질에 비춰 현재 능력치와 성장 가능성을 평가해달라고 요청한 뒤 그 결과를 필요한 능력치와 비교한다. 그 후 이것을 이용해 그의 성공 가능성을 예측하고 그에게 운동 주도를 요청할지 따져본다.

킹이 적임자라고 결정하면 그에게 우리가 가장 중요하다고 생각하는 영역의 성장을 위한 개발 기회를 제안한다. 이것이 우리의 실천 리더십 이론이다. 우리가 킹 박사를 선택하지 않을 것이란 얘기가 아니다. 요점은 우리가 그를 보고 있되 전혀 의미 없는 측면만 따지고 있다는 점이다.

이제는 다시 전시장 바닥을 내려다보고 추종자들을 생각해보자. 그 여정이 존재하게 만든 그들에게 이 이론적인 것은 아무 의미가 없었다. 그들이 본 것은 완벽한 균형을 이룬 일련의 추상적 특질이 아니라 자신이 어떤 유형의 극단주의자인지 잘 알고 있는 불완전한 사람이었다. 킹에게 리드는 목표를 선명하게 규정하고 그 목표에 도움을 주는 모든 기회를 활용하는 것이었다. 자세한 실행 계획은 없었고 대신 명확한 비전과 비전을 향한 진전이 있는 곳마다 개입하겠다는 확고한 신념이 있었다. 그 행동이 유발하는 개인적, 물리적 위험에도 불구하고 말이다.

예측 가능한 실행이 아닌 상상 속 변화에 초점을 맞춘 그의 접근법은 우발적이고 기회주의적이고 점진적이었다. 그 초점은 비전 면에서는 광범위했고 바로 여기서, 지금 반드시 이뤄야 한다는 측면에서는 편협했다. 그러나 성공을 위한 어떤 로드맵에서도 초

310

거짓말 #9

점은 그 두 극단에서 벗어나지 않았다. 그것은 확실한 목표 달성 방법을 포기하고 그 자리를 지금 옳은 일을 하고 있고 미래에 기회가 있을 때마다 반복할 그 옳은 일이 결국 승리하리라는 신뢰로 채워졌다.

우리는 역사를 뒤돌아보는 입장이라 상황을 명확하게 판단할 수 있다. 그렇지만 킹의 뒤를 따른 사람들에게는 그런 사치가 허용되지 않았다. 1950년대와 1960년대에 헌법이 보장한 권리를 찾으려 애쓰던 아프리카계 미국인이 마주한 것은 매 단계를 잘 규정한 정연한 여정이 아니라 거대한 불확실성이었다. 특출한 극단주의자 킹은 그들이 미래를 보도록 돕고 흐릿하게나마 미래의 윤곽을 인지해 어떻게 그들이 그 일부가 될 수 있는지 파악하게 도움을 주었다.

1968년 봄 테네시주 멤피스는 혼란 상태였다. 오랫동안 이어진 형편없는 보수와 형편없는 근무조건에 불만을 느껴오던 이 도시 환경미화원들은 쓰레기 분쇄기 때문에 벌어진 두 동료의 사망 사건을 계기로 1968년 2월 파업을 결행했다. 킹이 참석한 파업 지지 가두행진은 폭력 시위로 변질되었고 젊은 시위자 1명이 목숨을 잃었다. 두 번째 행진은 그다음 주에 진행할 예정이었는데 역시 킹이 참석할 것이었다.

그의 참모와 친구들은 그가 참석하는 것을 원치 않았다. 지치고 의기소침해진 그는 잠을 이루지 못했고 술을 많이 마셨다. 언론과 멤피스의 지역 지도자 심지어 운동에 참여한 사람들 중에도 그를 비난하는 사람들이 있었다. 어디를 가나 사람들의 시선을 받은 그는 그로부터 몇 주 전 아내에게 붉은 카네이션 조화造花를 보냈다. 아내에게 자신보다 오래 남아 있을 어떤 것을 주고 싶은 마음에 생화가 아닌 조화를 보낸 것이었다.[5]

물론 그는 자신이 멤피스에서 비폭력 시위를 이끌지 않으면, 즉 상대보다 도덕적으로 우월한 위치를 점하지 못하면 그가 일궈온 모든 것의 미래가 위험에 빠질 것임을 알고 있었다. 그래서 그는 그 자리에 나섰다. 멤피스행 비행기는 폭파 위협을 받아 지연되었다. 마침내 비행기가 테네시에 도착했을 때는 예기치 않게 경찰 특무대와 만났다. 그들은 그를 보호하기 위해서가 아니라 감시하기 위해 온 것 같았다.

그날의 첫 회의 동안 멤피스시에서 시위 금지 처분을 내렸다는 사실이 알려졌다. 그날의 두 번째 회의에는 첫 가두행진에서 폭력 사태 발생에 책임이 있는 것으로 보이는 흑인 운동가들이 함께했다. 킹은 두 번째 행진에서 평화적으로 시위하도록 그들을 설득하려 애쓰고 있었다. 그는 이 회의에서 빠져나와 변호사와 시위 금지 처분을 철회할 전략을 논의한 다음 다시 운동가들에게 돌아갔다. 하늘이 어두워졌다. 폭풍이 다가오고 있었다.

몹시 지친데다 후두염으로 고생하고 있던 그는 동료들에게 그날 저녁 예정된 집회에서 연설을 할 수 없을 것이라고 말하고 랠프 애버내시에게 대신 연설을 해달라고 부탁했다. 그는 자기 방 침대에 누워 휴식을 취하려 했으나 오래지 않아 애버내시가 전화를 했다. 집회에 엄청나게 몰려든 군중이 킹을 보고 싶어 하자 그가 올 수 있는지 묻는 전화였다.

가끔 킹은 준비 없이 즉흥연설을 했는데 그날의 연설도 그랬다. 그는 인간 역사에서 자신이 살고 싶은 시대를 선택할 수 있는 상황을 상상하는 것으로 연설을 시작했다. 고대 이집트에서 고대 그리스, 로마, 르네상스로 이어간 킹은 각 장소에서 자신이 두 눈으로 볼 수 있을 중대한 순간을 말한 뒤 그때마다 "하지만 저는 거기서 멈출 수 없습니다"라는 말로 퇴짜를 놓았다. 그는 계속했다. 링컨의 노예해방령을 지나고 루스벨트의 뉴딜 정책을 지나 그는 1950년에 도착했다. '이것은 아니고 저것도 아니고 바로 이것이다'라는 것은 흔한 수사적 장치다. 이 기법은 역사의 궤적 속에서 바로 그 순간의 위치를 정하는 역할을 한다. 전 역사를 통틀어 바로 지금이 그가 선택한 시간이었다. 최소한 그에게는 지금이 가장 중요한 순간이었기 때문이다.

그는 현실을 직시하면서 지시적인 언어로 "문제를 있는 그대로 보는 것"의 중요성을 강조하는 한편 통합은 필수고 분열은 패배로 이어진다고 말했다.

"문제는 환경미화를 맡은 공무원을 공정하고 성실하게 처우하라는 요청을 멤피스가 거절한 데 있습니다. 지금 우리는 주의를 기울여서 지켜보아야 합니다. … 그 문제를 원래 있어야 할 곳으로 돌려놓기 위해 우리는 다시 행진해야 합니다. 여기 이 일이 어떻게 될지 궁금해 하며 때로는 굶주리고 때로는 어둡고 을씨년스러운 밤을 보내는 고통받는 하느님의 자녀 1,300명이 있다는 것을 모두가 알게 하기 위해서 말입니다. 그것이 문제입니다."

그는 경제적 시위의 중요성을 강조하며 청중에게 단합된 힘을 상기시키고 기업에 책임을 추궁하는 데 그 힘을 이용하라고 격려했다. 또한 그는 피해야 할 빵 브랜드 이름까지 나열하며 이웃에게 이들 브랜드의 보이콧을 권장하라고 말했다. 흑인 소유 은행과 보험회사를 옹호한 그는 이 모든 것이 시위를 강화한다고 말했다.

"지금까지는 환경미화원들만 고통을 느껴왔습니다. 이제 우리 모두가 고통을 나누어야 합니다."

그는 선한 사마리아인 이야기를 전하며 이를 주장의 정당성을 구체적으로 보여주는 데 이용했다. 그는 청중에게 레위 사람들과 제사장이 상처 입은 사람을 계속해서 도운 이유를 생각해보도록 청하며 그것이 그들에게 일어날 수 있는 일을 걱정했기 때문이 아닌지 의문을 표했다. 그는 우화 속 사건이 벌어진 예루살렘과 예리코 사이의 길을 묘사하고(그는 자동차로 그 길을 지나보았다) 청중에게 그곳이 얼마나 외지고 위험한 곳("습격에 매우 적합한 곳")인지 이야기했다. 그리고 사마리아인이 직면한 문제를 앞으로의 행진에 참여해야 할지 생각하는 청중이 직면한 문제로 만들었다.

그것이 오늘밤 여러분 앞에 있는 질문입니다. "내가 가던 길을 멈추고 환경미화원을 돕는다면 내 일자리는 어떻게 될까?"가 아니고, "내가 가던 길을 멈추고 환경미화원을 돕는다면 목사로서 매일, 매주 사무실에서 보낸 시간에 어떤 일이 일어날까?"도 아닙니다. 당신이 던져야 할 질문은 "내가 가던 길을 멈추고 도움이 필요한 이 남자를 돕는다면 내게 무슨 일이 일어날까?"가 아닙니다. "내가 가던 길을 멈추고 환경미화원을 돕지 않는다면 그들에게 무슨 일이 일어날까?"라고 질문해야 합니다.

연설을 마무리하기 시작한 그는 청중에게 몇 년 전 자신이 미친 여자에게 찔렸을 때 그 칼이 대동맥에 너무 가까워서 재채기만 했어도 죽었을 것이란 이야기를 전했다. 그리고 자신이 20세기 후반 몇 년간 목격해온 것을 되짚으며 '재채기만 했더라도'를 반복구로 사용했다. 몇 번의 반복 끝에 그는 그 반복구를 다음 말로 마무리했다.

"재채기만 했더라도 저는 멤피스에서 고통받는 형제자매들을 위한 공동 집회를 못 보았을 것입니다. 그래서 저는 재채기를 하지 않은 것이 무척이나 다행스럽습니다."

그는 시작한 곳에서 끝을 맺었다. 지금이 가장 중요한 순간이다! 여기 멤피스가 가장 중요한 장소다!

무엇이 이 모든 것을 연결할까? 무엇이 몹시 지친 한 남자를 팀의 충고를 무시하고 멤피스에 오게 만든 것일까? 정말로 호텔에 머물며 쉬고 싶을 때 연설하게 만든 것은 무얼까? 연설에 등장한 모든 역사 속 순간을 거부하고 현재를 선택한 것, 함께하자는 조언, 문제를 그대로 보자는 명령, 경제적 조치의 힘 강조, 행진 참여를 독려하기 위한 사마리아인 이야기, 역사에 비길 데 없는 여정의 정점으로 그 순간의 멤피스를 지목하는 마지막 말을 연결하는 것은 무엇일까?

우리가 리더를 따르는 것은 그가 어떤 것에 깊이 빠져 있고 그는 그 '어떤 것'이 무엇인지 알고 있기 때문이다. 그 지식과 지식을 보여주는 증거는 현재를 확신하는 것은 물론 미래를 향한 자신감을 준다. 마틴 루서 킹의 웅변은 참으로 감명 깊지만 우리가 그에게서 보는 것은 웅변술이 아니다. 고무적인 자기희생도 아니다. 정신 고양을 이끄는 비폭력 이념도 아니다. 겸허하면서 포기할 줄 모르는 인내도 아니다. 그보다는 이 모든 것을 몇 번이고 반복해서 효율적으로 사용한 목적이다.

마틴 루서 킹은 혹독한 시련의 도가니를 만든 사람이었다. 그는 의도적으로 끈질기게 사안을 위기 국면으로 끄집어냈다. 그의 탁월함은 상황을 그대로 놓아두지 않고 사람들이 시간과 장소에 강력히 집중하게 만든 뒤 자신이 만들어낸 고조된 힘에서 뭔가가 일어날 때까지 더 많은 연료와 긴급함과 에너지를 더한 데 있다. 그것이 그의 특출함이다.

우리는 멤피스의 연설 구도, 즉 도입 부분에서 현재에 초점을 맞추기 위해 '하지만 저는 거기서 멈출 수 없습니다'를 반복 사용하고, 마무리 부분에서는 '재채기만 했더라도'를 반복 사용한 것에서 그의 특출함을 본다. 또한 우리는 그가 다음과 같이 직접적으로 말할 때 그의 특출함을 본다.

"… 우리는 문제를 해결해야 할 시점에 와 있습니다. 인간이 역사 내내 해결해보려 애썼지만 그렇게 해야 할 만큼 수요가 많지 않던, 생존과 결부된 해결 수요가 크지 않던 문제를 해결해야 하는 때가 온 것입니다. … 그것은 더 이상 이 세상의 폭력과 비폭력 간의 선택이 아닙니다. 그것은 존재인가 비존재인가의 선택입니다. 오늘 우리는 그 선택 앞에 있습니다."

그것은 폭력이나 비폭력의 문제가 아니다. 이는 도가니가 아니기 때문이다. 그것은 비폭력이나 비존재의 문제다. 이는 도가니이기 때문이다.

우리는 킹의 마지막 연설에 펼쳐진 삶의 궤적에서 그것을 본다. 그가 충돌의 다음 지점이 무엇일지 항상 알고 있었던 것은 아니다. 하지만 그는 순간을 포착해 그것을 몇 번이나 계속해서 도가니로 만들었다. 이것은 사람들이 그의 진실, 즉 지금은 약속의 땅이 아니라는 것을 보게 만드는 그의 방식이었다. 추종자들이 느끼는 불확실성을 인정하고 존중하고 줄이는 것 또한 그의 방식이었다. 물론 이것이 킹의 전부는 아니지만 사람들은 그것을 그의 가장 독특한 점으로 보았고 그것에 끌려 따랐다.

문제를 강요하는 이 독특한 능력은 그와 동시대를 산 리더들이 한 일을 생각할 때 더 명확해진다. "이제 횃불은 새로운 세대에게로 넘어왔다"는 존 F. 케네디의 말은 고무적이지만 그것은 도가니를 만들지 못했다. 말콤 X가 "비폭력 혁명이란 없다"고 말했을 때 그것은 열기를 높였으나 강도를 높여 도가니를 만들지는 못했다. 로버트 케네디는 "오래전 그리스인이 썼던 말에 헌신합시다. 인간의 비천함을 길들이고 이 세상의 삶을 우아하게 만들기 위하여"라고 옳은 대의에 초점을 맞추도록 하려 했으나 도가니를 만들지는 못했다. 이들은 모두 자신만의 특출함을 드러냈지만 그것이 도가니로 이어지지는 않았다.

도가니를 만드는 것은 킹이 지닌 삶의 패턴이자 기법이었다. 그가 주위의 조언을 무시하고 멤피스로 돌아간 이유는 돌아가는 것이 문제를 인식하게 하는 유일한 방법이었기 때문이다.

그날 밤 연설의 막바지에 이르렀을 때 그는 자신이 직면한 위험을 알고 있었다. 그는 자신이 도가니를 너무 잘 만들어 머지않아 나쁜 일이 일어날 수밖에 없음을, 그 능력 때문에 머지않아 불길에 휩싸일 것임을, 나아가 자기 삶을 계속해서 위험에 몰아넣는 것이 문제를 인식하게 하는 그의 능력에서 가장 중요한 부분임을 알고 있었다. 그래서 몇 주에 걸쳐 그를 둘러싼 잡음이 커지자 그는 자신이 더 이상 거기에 있지 않으면 어떤 일이 일어날지 예측할 필요가 있음을 알고 있었다. 그는 각기 돌파구로 이어지고 다음 가능성을 만드는 일련의 도가니가 그 자신 이후에도 계속되길 원했다. 그러려면 자신이 반드시 거기에 몸을 던지되 그 에너지가 막을 수 없을 만큼 넘치게 해야 했다. 그는 할 수 있는 한까지 이것을 실천했다.

"저는 앞으로 무슨 일이 일어날지 알지 못합니다. 우리는 힘든 날들을 앞두고 있습니다. 하지만 지금 제게 그것은 그리 큰 문제가 아닙니다. 저는 산꼭대기에 올라 보았기 때문입니다.

저는 걱정하지 않습니다.

누구나 그렇듯 저 역시 오래 살기를 바랍니다. 사람들은 장수에 큰 가치를 둡니다. 그러나 지금 저는 그런 것을 염려하지 않습니다. 저는 그저 하느님의 뜻을 다하고자 할 뿐입니다. 그분은 저를 산에 오르게 하셨습니다. 그리고 저는 산 아래를 내려다보았습니다. 저는 약속의 땅을 보았습니다. 저는 여러분과 함께 그곳에 가지 못할지도 모릅니다. 그렇지만 여러분이 오늘 저녁 꼭 알아야 할 것이 있습니다. 우리는 하느님의 백성으로서 약속의 땅에 들어갈 것임을 말입니다.

오늘 저는 대단히 행복합니다.

제게는 아무 걱정도 없습니다.

저는 누구도 두려워하지 않습니다.

제 눈은 이 땅으로 오시는 주님의 영광만 바라봅니다!"

전시장에는 마틴 루서 킹이 마지막 날을 보낸 로레인 모텔 2층을 그대로 재현해놓았다. 연설을 마친 그는 방에 함께 있던 동생과 농담을 하고 부모님께 전화하고 심지어 동료 목사와 베개싸움도 하면서 1968년 4월 4일의 대부분을 그 방에서 보냈다. 평범하다기보다 변변치 않다고 할 만한 방이었다. 그날 저녁 6시가 조금 지난 시각 킹은 발코니에 발을 들여놓았고 바로 그곳에서 암살자의 총알에 쓰러졌다.

킹이 사망한 지 50년이 되었지만 그가 대변하는 힘은 여전히 강력하다. 그가 죽은 이후에 태어나 설교, 연설, 기념비로만 그를 아는 우리 같은 사람에게조차 말이다. 그 힘이 강력한 것은 그의 능력이 다양해서가 아니라 그와 반대로 집중적이고 독특했기 때문이다. 그가 일생 동안 수백만의 추종자를 끌어들인 것도 이것이고 죽음을 넘어 오늘날까지도 그의 대의에 우리를 끌어들이는 것도 바로 이것이다.

지도와 추종은 추상 개념이 아니다. 그것은 인적 상호작용, 다시 말해 인간관계다. 그 교류는 모든 인간관계의 교류, 즉 감정적 유대, 신뢰, 사랑으로 이뤄진다. 리더인 당신이 이 점을 잊으면 이론이 중요하다고 말하는 모든 것에 통달해도 당신의 추종자는 없을 가능성이 크다. 반면 당신이 자신이 누구인지 그 핵심을 이해하고, 이를 몇 가지 특별한 능력으로 다듬고, 그 각각의 능력이 당신의 의도·본질·인간성을 굴절하고 확대한다면 현실 세계에서 우리는 당신을 볼 것이다. 그리고 우리는 당신을 따를 것이다.

일에 관한 9가지 진실

첫 번째 진실: 사람들은 자신이 어떤 팀에 있는지에 신경 쓴다(그곳은 실제로 일이 일어나는 곳이다).

두 번째 진실: 최고의 정보는 곧 성공이다(계획을 세우기에는 세상이 너무 빨리 변한다).

세 번째 진실: 최고의 기업은 위에서 아래로 의미를 전달한다(사람들은 모두가 공유하는 것이 무엇인지 알고 싶어 한다).

네 번째 진실: 최고의 인재는 특출한 사람이다(독특함은 오류가 아닌 특성이다).

다섯 번째 진실: 사람들은 관심받기를 원한다(누구나 최선의 자기 모습을 보여주고 싶어 한다).

여섯 번째 진실: 사람들에게는 자기 경험을 정확히 평가할 수 있는 능력이 있다(그것이 우리가 지닌 전부다).

일곱 번째 진실: 사람들에게는 추진력이 있다(우리는 모두 다른 방식으로 세상을 헤쳐 나간다).

여덟 번째 진실: 일을 사랑하는 것이 무엇보다 중요하다(그것이 일의 진짜 목적이다).

아홉 번째 진실: 우리는 특출한 사람을 따른다(특출함은 우리에게 확신을 준다).

NINE LIES
ABOUT WORK

메리 헤이스 Mary Hayes 박사, 프랜시스 첨니 Frances Chumney 박사,
코린 라이트 Corinne Wright 박사, 마커스 버킹엄

ADPRI의
세계 업무 몰입도
연구

ADP 연구소ADPRI, ADP Research Institute는 각국의 상대적 업무 몰입도를 측정하고 재능 있는 직원을 선발해 고용을 유지할 가능성이 가장 높은 직장 조건을 찾을 목적으로 19개국 노동인구 연구를 진행했다. 이 연구는 2015년 13개국을 대상으로 수행한 세계 연구를 반복 확장한 것이다.

우리는 각국에서 1,000명의 정규직과 시간제 근로자의 임의 표본을 찾아 연령, 성별, 교육 수준 같은 다양한 인적 사항으로 계층화하고 여러 업계와 작업 유형으로 분류했다. 그리고 과다 표본 추출로 근로자 총 1만 9,346명을 선정해 조사했다.

8가지 질문으로 이뤄진 설문은 응답자가 일에 보이는 태도의 여러 측면을 조사한 것으로 그 핵심은 지난 10년 동안 변화한 업무 몰입도를 신뢰성 있고 타당하게 측정하는 데 있었다. 이전의 광범위한 연구는 8가지 질문에 긍정적으로 답한 사람이 고생산성을 보일 확률이 높고 직장을 떠날 확률은 낮았다. 질문에서 높은 점수와 고생산성 대 낮은 이직률 사이의 이 예언적 관계는 모든 업계와 역할에 걸쳐 통계학 면에서 의미가 있고 안정적이었다.

이 설문을 이용해 우리는 모든 팀, 회사, 국가 별로 업무 몰입도가 가장 높은 근로자 비율을 계산하고 직장에서 가장 높은 업무 몰입도에 이를 확률이 가장 높은 조건이 무엇인지 검토할 수 있다.

- 업무 몰입도가 가장 높은 근로자 비율은 각 질문에서 가장 긍정적인 대답을 포착해 그 응답을 상대적 힘에 따라 가중하고, 가장 설명력이 큰 질문에 보다 더 가중치를 두는 공식을 사용해 계산했다.
- 업무 몰입도가 높지 않은 근로자는 우리가 '회사에서 왔다 갔다 한다'고 부르는 사람들의 범주에 속한다. 이들이 반드시 일을 소홀히 하는 것은 아니다. 설문조사는 병적으로 이상을 보이는 상태가 아닌 긍정적 기능을 측정하고자 만들었다. 다만 그들은 조직에서 최선을 다하지 않을 뿐이다.

2018년 우리는 2015년과 마찬가지로 동일한 설문과 표본 추출 방법을 이용했고 동일한 국가별 보정(국민성이 달라서 조사 척도에 다르게 반응하는 것을 고려하는)을 적용했다. 우리가 아는 한 2018년 연구는 지금까지 수행한 그 어떤 연구보다 규모가 크고 가장 신뢰성 높은 세계 근로자 업무 몰입도 연구다. 우리가 탐구한 주요 질문 10개와 발견한 결과는 다음과 같다.

1. 지난 2년 동안 세계 근로자 업무 몰입도는 증가했는가 하락했는가?

세계 근로자 업무 몰입도는 첫 연구 대상인 13개국과 거의 동일한 수준을 유지했다.

- 2015년 업무 몰입도가 높은 근로자는 16.2%였으나 2018년에는 15.9%였다. 이는 세계적으로 근로자의 84%는 그저 회사에 왔다 갔다 할 뿐 조직에 최선을 다하지 않는다는 것을 나타낸다.

조직은 대부분의 근로자가 직장을 헌신할 만한 곳, 자신의 최선을 인정해주는 곳으로 여기게 만들어야 할 과제를 해결하지 못한 것이 분명하다. 여기에는 거시경제의 힘, 어렵고 위험하고 단조로운 성격의 일부 직종, 특정 국가의 노동정책 등 깊이 자리 잡은 여러 가지 이유가 있다. 동시에 이 데이터는 근로자의 업무 몰입을 촉진해줄 좀 더 의도적이고 짜임새 있는 방안이 있음을 암시한다.

2015년부터 2018년까지 전체적인 업무 몰입도에는 커다란 변화가 없지만 국가별로 업무 몰입도가 가장 높은 근로자 비율에서 상당한 차이가 있는 것으로 나타났다.

- 8개국에서는 업무 몰입도가 가장 높은 근로자 비율이 증가했다(아르헨티나, 오스트레일리아, 캐나다, 프랑스, 인도, 이탈리아, 스페인, 영국).

- 4개국에서는 업무 몰입도가 가장 높은 근로자 비율이 감소했다(브라질, 중국, 멕시코, 미국).

인도는 업무 몰입도가 가장 높은 근로자 비율이 22%로 가장 큰 5포인트 증가세를 보였고, 중국은 6%로 가장 큰 13포인트 하락세를 보였다.

2. 세계에서 업무 몰입도가 가장 높은 나라와 가장 낮은 나라는 어디인가?

2018년 우리는 2015년의 조사 대상국에다 이집트, 네덜란드, 사우디아라비아, 싱가포르, 남아프리카공화국, 아랍에미리트 6개국을 추가했다. 아랍에미리트는 업무 몰입도가 가장 높은 근로자 비율이 26%로 가장 높았고 중국은 6%로 가장 낮았다.

3. 근로자의 업무 몰입도에 가장 크게 기여하는 요인은 무엇인가?

우리는 업계, 직함, 교육 수준, 성별, 정규직과 임시직, 긱워커 gig worker(독립형 일자리로 특정 기업에 속하지 않은 전문직 노동자 – 옮긴이)와 비긱워커 등 직장 내 업무 몰입도에 기여할 가능성이 있는 많은 변수를 조사했다.

이들 각각은 흥미로운 관계로 나타났는데(이하 참조) 특히 근로자의 업무 몰입도 설명에서 다른 모든 요인을 압도하는 부분이 있었다. 그것은 바로 '근로자가 팀에 속해 있는가'였다.

- 팀에 속해 있다고 말한 근로자는 그렇지 않다고 말한 근로자에 비해 최고의 업무 몰입도를 기록할 가능성이 2.3배 높았다.

이 결과는 모든 연구 대상 국가에서 나타났고 팀원과 비팀원 사이의 차이가 더 크게 나타난 국가도 많았다.

- 가령 브라질의 경우 비팀원 5%가 최고의 업무 몰입도를 보인 반면 팀원의 15%가 최고의 업무 몰입도를 보였다. 마찬가지로 싱가포르도 비팀원의 4%가 최고의 업무 몰입도를 보인데 비해 팀원의 22%가 최고의 업무 몰입도를 보였다.

이 자료는 전 세계적으로 팀의 일원이라고 느끼지 않는 근로자의 몰입을 촉진하는 것이 극히 어렵다는 것을 드러낸다. 하지만 오늘날 거의 모든 조직은 팀을 많이 파악하도록 짜여 있지 않다. 현재의 인적자원 체계는 금융 체계 확장으로 조직도상 누가 누구에게 보고하는가만 보여줄 뿐이다. 여기서 문제는 일이 대부분 이런 구조 내에서만 일어나지 않는다는 데 있다.

- 팀에 속해 있다고 답한 사람 중 65%는 하나 이상의 팀에서 일했고 이 팀은 조직도에 나타나지 않는다고 말했다.

세계적으로 업무 몰입도가 비교적 낮은 데는 여러 가지 이유가 있다. 그중 일부는 일 자체의 성격, 일부는 해당 지역과 국가의 거시경제 조건 또 일부는 업계나 기업의 세부사항과 관련이 있다. 또 다른 이유 중 하나는 조직이 팀의 생명력을 이해하지도, 거기에 영향을 주지도 못하는 데 있다.

- 조직은 조직 내에 얼마나 많은 팀이 있는지, 팀에 누가 속해 있는지, 최고의 팀과 가장 업무 몰입도가 높은 팀이 어디인지 알지 못한다.
- 조직이 무엇이 훌륭한 팀을 만드는지, 무엇이 그 팀을 파괴하는지를 우선 초점으로 삼을 때 세계적으로 업무 몰입도가 크게 상승할 것이다.

4. 업무 몰입도가 높은 팀을 만드는 요인은 무엇인가?

근로자의 83%는 자신이 팀에 속해 있다고 말했고 이들 팀 중 일부는 다른 팀보다 업무 몰입도가 높았다. 업무 몰입도가 가장 높은 팀을 조사한 우리는 그 이유를 가장 잘 설명해주는 것이 팀원들의 팀 리더 신뢰도라는 것을 발견했다. 모든 국가, 업계, 계층에서 신뢰받는 팀 리더는 업무 몰입도가 높은 팀을 구축하는 토대다.

- 팀 리더를 신뢰하느냐는 질문에 '매우 그렇다'고 답한 사람 중 45%는 최고의 업무 몰입도를 보여주었다. 같은 질문에 '전혀 그렇지 않다'고 답한 사람 중 6%만 최고의 업무 몰입도를 보

여주었다. 근로자가 팀 리더를 신뢰할 때 최고의 업무 몰입도를 보일 확률은 12배 높아진다.

5. 팀 리더를 신뢰하도록 만드는 요인은 무엇인가?

설문조사 중 질문 2가지가 팀원들이 팀 리더에게 보이는 신뢰감과 가장 강한 연관성이 있었다.

- 나는 회사에서 내게 거는 기대가 어떤 것인지 정확히 이해하고 있다.
- 직장에서 매일 내 장점을 활용할 기회를 얻는다.

이 데이터는 2가지 조건, 즉 내게 거는 기대가 어떤 것인지 아는 것과 장점을 발휘할 수 있는 것이 신뢰의 토대임을 보여준다. 일의 세계의 모호성, 가변성, 빠른 변화 속도에도 불구하고 팀 리더가 팀원이 기대를 명확히 느끼도록 돕고 그들이 기울인 최선이 인정받는다는 느낌을 전해주면 신뢰가 쌓이면서 업무 몰입도가 높아질 가능성이 크다.

6. 정규직 근로자, 임시직 근로자, 가상 노동자virtual worker(전형적인 노동자와 달리 공간과 시간의 제약 없이 일하는 노동자—옮긴이), 긱워커 중 어떤 것이 더 매력적인가?

연구에 따르면 가장 매력적인 근로 상태는 하나의 정규직과 하나의 임시직을 모두 갖는 것이다.

- 정규직과 임시직이 모두 있는 사람 중 25%가 최고의 업무 몰입도를 기록한 반면, 다른 범주에서 단 하나의 일자리만 있는 사람 중 14~16%만 최고의 업무 몰입도를 기록했다.
- 여기서 가능한 설명은 이 경우 두 직업 모두에서 장점을 얻는다는 것이다. 정규직에서는 안정성과 특전을, 임시직에서는 추가 수익은 물론 유연성과 근로자가 정말로 즐기는 일을 할 기회를 얻는다.

팀의 일원이면서 긱워커로만 일하는 사람도 업무 몰입도가 높게 나타났다.

- 팀에 속하고 긱워커로만 일하는 사람 중 21%가 최고의 업무 몰입도를 기록한 반면, 팀에 속한 전형적인 근로자 중에서는 16%가 최고의 업무 몰입도를 기록했다.

긱 노동을 택하는 가장 흔한 2가지 이유는 일정의 유연성과 근로자가 원하는 일을 할 수 있는 기회다. 이는 임시직 근로에서 보았듯 두 요인이 높은 업무 몰입도의 근원임을 암시한다.

- 긱워커들의 가장 흔한 직함은 '사장'이다. 이는 많은 사람이 자기사업을 좋아해서 긱 노동을 선택한다는 것을 암시한다.

업무 몰입과 관련된 질문 8가지를 면밀히 검토한 결과 긱워커는 8가지 중 6가지에서 상당히 긍정적인 점수를 기록했고 나머지 2가지에서는 아주 낮은 점수를 보였다. 긱워커가 전형적인 근로자보다 낮은 점수를 기록한 2가지 질문은 다음과 같다.

- 팀 내에서 내 주위 사람들은 나와 가치관이 같다.
- 동료 팀원들은 내 편이다.

이는 다른 연구자들도 언급해왔듯 긱워커는 다른 유형의 근로자보다 더 고립감을 느낄 수 있음을 시사한다. 그렇지만 팀에 속하고 긱워커로만 일하는 사람을 조사한 결과 두 질문에서의 차이는 사라졌다. 이는 긱워커가 팀에서 일하면 긱 노동의 모든 혜택(일의 유연성, 좋아하는 일을 할 가능성, 자신이 사장인 것)을 얻는 동시에 전형적인 노동의 혜택(안정감과 팀원의 지지)까지 누릴 수 있다는 의미다. 결국 오늘날 많은 회사가 그렇게 하듯 도급업자나 긱워커를 팀에 더 빨리 진정성 있게 받아들일수록 그들의 업무 몰입도와 생산성은 높아지고 이직률은 낮아질 가능성이 크다. 물론 그 역도 참이다. 더 많은 기업이 전형적인 정규직을 긱 노동과 유사하게 만들수록, 즉 팀원이 더 유연성을 누리고 더 강한 주인의식을 갖고 자신이 좋아하는 것을 할 기회를 많이 줄수록 정규직의 업무 몰입도와 생산성은 높아지고 이직률은 낮아질 것이다.

어떤 국가와 업계든 가상 노동자(가상 노동자가 팀 노동자이기도

하다면)는 사무실에서 일하는 사람들보다 최고의 업무 몰입도를 보여줄 가능성이 크다.

- 가상 노동자의 29%가 일에 최고의 업무 몰입도를 보인 반면 사무실에서 일하는 전형적인 근로자 중 14%가 최고의 업무 몰입도를 나타냈다.

이는 한 팀이라는 느낌을 주는 데 물리적 근접성은 필요치 않으며 가상 노동의 유연성과 편의성은 모든 노동자에게 매력적이라는 것(팀의 일원이라고 느끼는 한)을 시사한다.

가상 노동은 출장과는 다르다. 출장을 다닌다고 말한 노동자는 가장 낮은 업무 몰입도를 보였다.

- 출장을 다니는 사람 중 9%가 최고의 업무 몰입도를 보인 데 반해 출장을 다니지 않는 사람 중 15%가 최고의 업무 몰입도를 나타냈다.

7. 교육 수준이 높은 노동자가 일반적으로 직장에서 업무 몰입도가 높은가?

그렇다. 고급 학위를 소지한 사람 중 19%가 최고의 업무 몰입도를 나타낸 반면 대학 학위가 없는 사람 중 12%가 최고의 업무 몰입도를 기록했다.

8. 말단직 종사자보다 상위직 종사자의 업무 몰입도가 더 높은가?

그렇다. 고위 경영진과 부사장급 근로자의 24%가 최고의 업무 몰입도를 보였다. 중급, 1급 팀 리더의 14%가 최고의 업무 몰입도를 보였다. 개인 기여자의 8%가 최고의 업무 몰입도를 보였다.

9. 밀레니얼 세대는 베이비붐 세대보다 업무 몰입도가 낮은가?

약간 낮다. 하지만 처음의 가설과 달리 우리는 세대별 업무 몰입도에 나타난 차이가 매우 작다는 것을 발견했다. 밀레니얼 세대 중 16%가 최고의 업무 몰입도를 보였고 베이비붐 세대 중 18%가 최고의 업무 몰입도를 나타냈다.

10. 남성의 업무 몰입도가 여성보다 높은가?

그렇지 않다. 데이터는 오히려 그와 약간 반대라는 것을 보여주고 있다. 최고의 업무 몰입도는 세계적으로 여성은 17%, 남성은 15%로 나타났다. 표본 크기가 상당히 크다는 것을 고려하면 통계적으로는 이 차이에 의미가 있다. 그러나 실질적으로는 2퍼센트 포인트 차이라 그다지 의미가 있지 않다.

NINE LIES
ABOUT WORK

부록 B

록산느 비스비 데이비스Roxanne Bisby Davis, 애슐리 구달

시스코에서
우리가
확실히 알아야 할
7가지

4년 전 시스코의 인적자원팀은 일의 세계를 가능한 한 주의 깊고 신뢰성 있게 측정하는 작업에 나섰다. 이후 우리는 10여 명의 연구원과 데이터 과학자로 이뤄진 그룹을 이끌고 시스코 최고의 팀 특징, 관심과 성과 사이의 관계, 일에서 팀과 회사의 상대적 중요성 등을 연구했다. 지금까지 우리가 발견한 것 중 중요한 내용을 여기에 소개한다.

1. 최고의 팀은 강점을 기반으로 만들어진다

연구는 시스코 최고의 팀은 어떤 모습인지 상세히 이해하는 것부터 시작했다. '최고의 팀 연구Best Teams Study'라는 이름으로 부른 이 연구는 지난 20년 동안 갤럽, 딜로이트 등이 해온 연구를 복제했다. 또한 실적이 높은 팀에서 일한 경험이 실적이 낮은 팀에서 일한 경험과 상당히 다르다는 가설로 출발했다.

이를 위해 우리는 2015년 말 회사 전체 리더들에게 가능하면 복제하고 싶은 팀, 더 많았으면 하는 팀의 이름을 물어 실적이 높은 97개 연구 대상 집단을 찾았다. 이어 우리는 통제집단, 즉 시스코 전체에서 팀 내 평균 팀원의 경험을 대변하도록 고안한 3,600명의 층화 추출 표본을 정했다. 이때 두 집단 모두에 똑같은 의미를 담은 8가지 항목의 비밀 설문조사를 사용했다.

설문에 응답을 받은 우리는 내용 타당성(항목 상관성으로 가능한), 구성 타당도(확정 요인 분석, 항목 대 전체 상관관계, 회귀분석), 준거 타당도(조사 항목과 연구집단 혹은 통제집단 구성원의 동시 기준 사이의 연관 강도로 측정한)를 평가했다. 종합하면 이들 시험은 우리에게 다음과 같은 것을 말해준다.

- 8가지 항목은 시스코 내 최고의 팀과 차별해서 연관을 지은 단일 요인(업무 몰입도)을 측정했다.
- '직장에서 매일 내 장점을 활용할 기회를 얻는다'는 항목은 전반적인 업무 몰입도와 가장 강한 연관성을 보였고 설문의 다른 항목과도 강한 연관성이 있었다. '동료 팀원들은 내 편이다'는 두 번째로 강한 연관성을, '팀 내에서 내 주위 사람들은 나와 가치관이 같다'는 세 번째로 강한 연관성을 보여주었다.
- 연구집단(즉, 최고의 팀들)은 전체적(회사 전체)으로 8가지 항목 중 6가지에서 통제집단(즉, 나머지 팀들)을 앞질렀다. 두 집단 사이에 차이가 없던 두 항목은 모두 같은 점수를 받았다(이 결과의 보다 자세한 내용은 342쪽 참조).

연구 결과 최고의 팀들과 그렇지 않은 팀들 사이에 통계적으로 의미 있고 중요한 차이가 나타났다. 이는 시스코의 경우 최고의 팀이 개별 팀원의 탁월성을 활용하고 팀의 집단적 탁월성을 드러내며 그것이 안정적이고 신뢰받는 환경에서 이뤄진다는 것을 시사한다.

2. 보다 빈번한 체크인은 강점 사용 증가와 관련이 있다

무엇이 최고의 팀을 구분짓는지 더 자세히 이해하기 위해 우리는 리더가 팀원들과 자주 하는 체크인 같은 간단한 행동이 팀원의 업무 몰입도에 영향을 주는지 알아보기로 했다.

위에서 설명한 연구를 마친 뒤 우리는 시스코의 모든 팀 리더에게 우리가 사용한 8가지 항목으로 자신의 팀을 측정하게 했다. 특정 팀 데이터는 팀 리더만 볼 수 있었고(리더가 팀원을 평가하게 하는 것이 아니라 그들이 어떻게 하고 있는지 이해하는 데 도움을 주려는 의도였다) 우리는 연구 목적으로 익명의 데이터를 사용했다. 이 측정은 '몰입 펄스Engagement Pulse'라고 불렀다.

체크인과 몰입도 간의 관계를 조사하기 위해 우리는 회계연도 2분기 동안 몰입 펄스에 최소한 한 번이라도 답한 팀원을 표본 팀원으로 선정했다. 이에 따라 첫 분기에는 1만 6,485명의 팀원을, 2분기에는 1만 8,816명의 팀원을 연구 표본으로 얻었다. 우리는 분기별로 팀원이 체크인을 자주(80% 이상) 했는지 자주 하지 않았는지(80% 이하) 확인했다.

또한 분기별로 몰입 펄스의 8가지 항목 모두에서 평균 응답 점수를 조사하고 자주 체크인을 하는 집단과 그렇지 않은 집단 사이의 차이를 찾았다. 두 분기 모두 우리는 체크인을 자주 하는 팀원들이 8가지 항목 중 3가지에서 통계적으로 의미 있게 높은 점수를 기록했음을 발견했다.

- '직장에서 매일 내 장점을 활용할 기회를 얻는다' 항목의 점수는 자주 체크인을 하는 사람과 그렇지 않은 사람 사이에 가장 큰 차이가 나타났다. '일에서 늘 성장을 위한 도전에 직면한다' 항목의 점수는 두 번째로 큰 차이를 보였고 '높은 성과를 올릴 때마다 인정받을 것이라는 확신이 있다' 항목의 점수는 세 번째로 큰 차이를 보였다.

이는 리더와 자주 체크인을 하는 팀원은 매일 자신의 장점을 활용하고 높은 성과를 인정받으며 성장할 기회를 누린다는 느낌이 강하다는 것을 시사한다. 이 연구는 상관관계와 인과관계를 구분하지 않지만(높은 대화 빈도가 높은 업무 몰입도로 이어지는지 그 반대인지는 구분할 수 없다) 후속 연구(〈부록〉의 마지막 부분에서 그 일부를 설명한다)는 잦은 대화로 관심을 높일 경우 업무 몰입도가 높아진다는 것을 보여준다.

3. 몰입에는 뚜렷이 구별이 가는 3가지 원천이 있다

다음 연구는 누가 팀원의 업무 몰입도에 가장 큰 영향을 미치는지 밝히고자 시작했다. 이를 위해 우선 몰입 구조를 보다 잘 이해하고 여러 팀에 걸쳐 팀원의 몰입 사이에 차이가 있는지, 있다면 어떤 차이가 있는지 탐구해야 했다.

1장에서 설명했듯 팀 성과를 가장 효과적으로 포착하는 8가지 항목(몰입 펄스 항목과 동일한)은 팀 환경과 기업 경험을 포착하는 4개의 '우리' 항목과 개개인의 일 경험을 포착하는 4개의 '나' 경험으로 나눌 수 있다. 몰입 구조를 보다 자세히 탐구하기 위해 우리는 6개월 동안 최소한 한 번의 몰입 펄스 설문을 마친 3만 3,018명의 응답을 수집해 2가지 연구를 수행했다.

첫째, 우리는 분할 표본의 탐색 요인 분석과 확인 요인 분석으로 (적어도 시스코의 경우) 몰입 펄스 내에 2가지 몰입 요인이 있음을 발견했다.

먼저 4가지 '나' 항목 모두와 팀 환경을 묻는 2가지 '우리' 항목으로 이뤄진 요인이 있다.

- 나는 회사에서 내게 거는 기대가 무엇인지 정확히 이해하고 있다(나).
- 직장에서 매일 내 장점을 활용할 기회를 얻는다(나).
- 높은 성과를 올릴 때마다 인정받을 것이라는 확신이 있다(나).
- 일에서 늘 성장을 위한 도전에 직면한다(나).
- 팀 내에서 내 주위 사람들은 나와 가치관이 같다(우리).
- 동료 팀원들은 내 편이다(우리).

우리는 이 요인을 '팀 몰입'이라 부르기로 했다. 다른 요인은 나머지 2개 '우리' 항목으로 이뤄진다.

- **나는 우리 회사의 사명에 큰 열정이 있다(우리).**
- **나는 회사의 미래에 강한 자신감이 있다(우리).**

우리는 이 요인을 '회사 몰입'이라 부르기로 했다. 이것은 3장에서 설명한 발견이다.

둘째, 우리는 두 요인이 하나 이상의 팀에 속한 개인의 경우 어떻게 달라지는지, 팀을 이동하는 개인이 어떻게 변화하는지 살펴보았다. 우리는 몰입 구조의 다른 부분에서 변화가 일어나는 데 다른 원인이 있음을 발견했다. 특히 우리는 어떤 사람이 팀을 이동할 때 회사 몰입은 변동이 적은 반면 '팀 내에서 내 주위 사람들은 나와 가치관이 같다'와 '동료 팀원들은 내 편이다'는 변동이 크다는 것을 발견했다.

우리는 앞서 말한 최고의 팀 연구와 이 연구를 결합해 몰입, 팀, 팀 리더 관계 부분에서 엄청난 통찰을 얻었다.

1) 8가지 항목 모두 실적이 가장 높은 팀이 더 높은 점수를 기록했고 높은 업무 몰입도는 높은 실적을 낳는다는 강력한 증거(우리 연구와 다른 연구에서)가 있다.

2) 8가지 항목 중 회사 몰입 요인으로 이뤄진 2개는 개인이 어떤 팀에 속해

있는가에 가장 둔감하다.

3) 8가지 항목 중 '팀 내에서 내 주위 사람들은 나와 가치관이 같다'와 '동료 팀원들은 내 편이다'는 개인이 어떤 팀에 속해 있는가에 가장 민감하다.

4) 8가지 항목 중 '나' 항목(기대, 강점 활용, 인정, 성장에 도전하는 것을 다루는)은 개인이 팀 리더와의 관계에 가장 민감하다.

이들 결과를 분석하는 한 방법은 3가지 다른 일이 있는 팀 리더를 상상하는 것이다. 먼저 팀원들이 회사의 목적과 미래에 연결되어 있다는 느낌을 받게 하는 일이다. 리더가 회사의 목적과 미래를 직접 규정하지는 못해도 말이다. 그다음은 팀원이 집단 구성원으로서 서로를 이해하고 지지하게 하는 일이다. 마지막은 개별 팀원이 회사가 자신에게 거는 기대가 무엇인지, 현재와 미래에 일을 가장 잘 해낼 방법이 무엇인지 이해하게 하는 동시에 자신이 인정받고 있음을 느끼게 하는 일이다.

4. 업무 몰입도 저하는 자발적 퇴사로 이어진다

자발적 퇴사는 대개 조직 리더가 크게 신경 쓰는 문제다. 이 연구에서 우리는 팀원의 몰입과 퇴사를 선택할 가능성의 관계를 탐구해보았다. 좀 더 구체적으로 어떤 몰입 펄스 항목이 자발적 퇴사 결정에 영향을 미치는지 확인하려 했다.

우리는 한 회계연도의 퇴사와 몰입 펄스 결과 2가지를 모두 이용해 몰입 펄스 설문을 완료했는데, 시스코에 남아 있는 사람들과 같은 회계연도에 시스코를 자발적으로 떠난 사람들로 집단을 구성했다. 예측 변수와 결과 변수 사이의 피어슨 상관관계, 다양한 회귀모델, 결과의 안정성을 확보하기 위한 부트스트랩 방법을 비롯한 다양한 방법을 사용한 우리는 4가지 몰입 펄스 항목이 자발적 퇴사의 의미 있는 예측 변수임을 발견했다.

- **직장에서 매일 내 장점을 활용할 기회를 얻는다.**
- **일에서 늘 성장을 위한 도전에 직면한다.**
- **나는 우리 회사의 사명에 큰 열정이 있다.**
- **나는 회사의 미래에 강한 자신감이 있다.**

이 결과는 팀원의 업무 몰입도와 이후의 퇴사 결정 가능성 사이에 연관관계가 있음을 입증한다. 또한 사람들이 현재와 미래에 강점을 긍정적으로 느낄수록(위의 첫 두 항목) 그들이 회사에 머물 가능성이 크다는 것을 보여준다. 여기서 중요한 부분은 회사 사명에 보이는 열정과 미래를 향한 자신감이 여전히 팀마다 다르다는 점이다. 달리 말해 우리의 회사 경험은 팀 경험에서 커다란 영향을 받는다.

이 연구는 리더가 개별 팀원의 강점을 발휘하도록 돕는 데 초점을 맞추는 것이 다른 어떤 것보다 팀원 이탈을 막는 데 효과적이라는 것을 시사한다.

5. 회사 행사 참여는 강한 목적의식, 자신감과 연관이 있다

시스코는 2015년부터 우리 경영진이 이끄는 월례 전체 회의를 연다. 우리는 이 회의를 시스코 비트Cisco Beat라고 부르는데 그 목적은 직원들이 회사 목표에 보다 강한 집단 이해를 보이고 미래에 관해 보다 자신감을 얻게 하는 데 있다.

그 상황을 측정하기 위해 우리는 다음 요소의 관계를 조사했다.

- 팀원이 시스코 비트에 참석한 횟수
- 회사 몰입 요인과 관련된 항목(공동 목적과 미래를 향한 자신감)에서 팀원의 평균 몰입 펄스 응답

우리는 3분기 이상 몰입 펄스에 응답한 5만 2,819명의 데이터를 이용해 그 기간에 열린 8번의 시스코 비트에 각 팀원이 몇 번 참석했는지 확인했다. 이는 시스코의 방송 기술로 행사를 실시간으로 지켜보거나 행사 2주 내에 행사를 재생해서 본 것을 개인적으로 참여한 것으로 정의했다. 우리는 그 참석률을 전혀 참석하지 않은 사람, 1~3번 참석한 사람, 4~6번 참석한 사람, 7~8번 참석한 사람으로 나누었다. 그리고 각 부분에서 '나는 우리 회사의 사명에 큰 열정이 있다'와 '나는 회사의 미래에 강한 자신감이 있다' 항목(이전에 확인한 회사 몰입 요인을 구성하는 2가지 항목)에서 팀원의 평균 몰입 펄스 응답을 조사했다.

우리의 분석은 팀원의 시스코 비트 참석 횟수가 많을수록 항목

의 평균 응답 점수가 높다는 것을 보여주었다.

- '나는 우리 회사의 사명에 큰 열정이 있다'의 점수는 시스코 비트에 참석하지 않은 팀원의 경우 4.37점이었다. 이것은 모든 시스코 비트에 혹은 한 번을 제외하고 모든 시스코 비트에 참석한 팀원의 경우 4.48점으로 높아졌다. 이러한 증가는 통계적으로 의미가 있다.
- '나는 회사의 미래에 강한 자신감이 있다'의 점수는 시스코 비트에 참석하지 않은 팀원의 경우 4.25점이었다. 이는 모든 시스코 비트에 혹은 한 번을 제외하고 모든 시스코 비트에 참석한 팀원의 경우 4.35점으로 높아졌다. 이 증가 역시 통계적으로 의미가 있다.

시스코 비트에 정기적으로 참석하는 팀원은 공동 목표에 보이는 열정이 더 크고 회사의 미래에도 자신감이 더 강했다. 행사 참석이 이후 업무 몰입도를 높이는지, 이미 업무 몰입도가 높은 사람이 더 많은 시스코 비트에 참석하는지는 아직 조사하지 못했다.

6. 업무 몰입도가 높은 사람은 일을 다르게 이야기한다

우리는 연구 과정에서 유난히 업무 몰입도가 높은 팀원과 다른 사람들을 구분하는 것이 도움을 준다는 사실을 발견했다. 우리는 업무 몰입도가 높은 집단에 속한 개인을 '완전 몰입Fully Engaged', 그

외의 사람을 '비완전 몰입Now Fully Engaged'으로 구분했다. 이 연구로 우리는 두 집단 간의 양적 차이를 깊이 있게 이해할 수 있었다. 그런데 우리는 완전 몰입 팀원이 일을 이야기하는 방식과 상대적으로 업무 몰입도가 낮은 사람들의 이야기 방식에 어떤 차이가 있는지 궁금했다.

우리는 다음 의문에 답을 찾기 위해 주관식 설문의 응답을 조사했다.

- 각 집단의 전반적인 정서는 어떠한가?
- 각 집단이 논의하는 주제는 어떤 것인가?
- 두 집단 사이에 감정과 토론 주제에서 차이가 있는가?

이때 우리는 '리얼 딜Real Deal' 설문조사를 이용했다. 시스코가 개발한 이 설문조사는 분기마다 조사 대상의 대표 표본에게 보내졌고 여기에는 주관식 응답 항목도 포함되어 있었다. 우리는 리얼 딜 주관식 항목 '직무 리더에게 어떤 직무 관련 이야기를 하겠습니까?'에 답하고 해당 분기 동안 몰입 펄스 설문도 완료한 팀원에게서 응답을 분리했다. 총 1,275명이 두 기준에 부합했다.

무엇보다 자연언어 처리 기술과 우리의 분석 접근법을 이용해 완전 몰입과 비완전 몰입 집단 정서에 존재하는 차이를 조사할 수 있었다. 우리는 각 집단의 감정 촉진자 점수(제3자 알고리즘으로 계산한 -100점부터 100점까지의 정서 척도)와 주관식 응답에 각 집단이 선택한 뚜렷이 구분되는 단어를 이용해 논의 주제에서 차이를 찾아내고 그들 의견의 내용을 주제별로 분류했다. 이로써 우리는 각 집단이 미리 정해진 특정 주제를 얼마나 자주 언급하는지 알 수 있었다. 이 종합적인 데이터 세트는 두 집단 간의 분명한 차이를 보여주었다.

- 완전 몰입 집단에 속한 사람의 감정 촉진자 점수는 평균 26점이었고 팀의 탁월성이나 미래를 향한 기대를 언급했다. 다음은 이 집단을 대표하는 견해다. "매니저들이 자진해서 새로운 아이디어와 새로운 구성원을 팀에 도입해 영업 목표를 달성하는 것은 꽤장히 가치 있는 일이다. 이는 일을 하는 대단히 창의적이고 생산적인 방식이다. 팀의 생산성과 만족감이 높으면 고객도 그것을 인지할 것이다."

- 비완전 몰입 집단에 속한 사람의 감정 촉진자 점수는 평균 −16점이었고 팀 내 경험을 묘사할 때는 더 낮았다. 이들 팀원은 미래를 향한 불확실성과 내부 요식 체계에 불만을 표했다. 다음은 이 집단을 대표하는 견해다. "나는 우리에게 조직의 다른 계층과 신뢰를 구축하는 데 도움을 줄 수 있는 일종의 '워크숍'이 필요하다고 생각한다. 여전히 사일로silo(내부에 담을 쌓고 외부와 소통하지 않는 것 - 옮긴이)에 기반한 행동이 뿌리 깊게 남아 있으니 우리가 그것을 어떻게 무너뜨리려 하는지 보여주는 게 좋을 것이다."

7. 몰입을 촉진하는 관심의 형태마다 효과 차이가 있다

우리는 일의 세계에서 어떤 것과 다른 것의 연관성(행사 참석이 미래에 보이는 자신감과 연관되거나 높은 업무 몰입도가 설문의 구체적인 주관식 응답과 연관되는 것)을 이해하는 일 외에도 무엇이 무엇의 원인인지에 커다란 관심이 있다. 이 마지막 요약은 이런 유형의 연구 중 하나다.

우리는 리더들이 선택한 체크인으로 관심을 기울이는 여러 가지 방법이 오랜 시간에 걸쳐 팀원 몰입에 영향을 주는지 파악하고자 했다. 팀 리더에게 자주 관심을 받는 팀원의 업무 몰입도가 그렇지 않은 팀원보다 높은지, 리더와 팀원 간의 실시간 대화가 리더가 팀원에게 제공할 수 있는 가장 좋은 유형의 관심인지 확인할 수 있을까? 이를 알아보기 위해 우리는 다음을 조사했다.

- 팀원이 리더에게 체크인에 따른 온라인 응답 형태로 얼마나 자주 관심을 받는가?
- 관심을 보이는 여러 가지 방법(온라인으로 체크인을 보는 것, 온라인으로 체크인에 견해를 밝히는 것, 실시간 논의)에 효과 차이가 있는가?
- 관심 유형이나 빈도에 따라 시간이 가면서 팀원들의 업무 몰입도는 어떻게 변화하는가?

2018년 초부터의 데이터를 확인한 우리는 몰입 펄스 설문에 2개

이상 응답한 6,726명의 팀원을 찾아냈다. 이후 우리는 이들의 첫 설문조사와 마지막 설문조사 결과로 그들이 시점 1과 시점 2에서 각각 완전 몰입FE인지, 비완전 몰입NFE인지 가려냈다. 이때 우리는 연구 기간 동안 업무 몰입도가 높아진(시점 1에서 NFE고 시점 2에서 FE인) 사람들을 가려낼 수 있었다. 그 후 우리는 발생할 수 있는 체크인 행동과 다른 유형의 관심을 관찰했다.

- 팀원을 대상으로는 그들이 관심을 요구하는지(이 기간 동안 최소한 한 번의 온라인 체크인을 제출함으로써) 살폈다.
- 리더를 대상으로는 팀원의 관심 요구에 가능한 4가지 반응을 살폈다. 그것은 온라인으로 체크인을 보는 것, 온라인으로 체크인에 견해를 입력하는 것, 팀원과의 실시간 논의(이후 팀원의 확인을 받아), 앞 3가지 방법 중 어느 것으로도 응답하지 않음으로써 전혀 관심을 주지 않는 것을 말한다. 데이터를 분석한 후 우리는 가능한 반응을 3가지, 즉 '관심 없음', '어떤 형태로든 관심 제공', '대화를 포함해 관심 제공'으로 구분했다.

이제 우리는 시점 1과 시점 2 사이의 몰입 변화를 각 사람이 가장 자주 받은 관심 유형의 함수로 검토할 수 있었다. 대다수 팀원이 3개월마다 몰입 펄스에 응답했으므로 이 변화는 3개월에 걸친 관심의 서로 다른 양과 유형이 준 효과를 반영한다.

- 체크인 제출로 관심을 요구하지 않은 팀원의 경우 완전 몰입 비율이 13% 떨어져 절대치가 가장 낮았다.
- 지속적으로 혹은 거의 지속적으로 체크인을 했지만 어떤 종류의 관심도 받지 못한 팀원의 경우 완전 몰입 비율이 2% 떨어졌다. 우리는 팀원이 응답받지 못할 때 체크인 빈도가 눈에 띄게 떨어지는 것을 발견했다. 따라서 우리는 시간이 흐르면 이집단이 위 집단과 유사해져 전혀 체크인을 하지 않을 것이고 그에 비례해 업무 몰입도도 크게 떨어질 것으로 예상한다.
- 어떤 유형이든 리더에게 항상 관심을 받은 팀원은 완전 몰입 비율이 2% 상승했다.
- 대화 형태로 리더에게 꾸준히 관심을 받은 팀원은 완전 몰입 비율이 3% 상승했다.

어떤 유형이든 관심을 기울이는 것이 관심을 기울이지 않는 것보다 낫고 리더가 제공하는 관심 유형도 중요하다고 결론을 내릴 수 있다. 리더가 팀원에게 제공하는 관심 유형에 실시간 논의를 포함할 경우 팀 리더의 대화술이나 대화의 질과 관계없이 팀원의 몰입 수준이 가장 높고, 시간에 따른 팀원 업무 몰입도의 긍정적 변화도 가장 크다는 것을 알 수 있다.

* 함께한 연구자들: 존 라고니그로John Lagonigro, 매디슨 비어드Madison Beard, 메리 윌리엄스 Mary Williams, 한퀴 주Hanqi Zhu, 토머스 페인Thomas Payne

주석

시작하며

1. "23 Economic Experts Weigh In: Why Is Productivity Growth So Low?" Focus Economics, accessed November 10, 2018, https://www.focus-economics.com/blog/why-is-productivity-growth-so-low-23-economic-experts-weigh-in.

1장

1. Boris Groysberg et al., "The Leader's Guide to Corporate Culture," *Harvard Business Review*, January–February 2018.
2. Edmund Burke, *Reflections on the Revolution in France*(London: James Dodsley, 1790).
3. Yuval Noah Harari, *Sapiens: A Brief History of Humankind*(London: Harvill Secker, 2014).
4. Yuval Noah Harari, *Homo Deus: A Brief History of Tomorrow*(London: Harvill Secker, 2016).

2장

1. Stanley McChrystal et al., *Team of Teams: New Rules of Engagement for a Complex World*(New York: Penguin, 2015).
2. *The Battle of Britain, August–October 1940: An Air Ministry Record of the Great Days from 8th August–31st October, 1940*(London: H. M. Stationery Office, 1941).
3. McChrystal, *Team of Teams*, 216.
4. Ibid., 217.
5. Cisco data, as presented at the annual conference of the Society for Industrial and Organizational Psychology (SIOP), 2017.

3장

1. Lisa D. Ordoñez et al., "Goals Gone Wild: The Systematic Side Effects of Overprescribing Goal Setting," *Academy of Management Perspectives* 23, no. 1 (2009): 6.

2. Teresa Amabile and Steven Kramer, *The Progress Principle: Using Small Wins to Ignite Joy, Engagement, and Creativity at Work* (Boston: Harvard Business Review Press, 2011).

3. Mark Zuckerberg, Facebook post, January 11, 2018, https://www.facebook.com/zuck/posts/10104413015393571.

4. Cammie McGovern, "Looking into the Future for a Child with Autism," *New York Times*, August 31, 2017.

4장

1. https://www.youtube.com/watch?v=ch-vWyK2yJs.

2. Stephen Pile, *The Ultimate Book of Heroic Failures* (London: Faber and Faber, 2011), 115.

3. Stated during an appearance in the 2017 documentary *George Michael: Freedom*, directed by David Austin.

4. "IBM Kenexa Core (Foundational) Skills and Competencies: A Framework with Core Skills Required for General Job Roles," IBM Corporation, 2015.

5. https://performancemanager4.successfactors.com/doc/robo-Help/12-Getting_Familiar_With_PA_Forms/ph_wa_use.htm (retrieved 8/25/18).

6. Dr. Robert Kegan, 2016 NeuroLeadership Summit, https://neuroleadership.com/bob-kegan-feedback/.

7. Walter Isaacson, *Steve Jobs* (New York: Simon & Schuster, 2011), 42.

8. Todd Rose, *The End of Average: How We Succeed in a World That Values Sameness* (New York: HarperCollins, 2016).

9. 집단의 평균 특성이 그 집단에 속한 개인에게 적용된다는 증거는 없었다.

5장

1. https://www.youtube.com/watch?v=EqVyHMtSvFE.

2. Ray Dalio, Principles(New York: Simon & Schuster, 2017).

3. Adam Grant, "Billionaire Ray Dalio Had an Amazing Reaction to an Employee Calling Him Out on a Mistake," *Business Insider*, February 2, 2016.

4. Brian Brim and Jim Asplund, "Driving Engagement by Focusing on Strengths," *Gallup Business Journal*, November 12, 2009.

5. Joseph LeDoux, *Synaptic Self: How Our Brains Become Who We Are*(New York: Viking Adult, 2002).

6. Richard Boyatzis, "Neuroscience and Leadership: The Promise of Insights," *Ivey Business Journal*, January/February 2011.

7. Ibid.

8. Rick Hanson, "Take in the Good," https://www.rickhanson.net/take-in-the-good/.

9. Scott Berinato, "Negative Feedback Rarely Leads to Improvement," Harvard Business Review, January–February 2018.

10. David Cooperrider and Associates, "What Is Appreciative Inquiry?" http://www.davidcooperrider.com/ai-process/.

11. John M. Gottman and Nan Silver, *The Seven Principles for Making Marriage Work: A Practical Guide from the Country's Foremost Relationship Expert*(New York: Crown Publishers, 1999); and Barbara L. Fredrickson, "The Broaden-and-Build Theory of Positive Emotions," *Philosophical Transactions of the Royal Society B: Biological Sciences 359*, no. 1449 (2004): 1367.

12. https://www.chronicle.com/blogs/percolator/the-magic-ratio-that-wasnt/33279.

13. Barbara L. Fredrickson, "The Role of Positive Emotions in Positive Psychology: The Broaden-and-Build Theory of Positive Emotions," *The American Psychologist* 56, no. 3 (2001): 218.

6장

1. Robert J. Wherry Sr. and C. J. Bartlett, "The Control of Bias in Ratings : A Theory of Rating," *Personnel Psychology* 35, no. 3 (1982): 521; Michael K. Mount et al., "Trait, Rater and Level Effects in 360-Degree Performance Ratings," Personnel Psychology 51, no. 3 (2006): 557; and Brian Hoffman et al., "Rater Source Effects Are Alive and Well after All," Personnel Psychology 63, no.1 (2010): 119.

2. Steven E. Scullen, Michael K. Mount, and Maynard Goff, "Understanding the Latent Structure of Job Performance Ratings," *Journal of Applied Psychology* 85, no. 6 (2000): 956.

3. 평가의 차이 중 어느 정도가 개인 성과와 직접 연관되는지 연구자들이 내린 결론에 따르면 평가 대상자는 16%, 그렇지 않은 사람은 84%였다.

4. Hoffman et al., "Rater Source Effects Are Alive and Well after All."

5. http://lexicon.ft.com/Term?term=business-acumen(retrieved 2/17/18).

6. James Surowiecki, *The Wisdom of Crowds*(New York : Anchor Books, 2005).

7. "Vox Populi-Sir Francis Galton," The Wisdom of Crowds blog, http://wisdomofcrowds.blogspot.com/2009/12/vox-populi-sir-francis-galton.html.

8. 설문조사 작성자가 직원 몰입도 주제에 관한 수많은 질문을 기술한 다음, 설문조사의 마지막에 "이 회사에서 일하는 것이 자랑스럽다" 또는 "나는 지금부터 1년 후에도 이 회사에서 일할 것이다" 같은 요약 질문을 짧게 추가한다고 해보자. 이때 요약 질문에서 더 높은 점수를 받은 사람들이 전체적으로 더 높은 점수를 받으면서 조사자는 특정 항목이 직원 몰입도의 원동력이라고 발표하게 된다. 이것은 실은 별 도움이 되지 않는다.

9. Sir William Thomson, "Electrical Units of Measurement," a lecture delivered at the Institution of Civil Engineers on May 3, 1883, published in *Popular Lectures and Addresses*, vol. 1, *Constitution of Matter*(London : Macmillan and Co., 1889), 73.

10. 동료들이 당신의 성과를 보고 어떻게 느끼는지 이해하고자 한다면 더 나은 360도 평가 도구를 디자인할 수도 있다. 그러나 여기서 2가지 데이터 부족 문

제를 해결해야 한다. 첫째, 당신을 평가하기에 적합한 사람을 누가 구성하는 가? 그중 몇 명이 응답해야 하는가? 둘째, 그들이 당신의 일과 관련해 좋은 데이터를 제공할 만큼 충분히 잘 알고 있는가? 그 사실을 어떻게 알 수 있는가?

7장

1. Douglas A. Ready, Jay A. Conger, and Linda A. Hill, "Are You a High Potential?" *Harvard Business Review*, June 2010.

2. Ken Richardson and Sarah H. Norgate, "Does IQ Really Predict Job Performance?" *Applied Developmental Science* 19, no.3 (2015): 153.

3. https://www.britannica.com/biography/Elon-Musk.

4. John Paul MacDuffie, "The Future of Electric Cars Is Brighter with Elon Musk in It," *New York Times*, October 1, 2018.

8장

1. Kristine D. Olson, "Physician Burnout-A Leading Indicator of Health System Performance?" *Mayo Clinic Proceedings* 92, no. 11 (2017): 1608.

9장

1. 이것은 우리가 가장 먼저 지적한 것이 아니다. 우리보다 앞서 이러한 결론에 도달한 사람들은 뒤따라오는 추종자를 끌어들이기 위해 모든 리더가 얻어야 할 특징을 확인하고자 노력했다. 즉, 리더십이 실체가 있는 어떤 것이라는 생각으로 우리를 이끈 것이다. 하지만 우리는 다른 방향으로 접근했다.

2. Donald E. Brown, *Human Universals*(New York: McGraw Hill, 1991).

3. Pierre Gurdjian, Thomas Halbeisen, and Kevin Lane, "Why Leadership-Development Programs Fail," *McKinsey Quarterly*, January 2014.

4. Claudio Fernández-Aráoz, Andrew Roscoe, and Kentaro Aramaki, "Turning Potential into Success: The Missing Link in Leadership Development," *Harvard Business Review*, November-December 2017, 88.

5. Joseph Rosenbloom, "Martin Luther King's Last 31 Hours: The Story of His Final Prophetic Speech," *The Guardian*, April 4, 2018.

감사의 말

8가지 몰입 항목 중 우리가 아직 탐구하지 않은 다른 1가지 패턴이 있다. 처음 두 항목은 우리가 일터에서 집단 혹은 개별로 목적을 어떻게 경험하는가를 다룬다.

1. 나는 우리 회사의 사명에 큰 열정이 있다.
2. 나는 회사에서 내게 거는 기대가 무엇인지 정확히 이해하고 있다.

그다음 두 항목은 주위 사람들이 탁월함을 달성할 때 집단 혹은 개별로 어떻게 우리에게 도움을 주는지 포착한다.

3. 팀 내에서 내 주위 사람들은 나와 가치관이 같다.
4. 직장에서 매일 내 장점을 활용할 기회를 얻는다.

다음 두 항목은 팀과 주위의 개인에게 어떻게 지지를 얻는지를 다룬다.

5. 동료 팀원들은 내 편이다.

6. 높은 성과를 올릴 때마다 인정받을 것이라는 확신이 있다.

마지막 두 항목은 주위 사람들이 우리가 집단 혹은 개별로 미래를 직시하는 데 어떻게 도움을 주는지 포착한다.

7. 나는 회사의 미래에 강한 자신감이 있다.

8. 일에서 늘 성장을 위한 도전에 직면한다.

이 책을 쓰는 데 도움을 준 분들의 기여가 우리 두 사람을 더 강력한 팀으로 만들어주었기 때문에 우리는 여기서 그들에게 감사를 드리는 것이 적절하다고 판단했다. 이 책을 쓰는 목적을 보다 명확히 이해하도록 도움을 준 우리의 훌륭한 편집자 제프 키호, 차분하면서도 주목하지 않을 수 없는 지원을 보내준 아디 이그나티우스, 비길 데 없이 뛰어난 우리의 에이전트 제니퍼 루돌프 월시께 감사드린다. 많은 시간 동안 우리에게 귀를 기울이고 질문을 던지고 도전을 제시하는 한편 우리의 메시지를 다듬고 진정한 독자가 되어준 마셀 로만스, 티나 베넷, 프란 카츠다스, 트레이시 허튼께 감사드린다.

모든 장, 모든 단락, 모든 구절에서 우리가 더 잘하도록 몰아붙이고 탁월함이 무엇인지 이해하는 데 도움을 준 에이드리언 프레츠, 요시 코소프스키, 애덤 그랜트, 앨리 월튼, 케이티 플로레스께 감사드린다. 초고에 보인 반응을 공유해준 젠 워링, 아니아 위코프스키, 에이미 번스타인, HBR의 편집과 제작 팀 모두에 감사드린다. 엄정한 연구 방법론과 그것을 이끄는 최소 데이터 중심의 발견에 공동 헌신한 ADP 연구소의 메리 헤이스 박사, 프랜시스 첨니, 코린 라이트, 록산느 비스비 데이비스와 시스코의 팀 분석·연구 팀에게 감사드린다. 탁월성이란 어떤 것인지, 실제 일의 세계에서는 어떻게 느껴지는지 이야기를 공유해준 리사, 앤디, 마일스를 비롯해 익명의 다른 분들께 감사드린다.

아이디어부터 제안서, 초고, 책에 이르는 과정 중 우리가 커다란 보람을 느끼도록 지원해준 시스코의 척 로빈스, 메간 바르바, 지안파올로 바로치, 크리스틴 바스티안, 메건 바잔, 매디슨 비어드, 엘 카바나-로마스, 젠 듀덱, 섀넌 프리호프, 댄 깁스, 레슬리 고든, 스콧 헤르폴하이머, 찰리 존스톤, 진 커, 로버트 코바흐, 존 라고니그로, 알리시아 로페즈, 에이미 매닝, 일레인 메이슨, 돌로레스 니콜스, 제이슨 필립스, 올리버 롤, 레이첼 사미트, 샤리 슬레이트, 처디 스미스, 개비 톰슨, 메리 윌리엄스, 태 유께 감사드린다. 여러분 모두 실제 일의 세계가 얼마나 엉망일 수 있는지 알고 있지 않은가. 여러분의 노력 덕분에 그곳은 매일 더 나은, 더 인간적인 곳이 되고 있다.

ADP의 카를로스 로드리게스, 돈 와인슈타인, 디아마트 오브라이언, 스레니 쿠탐, 조 설리반, 샬럿 사울니와 스탠드아웃 팀 전체에 감사드린다. 메레디스 볼링, 당신의 글과 커뮤니티 구축에 감사드린다. 케빈 호턴, 당신의 웹 구축에 감사드린다. 대런 레이먼드, 당신의 '잠재력'에 감사드린다. 크리스티안 고메즈, 당신의 설득력에 감사드린다.

HBR의 디자이너 스테파니 핑크스, 출판·마케팅 팀, 줄리 데볼과 에리카 헤일먼께 감사드린다.

마지막으로 키보드를 계속 두드리도록 자신감을 심어주고 이 일에 우리가 최대한 노력을 쏟아 붓도록 채찍질을 해주고 미래의 직업 세계를 더 낫게 만들 어떤 것을 쓰도록 우리를 격려해준 가족 크리스, 제니, 티나, 윌리엄, 그레엄, 조, 잭, 릴리아, 마시, 피츠, 모조께 감사드린다.

이 책이 주는 교훈 중 하나는 우리가 생각하는 어떤 범주에도 완벽하게 들어맞는 사람은 없다는 것이다. 당연히 위에 나열한 모든 훌륭한 분들도 마찬가지다. 여러분은 아주 많은 면에서 우리에게 도움을 주었다. 마음 깊은 곳에서 우러나는 감사를 전한다.

LIES

지은이

마커스 버킹엄 Marus Buckingham

마커스 버킹엄은 일터와 관련해 사람과 실적의 모든 측면에 초점을 두는 연구자이자 베스트셀러 작가다. 그는 돈 클리프턴 박사와 스트렝스파인더 시스템을 고안했고 《사람의 열정을 이끌어내는 유능한 관리자First, Break All The Rules》와 《위대한 나의 발견 강점 혁명Now, Discover Your Strengths》을 공동집필했다. 또한 지금까지 100만 명 이상이 완료한 스탠드아웃 강점 평가를 고안했고 그와 관련이 있는 《스탠드아웃 강점 활용의 기술StandOut: Find Your Edge, Win at Work》을 집필했다. 현재 그는 ADP 연구소에서 인재와 실적 연구를 주관하고 있다. 《일에 관한 9가지 거짓말》은 그의 아홉 번째 책이다.

애슐리 구달 Ashley Goodall

애슐리 구달은 시스코 시스템스 리더십·팀 정보 부문 수석부사장이다. 그는 전적으로 팀과 팀 리더를 돕는 일에 초점을 맞춘 새로운 조직, 즉 학습과 인재 관리, 인력 계획, 조직 설계, 임원 인재와 승계 기획, 코칭, 평가, 팀 개발, 연구와 분석, 성과 기술을 결합한 조직을 구축했다. 시스코에 합류하기 전 14년 동안 딜로이트에 몸담고 리더 개발과 성과 관리를 책임졌다.

옮긴이
이영래

이화여자대학교 법학과를 졸업하고 리츠칼튼 서울에서 리셉셔니스트로, 이수그룹 비서 팀에서 비서로 근무했으며 현재 번역에이전시 엔터스코리아에서 전문 번역가로 활동하고 있다. 주요 역서로는 《사업을 한다는 것》, 《모두 거짓말을 한다》, 《유엔미래보고서》, 《플랜트 패러독스》 등이 있다.

일에 관한 9가지 거짓말

2019년 11월 11일 초판 1쇄 발행
지은이·마커스 버킹엄, 애슐리 구달
펴낸이·김상현, 최세현 | 경영고문·박시형

책임편집·최세현 | 디자인·임동렬 | 교정교열·이새별
마케팅·양근모, 권금숙, 양봉호, 임지윤, 최의범, 조히라, 유미정
경영지원·김현우 | 해외기획·우정민, 배혜림 | 디지털콘텐츠·김명래

펴낸곳·㈜쌤앤파커스 | 출판신고·2006년 9월 25일 제406-2006-000210호
주소·서울시 마포구 월드컵북로 396 누리꿈스퀘어 비즈니스타워 18층
전화·02-6712-9800 | 팩스·02-6712-9810 | 이메일·info@smpk.kr

ⓒ 마커스 버킹엄, 애슐리 구달 (저작권자와 맺은 특약에 따라 검인을 생략합니다)
ISBN 978-89-6570-902-2 (03320)

쌤앤파커스(Sam&Parkers)는 독자 여러분의 책에 관한 아이디어와 원고 투고를 설레는 마음으로 기다리고
있습니다. 책으로 엮기를 원하는 아이디어가 있으신 분은 이메일 book@smpk.kr로 간단한 개요와 취지, 연락
처 등을 보내주세요. 머뭇거리지 말고 문을 두드리세요. 길이 열립니다.